U0490773

本书获2018年度教育部人文社科一般项目（高校思想政治工作专项）“新时代高校文化安全教育研究”（18JDSZ1013）立项资助

| 光明学术文库 | 历史与文化书系 |

新时代高校文化安全教育研究

史炳军 等 | 著

光明日报出版社

图书在版编目（CIP）数据

新时代高校文化安全教育研究 / 史炳军等著. -- 北京：光明日报出版社，2022.3

ISBN 978-7-5194-6555-1

Ⅰ.①新… Ⅱ.①史… Ⅲ.①高等学校—文化—国家安全—安全教育—研究—中国 Ⅳ.①G641

中国版本图书馆 CIP 数据核字（2022）第 142564 号

新时代高校文化安全教育研究

XINSHIDAI GAOXIAO WENHUA ANQUAN JIAOYU YANJIU

著　　者：史炳军 等

责任编辑：刘兴华　　　　责任校对：郭嘉欣

封面设计：中联华文　　　　责任印制：曹　诤

出版发行：光明日报出版社

地　　址：北京市西城区永安路 106 号，100050

电　　话：010-63169890（咨询），010-63131930（邮购）

传　　真：010-63131930

网　　址：http://book.gmw.cn

E - mail：gmrbcbs@gmw.cn

法律顾问：北京市兰台律师事务所龚柳方律师

印　　刷：三河市华东印刷有限公司

装　　订：三河市华东印刷有限公司

本书如有破损、缺页、装订错误，请与本社联系调换，电话：010-63131930

开　　本：170mm×240mm

字　　数：237 千字　　　　印　　张：16.5

版　　次：2023 年 1 月第 1 版　　　　印　　次：2023 年 1 月第 1 次印刷

书　　号：ISBN 978-7-5194-6555-1

定　　价：95.00 元

前　言

文化安全：高等教育的神圣使命

安全是一个内涵丰富、外延广阔的概念，涵盖了社会生活的方方面面。它既是个体生命存在的前提，也是国家发展的基本保障。“国家安全和社会稳定是改革发展的前提。只有国家安全和社会稳定，改革发展才能不断推进。”① 国泰民安既是人民群众的普遍愿望，也是历代志士仁人追求的社会理想。国内环境和谐稳定，国际环境和平安宁，是实现中华民族伟大复兴的前提条件。“推动创新发展、协调发展、绿色发展、开放发展、共享发展，前提都是国家发展、社会稳定。没有安全和稳定，一切都无从谈起。”② 2014 年 4 月 15 日，习近平总书记在中央国家安全委员会第一次全体会议上指出：“增强忧患意识，做到居安思危，是我们治党治国必须始终坚持的一个重大原则。我们党要巩固执政地位，要团结带领人民坚持和发展中国特色社会主义，保证国家安全是头等大事。”③ 习近平总书记强调，当前我国国家安全内涵和外延比历史上任何时候都要丰富，时空领域比历史上任何时候都要宽广，内外因素比历史上任何时候都要复杂，必须

① 中央党史和文献研究院. 习近平关于总体国家安全观论述摘编［M］. 北京：中央文献出版社，2018：3.

② 中央党史和文献研究院. 习近平关于总体国家安全观论述摘［M］. 北京：中央文献出版社，2018：10.

③ 中央党史和文献研究院. 习近平关于总体国家安全观论述摘［M］. 北京：中央文献出版社，2018：3.

坚持总体国家安全观，以人民安全为宗旨，以政治安全为根本，以经济安全为基础，以军事、文化、社会安全为保障，以促进国际安全为依托，构建集政治安全、国土安全、军事安全、经济安全、文化安全、社会安全、科技安全、信息安全、生态安全、资源安全、核安全等于一体的国家安全体系。这是以习近平同志为核心的党中央提出的总体国家安全观重大战略构想。2015 年 7 月 1 日，第十二届全国人民代表大会常务委员会第十五次会议通过了《中华人民共和国国家安全法》，其《总则》第二条明确指出："国家安全是指国家政权、主权、统一和领土完整、人民福祉、经济社会可持续发展和国家其他重大利益相对处于没有危险和不受内外威胁的状态，以及保障持续安全状态的能力。"设立全民国家安全教育日、成立中央国家安全委员会、制定实施《国家安全法》，既反映了党和政府对文化安全问题的高度重视，也映衬出国家安全在现代社会生活中的重要地位日趋突出。"在习近平的国家文化安全思想中，总体国家安全观是一个核心。他的'一带一路'倡议理论（2013）、'构建人类命运共同体'理论（2014）、'文明互鉴'理论（2014）、'网络安全理论'（2014）、关于创建中国哲学社会科学三大体系的理论、关于繁荣发展文学艺术事业的理论，以及关于如何对待文化遗产的理论，等等，都极大地丰富和发展了国家文化安全研究"①。

文化是一个国家、一个民族的灵魂。"一部人类社会发展史，既是人类繁衍赓续、创造财富的物质文明发展史，更是人类文化积累、文明传承的精神文明发展史。甚至可以说，整个人类历史就是一部文化史，就是人类在文化上不断积淀、发展、创造、升华的历史。……古往今来，文化始终滋养着一个国家和民族的世界观、人生观、价值观，影响着一个国家和民族的思维方式、行为方式、交往方式"②。相比经济和军事等硬实力，文化软实力因其无形性、深入性、持久性、渗透性、隐蔽性等在国家竞争中的地位日益重要。随着经济全球化进程的快速推进，民族国家之间的联系

① 胡惠林，胡霁荣. 国家文化安全治理［M］. 上海：上海人民出版社，2020：26.

② 张江. 建设新时代社会主义文化强国［M］. 北京：中国社会科学出版社，2019：3-4.

日益密切，文化交流日趋频繁。经济全球化必然引起文化全球化，这是一个无法回避的趋势，对于经济文化落后的国家以及广大发展中国家来说，它必然引起双重效应，一方面提供了一个千载难逢的学习机遇，有利于吸收借鉴异域文化的优秀成果，短期内缩短与发达国家之间的差距；另一方面域外各种文化思潮会凭借其先进技术和传播优势纷至沓来，对文化主权构成威胁，文化危机相伴而生，文化领域渗透和反渗透的斗争将长期存在，文化安全问题提上议程。

文化安全是指一个国家的文化处于没有内外威胁的状态，并拥有维持这种安全状态的能力。近代以来，随着西方列强的对外殖民扩张，文化侵略现象屡见不鲜，文化安全问题开始逐渐显现。冷战结束后，东西全面对抗的政治格局解体。随着东欧剧变、苏联解体，以往被意识形态对抗所掩盖的诸多矛盾开始浮现和爆发，民族问题、宗教问题、暴力恐怖问题、种族问题所引起的对抗和冲突此起彼伏，而蕴藏在这些现象背后的，则是文化差异和文化冲突。在这一背景下，世界各国开始普遍关注文化软实力在国家战略中的布局和作用，并加强了文化在综合国力中的地位。一些西方国家把我国的快速发展视为对西方价值观和制度模式的威胁，想方设法对我国进行遏制和围堵，他们从东欧剧变中看到了文化渗透的巨大功效，试图把这种不战而屈人之兵的手法再次施向我国，进而加大了对我国的文化渗透和文化颠覆。也正是在这一时期，我国一些从事国际政治问题研究的学者，最早开始涉足文化安全领域的研究，在国内理论界提出了文化安全的概念，其主要目的是针对来势凶猛、愈演愈烈的西方文化帝国主义现象。2002 年 9 月 13 日，时任外交部部长唐家璇在第 57 届联合国大会上发表讲话时说，当前国际形势正在发生深刻的变化，安全的内涵不断扩大，已经由单纯的军事领域扩展到政治、经济、金融、科技、文化等诸多领域，这是我国政府在国际舞台上首次提出文化安全问题。

当今时代，任何民族的发展都不可能自外于世界民族之林，随着开放环境下境外资本、文化企业、文化产品和服务的大规模涌入，以及某些别有用心的外部势力所蓄意进行的文化入侵，西方各种文化思潮诸如拜金主义、个人主义、消费主义、新自由主义、普世价值论、宪政民主思潮等纷纷传入中国，维护文化安全形势复杂、任务艰巨。随着国内经济体制改革的不断深入，各种利益格局也在进行重新调整，社会转型过程中的各种矛盾开始凸显，在思想文化领域各种杂音噪音时有出现，一些腐朽落后的观念沉渣泛起，对主流意识形态构成冲击和削弱。随着信息技术的快速发展和广泛普及，互联网上的有害信息、低俗信息时有出现，成为境内外各种敌对势力文化攻击的重要场所。我国的文化安全面临着前所未有的威胁和挑战。维护国家文化安全，可以增强全社会的凝聚力和向心力，对协调推进“四个全面”战略布局、实现国家长治久安具有重要意义。

高等院校是人才培养和文化生产的重要场所，是国家文化生产力最集中的阵地，在国家文化建设中占据着举足轻重的地位，这就决定了它必然成为境内外敌对势力分化、瓦解、渗透、入侵的主要对象，也使得清净静谧的大学校园会成为文化渗透与反渗透的重要战场。大学生作为国家和民族的栋梁与希望，自然成为西方文化霸权所指向的重要目标。在一些高校，西方思想文化大行其道，不少人自觉不自觉地把西方的价值观念作为自己的评价准则，一些知识界精英习惯用西方的概念、模式、框架来诠释中国现象、思考中国问题，用西方的价值观来评判一切，把中国的传统历史文化视为封建、落后、专制、极权、不民主、无自由、过时的东西而大加批判，对党史、国史、民族史进行恶意解构，导致历史虚无主义一度在部分高校甚嚣尘上。在国际文化交流中，中国模式背后的文化影响力、感召力和认同力与全球第二大经济体的地位远不相称。构建中国特色、中国风格、中国气派的哲学社会科学话语体系远未完成。“意识形态领域多元思想文化相互交流交融交锋，已是一种客观存在，主流意识形态与多样化社会思潮长期并存、相互激荡趋势更加显著，引领社会思潮、凝聚思想共识的任务艰巨繁重”①。因此，我国高校的文化安全教育面临着巨大挑战，加强高校的文化安全教育，维护好高校的文化安全也就成为高校一个重要

---

① 中共中央宣传部. 习近平新时代中国特色社会主义思想三十讲［M］. 北京：学习出版社，2018：215.

的研究课题。

高校文化安全是高校可持续发展的前提，也是高校深化改革的必然要求。大学文化安全是国家整体安全的有机组成部分，在应对西方文化冲击和构筑国家文化安全屏障中处在前沿位置。如果把高校比作一个人的躯体，那么文化建设就是这个躯体的“血液”，相关制度政策的实施是“血液”畅通运转的安全保障。文化安全的复杂性、隐蔽性、潜在性，使得不少人对其熟视无睹，文化安全意识淡薄，再加之许多青年学生思想尚未成熟，是非辨识能力有限，在外界不良思想的诱惑下，容易出现由于思想和行为的偏差进而误入歧途。为此，我们必须从国家主权和民族存亡的高度来认识高校文化安全问题，增强青年学生抵御风险的自觉性和免疫力。高校要加强对青年学生的国家安全意识和文化安全意识教育，积极打造有利于文化安全的环境，构建文化安全方面的教育培养体系，把文化安全教育贯穿在高等教育的课程体系和人才培养的全过程，使文化安全意识在高等院校真正做到入脑、入心。

我们强调高校文化安全，为此必须健全高校文化安全保障体系，实行风险预防、评估和预警制度，增强高校维护文化安全的能力。但并不是主张把大学和社会隔离起来，也不是简单地靠把校园围墙增高加厚就能解决问题的。这样不仅无济于事而且会弄巧成拙，把高校的发展引入死胡同。高校的文化安全不能简单理解为修好屏障把高校封闭起来不受外来攻击，而是应该树立起“危机蕴含着机遇、最好的进攻就是最好的防守”的理念，在加强自我防御的同时主动走出去占领文化发展的高地，用社会主义核心价值观主导高校意识形态工作，加强爱国主义和民族精神教育，在全体师生中形成共同的价值追求。发挥好高校思政课教学的主渠道作用，大力推进课程思政建设，营造健康向上的校园文化氛围，引导学生树立正确的世界观、人生观、价值观，讲好中国的故事，走出一条具有中国特色的高等教育之路。中华文明多年绵延不断、经久不衰，在长期演进过程中，形成了中国人看待世界、看待社会、看待人生的独特价值体系、文化内涵和精神品质。中华优秀传统文化是中华民族的根与魂，是我们最深厚的文化软实力，实现中华优秀传统文化的创造性转化、创新性发展，是打牢文化安全根基的重要条件。“新发展阶段的文化建设要以新发展理念为指导，认真破解发展质量难题，从片面追求投入、指标、规模、速度、上座率、点击率、收视率等误区中走出来，从内容空壳化和创新乏力的窘境中跳出来，从‘三俗’的歧途上退出来，坚持内容为王、导向为魂，坚持以人民为中心，以社会主义核心价值观为引领，以文化创新为动力，采用具有感染力的表现形式和先进的技术、先进的平台、先进的传播手段，大力促进满足人民文化需求与增强人民精神力量相统一，讲好中国故事，传播中国精神。”① 只有坚持先进文化前进方向，立足中国特色社会主义的伟大实践，坚定文化自信，增强文化自觉，构建起以马克思主义为指导、以中华优秀传统文化为根基、汲取人类各种优秀文明成果的中国特色社会主义文化体系，才能从根本上为保障高校文化安全提供坚强的堡垒和屏障。

① 徐国宝. 切实担当中国共产党人的文化使命［J］. 前线，2021（4）：4-7.

目　录
CONTENTS

第一章　马克思主义经典作家论文化安全 …………………………… 1

一、马克思恩格斯的文化安全思想 ………………………………… 1

二、列宁的文化安全思想 ……………………………………………… 17

三、中国共产党的文化安全战略思想 ……………………………… 39

第二章　西方文化霸权与高校文化安全 ………………………… 81

一、文化霸权主义的理论基础 ……………………………………… 81

二、文化霸权主义的根源与形式 …………………………………… 98

三、文化霸权主义对高校文化安全的危害 ………………………… 108

四、高校应对文化霸权主义的对策 ………………………………… 113

第三章　网络文化与高校文化安全 ……………………………… 118

一、网络文化的内涵与特点 ………………………………………… 119

二、网络文化的社会功能 …………………………………………… 124

三、网络文化对高校文化安全的影响 ……………………………… 127

四、加强高校网络文化安全监管 …………………………………… 133

第四章　思政课主渠道与高校文化安全 ………………………… 144

一、准确把握主渠道的科学内涵 …………………………………… 144

二、高校文化安全与思想政治教育的融合 …… 150
三、高校思政课教学面临的挑战 …… 156
四、牢牢把握高校意识形态工作的领导权 …… 167

第五章　师德师风与高校文化安全 …… 176
一、高校师德师风的文化意蕴 …… 177
二、师德师风与大学文化建设 …… 181
三、以大学精神引领师德师风建设 …… 184
四、加强师德师风管理 …… 190

第六章　大学生心理健康教育与高校文化安全 …… 194
一、大学生心理健康现状 …… 195
二、大学生犯罪问题 …… 197
三、大学生犯罪的成因分析 …… 200
四、大学生心理安全教育与心理健康干预 …… 209

第七章　对外交流与高校文化安全 …… 218
一、经济全球化与高等教育的国际化 …… 218
二、跨文化交际中的文化安全 …… 222
三、我国高等教育国际化的发展思路 …… 231

第八章　文化创新与高校文化安全 …… 236
一、文化创新与社会进步 …… 237
二、文化创新与民族复兴 …… 240
三、文化创新与青年责任 …… 245

后　记 …… 250

第一章　马克思主义经典作家论文化安全

一、马克思恩格斯的文化安全思想

作为马克思主义创始人，马克思终生致力于无产阶级和人类的解放事业，正像恩格斯在《在马克思墓前的讲话》中所说，马克思首先是一个革命家，“他毕生的真正使命，就是以这种或那种方式参加推翻资本主义社会及其所建立的国家设施的事业，参加现代无产阶级的解放事业，这是他第一次使现代无产阶级意识到自身的地位和需要，意识到自身解放的条件。斗争是他的生命要素。很少有人像他那样满腔热情、坚忍不拔和卓有成效地进行斗争。最早的《莱茵报》（1842 年），巴黎的《前进报》（1844 年），《德意志—布鲁塞尔报》（1847 年），《新莱茵报》（1848—1849 年），《纽约每日论坛报》（1852—1861 年），以及许多富有战斗性的小册子，在巴黎、布鲁塞尔和伦敦各组织中的工作，最后，作为全部活动的顶峰，创立伟大的国际工人协会。”① 从早期的博士论文、《1844 年经济学哲学手稿》到《德意志意识形态》《共产党宣言》，从《资本论》到晚年的《民族学笔记》，人的自由、解放及全面发展始终是马克思主义理论的主旨。

① 许庆朴，郑祥福，周庆行，等. 马克思主义原著选读［M］. 北京：高等教育出版社，1999：270.

（一）对唯心主义文化观的批判

马克思从小就立志做一个对人类有益的人，在中学毕业时撰写的论文《青年在选择职业时的考虑》中，他提出选择职业时应遵循的指针是“人类的幸福和我们自身的完美”，应该选择一种“能给我们提供广阔场所来为人类进行活动、接近共同目标即完美境地的职业”。对人类生存方式的关怀、对人类解放事业的追求是马克思终生的事业。1894 年，有人希望恩格斯用一句话概括马克思主义基本思想，恩格斯引用了《共产党宣言》中的一句话予以回答：“代替那存在着阶级和阶级对立的资产阶级旧社会的，将是这样一个联合体，在那里，每个人自由发展是一切人的自由发展的条件”。如果说斗争是贯穿马克思一生的主线，而批判则构成了马克思文化安全理论的主色调。马克思的很多著作都充满了批判精神，不少作品直接以批判命名。

翻检马克思恩格斯著作，对文化问题的直接论述并不多。据学者黄力之考证，文化一词在《马克思恩格斯全集》中文第一版（共 50 卷）的出现频率为：7 卷零状态（14%），34 卷有 1~5 处（68%），7 卷有 6~9 处（14%），2 卷有 13~15 处（4%）。① 确实，在马恩著作中，与物质、意识、实践、生产、资本、社会、经济、政治等范畴相比，文化概念的使用相对很少，如此是否说明文化问题没有引起马克思恩格斯的关注？还是在整个马克思主义理论体系中无足轻重？对此，我们放在思想史的历史长河中，不难找到问题答案。在 18—19 世纪的德国，文化一词是个流行语，文化史观是这一时期的主流历史观，这是近代以来的理性决定论在历史观上的表现，正如恩格斯所言：“宗教、自然观、社会、国家制度，一切都受到了最无情的批判；一切都必须在理性的法庭面前为自己的存在作辩护或者放弃存在的权利。”② 他们认为文化或精神是人类社会的本质和发展动力，人

① 黄力之. 马克思主义与资本主义文化矛盾［M］. 开封：河南大学出版社，2010：64-65.

② 中共中央马克思恩格斯列宁斯大林著作编译局. 马克思恩格斯文集：第 9 卷［M］. 北京：人民出版社，2009：19-20.

类历史的发展过程就是文化或精神的演变过程，人类历史就是“文化史”或“观念史”，一些宣扬文化史、观念史的著作粉墨登场、大行其道，施蒂纳的《唯一者及其所有物》、鲍威尔的《十八世纪政治、文化和启蒙的历史》即是其代表。在德国古典哲学家康德、黑格尔看来，推动人类社会发展的就是自我意识、理性、绝对精神等精神因素，这些要素构成了人类历史发展的基本内容；赫尔德认为人类社会的发展就是前后依次相继的文化阶段的展开。作为德国思想家，这一问题不仅没有在马克思恩格斯视域中缺场，而且引起了他们高度的关注，激发了他们对当时流行文化观的反思和批判。在马克思指看来，“历来的观念的历史叙述同现实的历史叙述的关系。特别是所谓文化史，这所谓的文化史全部是宗教史和政治史”。① 恩格斯指出：“旧的、还没有被排挤掉的唯心主义历史观不知道任何基于物质利益的阶级斗争，而且根本不知道任何物质利益；生产和一切经济关系，在它那里只是被当作‘文化史’的从属因素顺便提一下。”② 文化史观的根本错误在于其历史前提的本末倒置，不是把人类历史置于现实的物质生产实践基础上，而是放置在精神观念的长河中。为了同当时流行的文化观划清界限，避免概念上的相同造成理解上的模糊和混乱，马克思通常使用精神生产、精神生活、哲学、社会意识、意识形态、宗教等范畴来指称文化。此外，马克思生活的时代，随着机器大工业的快速发展，资本积累日益集中，贫富分化不断加剧，社会矛盾、冲突和斗争开始激化。无产阶级与资产阶级的斗争日益激烈。面对阶级对抗的社会，揭示资本的剥削本质、探寻无产阶级的解放路径成为摆在马克思面前的首要任务，文化问题并不构成马克思关注和思考的中心议题。在马克思恩格斯著作中，虽然对文化问题没有进行过专门系统的论述，但透过字里行间不难发现，马克思恩格斯对文化问题是高度重视的，对文化观点的阐释是和他们的唯物史观紧密结合在一起、并且贯穿他们理论始终的。马克思恩格斯文化观的最

① 中共中央马克思恩格斯列宁斯大林著作编译局. 马克思恩格斯选集：第2卷［M］. 2版. 北京：人民出版社，1995：27.

② 中共中央马克思恩格斯列宁斯大林著作编译局. 马克思恩格斯选集：第3卷［M］. 2版. 北京：人民出版社，1995：365.

终目的是实现人的自由，正像恩格斯所说，“文化上的每一个进步，都是迈向自由的一步”。①

在马克思恩格斯看来，文化是人们认识世界和改造世界的成果，是人们在处理人与自然、人与人、人与社会的实践活动中形成的。对马克思恩格斯的文化观，只有放到他们唯物史观形成的过程中，才能真正加以理解。1842年在《莱茵报》工作期间，马克思积极投身于反对普鲁士专制政府的斗争中，期间“第一次遇到要对所谓物质利益发表意见的难事”，促使他把目光从政治、法的观念转向现实的物质利益和经济关系，在此过程中他意识到文化观念史的荒谬性，文化观开始向唯物主义转向。在《1844年经济学哲学手稿》中，他使用“人化”“人化的自然”“人的本质力量的对象化”等概念来指称文化，并且说，“宗教、家庭、国家、法、道德、科学、艺术等，都不过是生产的一些特殊的方式，并且受生产的普遍规律的支配。”② 在这里，马克思颠覆了观念的历史叙述方法，主张现实的历史叙述方法，认为文化的本质必须到现实的人的实践活动中去探寻，而不能在抽象的精神世界去寻找。在《德意志意识形态》一书中，马克思恩格斯以现实的人及其活动为出发点，在批判文化史观的基础上揭示了物质资料的生产在人类社会生活中的决定作用，确立了历史唯物主义的文化观。

（二）对宗教的批判

宗教是人类历史中一个古老而普遍的文化现象，历尽沧桑不断变化其存在形态，在社会生活各领域均发挥了重要影响。在意识形态领域，处处可以看到宗教的影子。“哲学要追寻宇宙的真理，宗教则说最高的真理是上帝的存在；科学要解读自然的奥秘，宗教则说神灵是自然的主宰；道德要寻求崇高的善，宗教则说最高的善是对神的信和爱；艺术要创造惊心动魄的美，宗教则说终极的美来自对上帝的直观。”③ 阅读马克思的文本我们

---

① 中共中央马克思恩格斯列宁斯大林著作编译局. 马克思恩格斯文集：第9卷［M］. 2版. 北京：人民出版社，2009：120.

② 马克思恩格斯全集：第3卷［M］. 北京：人民出版社，2002：298.

③ 吕大吉. 宗教学通论［M］. 北京：中国社会科学出版社，1989：2-3.

不难发现，马克思所有的宗教理论和宗教观点都包含在他对宗教的批判当中。在马克思看来，“宗教是被压迫生灵的叹息，是无情世界的情感，正像它是无精神活力的制度的精神一样。宗教是人民的鸦片。”① 他曾说，“就德国来说，对宗教的批判基本上已经结束；而对宗教的批判，是其他一切批判的前提”。② 意思是说，离开了宗教批判，其他一切批判都是不彻底的，因为宗教带给人们的是虚幻幸福，是对颠倒的世界进行辩护，是人们回归现实世界的最大障碍。“反宗教的批判的依据是：人创造了宗教，而不是宗教创造了人。就是说，宗教是还没有获得自身或已经再度丧失自身的人的自我意识和自我感觉。”“宗教是人的本质在虚幻中的实现，因为人的本质不具有真正的现实性。”“但是，人不是抽象的蛰居于世界之外的存在物。人就是人的世界，就是国家、社会。这个国家、这个社会产生了宗教，一种颠倒的世界意识，因为它们就是颠倒的世界。”③ 就像恩格斯在《反杜林论》一书的“社会主义”编讨论宗教问题时所言：一切宗教都不过是支配着人们日常生活的外部力量在人们头脑中的虚幻反映，在这种反映中，人间的力量采取了超人间的力量的形式。

费尔巴哈于 1841 年出版了《基督教的本质》一书，他认为，“人的绝对本质，上帝，其实就是他自己的本质”“宗教——至少是基督教——，就是人对自身的关系，或者，说得更确切一些就是人对自己本质的关系，不过他是把自己的本质当作一个另外的本质来对待的。”④ 费尔巴哈对宗教观的巨大贡献在于揭示了宗教的秘密，把宗教的本质归结为人的本质，他的宗教观对马克思产生了很大影响。但马克思并没有就此止步，而是沿着费尔巴哈的逻辑继续探究，发现了宗教产生的更为深刻的社会根源，从而

---

① 中共中央马克思恩格斯列宁斯大林著作编译局. 马克思恩格斯文集：第 1 卷［M］. 北京：人民出版社，2009：4.

② 中共中央马克思恩格斯列宁斯大林著作编译局. 马克思恩格斯文集：第 1 卷［M］. 北京：人民出版社，2009：3.

③ 中共中央马克思恩格斯列宁斯大林著作编译局. 马克思恩格斯文集：第 1 卷［M］. 北京：人民出版社，2009：3.

④ 路德维希·安德列斯·费尔巴哈. 基督教的本质［M］. 荣震华，译. 北京：商务印书馆，1997：34，44.

把对宗教的批判上升为对世俗世界的批判，即对社会现实、对资本主义剥削制度的批判。在《关于费尔巴哈的提纲》中，马克思指出："费尔巴哈是从宗教上的自我异化，从世界被二重化为宗教世界和世俗世界这一事实出发的。他做的工作是把宗教世界归结于它的世俗基础。但是，世俗基础使自己从自身中分离出去，并在云霄中固定为一个独立王国，这只能用这个世俗基础的自我分裂和自我矛盾来说明。因此，对于这个世俗基础本身应当在自身中、从它的矛盾中去理解，并在实践中使之革命化。"① 那么世俗世界是一幅怎样的状况呢？马克思认为它是一个颠倒的世界，是一个劳者不获、获者不劳的世界，是一个需要颠覆和打破的世界。在这个世界里，劳动为资本带来巨额财富，却为劳动者自身生产了赤贫；给富有者生产了宫殿，但却为工人生产了棚舍；劳动生产了美，但带给工人的却是畸形；劳动产生了智慧，却给工人带来了愚钝和痴呆；工人生产的财富越多，他就越赤贫。作为颠倒的世界观的宗教，是为颠倒的社会——资本主义社会服务的，目的是消弭广大群众的反抗意识，变成任人宰割的羔羊，甘于受资本的剥削压迫，使颠倒的世界永久维持下去。"基督教的社会原则曾为古代奴隶制进行过辩护，也曾把中世纪的农奴制吹得天花乱坠，必要的时候，虽然装出几分怜悯的表情，也还可以为无产阶级遭受压迫进行辩护。"②

马克思对宗教的批判，具有如下特点。

其一，马克思对宗教的批判没有仅仅局限在宗教领域，而是通过宗教批判实现人类的自由和解放。他以对宗教的批判作为前提，将批判的核心指向了德国国家哲学、法哲学、政治制度等广阔领域。目的是对现行社会制度进行全面批判，唤起麻痹沉睡的德国人的斗争意志，呼吁作为德国精神领袖的哲学家们问题不在于解释世界，关键是要投身到改造现实的运动中去。正如马克思所说："对宗教的批判最后归结为人是人的最高本质这

① 许庆朴，郑祥福，周庆行，等. 马克思主义原著选读［M］. 北京：高等教育出版社，1999：9.

② 王正萍. 马克思恩格斯列宁斯大林毛泽东论历史唯物主义［M］. 北京：北京师范大学出版社，1983：1384.

样一个学说，从而也归结为这样的绝对命令：必须推翻使人成为被侮辱、被奴役、被遗弃和被蔑视的东西的一切关系。”①

其二，宗教是人们的精神麻醉剂。马克思曾说：“宗教是人民的鸦片”。资产阶级利用宗教，麻痹无产阶级精神，消除无产阶级斗志。他们把人世间的苦难归结为上帝的考验，并许诺用未来的天国来补偿，让无产阶级沉湎于虚幻、缥缈的精神世界，安于被奴役的现状，祈求资产阶级施舍，放弃改变现实的努力和斗争，甘愿听任资产阶级的摆布。把一切已使人受害的弊端的补偿搬到天上，从而为这些弊端继续在地上存在继续辩护，以此来维护现有秩序和自己的统治，为现存制度的合法性辩护。

其三，宗教是统治阶级统治人民的工具。在阶级社会里，“占统治地位的宗教总是统治阶级的宗教。它所崇奉的神灵，一般地说，本质上是统治阶级的化身。这种宗教制度下的人—神关系，实际上是统治阶级与被统治阶级的关系，它所维护的本质上是一个阶级压迫剥削另一个阶级的人际关系。”② 宗教是为统治阶级服务的，是统治阶级统治人民的精神武器，无论是奴隶制时代、封建时代、资本主义时代皆如此。资产阶级更是利用宗教，作为钳制人们的精神武器，为日益分裂和对抗的社会进行辩护。在马克思看来，宗教“只是虚幻的太阳”“虚幻的花朵”，对宗教的批判，必须深入到对以资本为核心的资本主义的社会的批判中去，才能最终战胜宗教。

其四，消灭宗教的途径在于社会实践。“全部社会生活在本质上是实践的。凡是把理论引向神秘主义的神秘的东西，都能在人的实践中以及对这个实践的理解中得到合理的解决。”③ 只有消除了支配人们的自然异己力量和社会异己力量，人们才可以完全把握自己的命运，成为自由自主的人，宗教才会走向消亡。马克思认为，对宗教的批判应当立足于宗教产生

---

① 中共中央马克思恩格斯列宁斯大林著作编译局. 马克思恩格斯文集：第1卷［M］. 北京：人民出版社，2009：11.

② 吕大吉. 宗教学通论［M］. 北京：中国社会科学出版社，1989：771.

③ 中共中央马克思恩格斯列宁斯大林著作编译局. 马克思恩格斯选集：第2卷［M］. 北京：人民出版社，1995：56.

的社会基础，并在实践中消除其存在的社会根源。“只有当实际日常生活的关系，在人们面前表现为人与人之间和人与自然之间极明白而合理的关系的时候，现实世界的宗教反应才会消灭。”① “当社会通过占有和有计划地使用全部生产资料而使自己和一切社会成员摆脱奴役状态的时候（现在，人们正被这些由他们自己所生产的、但作为不可抗拒的异己力量而同自己相对立的生产资料所奴役），当谋事在人，成事也在人的时候，现在还在宗教中反映出来的最后的异己力量才会消灭，因而宗教反映本身也就随着消灭。原因很简单，这就是那时再没有什么东西可以反映了。”② 而要消除这些异己力量，就必须在实践中使现存世界革命化，推翻资本主义制度。

（三）对资本主义文化的批判

马克思的文化批判理论是与他的革命实践紧密结合在一起的，与唯物史观的形成是统一的过程。在《关于费尔巴哈的提纲》第八条中，马克思指出：“全部社会生活在本质上是实践的。凡是把理论引向神秘主义的神秘的东西，都能在人的实践中以及对这个实践的理解中得到合理的解决。”③ 在1841年完成的博士论文《德谟克利特的自然哲学和伊壁鸠鲁的自然哲学的差别》中，马克思批判了青年黑格尔派主张通过自我意识的批判来改变现实的观点，主张哲学必须立足实践、面向现实。在《莱茵报》工作期间，对现实问题的关注促使马克思把目光从政治、法的观念转向物质利益、经济关系。在1843年9月完成的《〈黑格尔法哲学批判〉导言》中，马克思提出是人创造了宗教而不是宗教创造了人，主张通过消灭私有制实现真正的人类解放。在《1844年经济学哲学手稿》中，马克思通过对

① 中共中央马克思恩格斯列宁斯大林著作编译局. 马克思恩格斯全集：第23卷［M］. 北京：人民出版社，1972：96.

② 中共中央马克思恩格斯列宁斯大林著作编译局. 马克思恩格斯选集：第3卷［M］. 北京：人民出版社，1995：356.

③ 许庆朴，郑祥福，周庆行，等. 马克思主义原著选读［M］. 北京：高等教育出版社，1999：10.

资本主义劳动异化的分析，认为“异化劳动使人自己的身体，同样使在他之外的自然界，使他的精神本质，他的人的本质同人相异化。”①，文化异化的根源在于劳动异化，在于私有制，只有消灭私有制，才能实现人的彻底解放。在《神圣家族》中，揭示了历史发展的物质基础，批判了黑格尔的唯心史观，论证了人民群众的历史作用。1845 年 9 月到 1846 年 5 月，马克思恩格斯把目光转向经济和现实生活，合作撰写了《德意志意识形态》。从现实的人及其物质生活条件出发，揭示了物质资料的生产在社会生活中的决定作用。“从直接生活的物质生产出发阐述现实的生产过程，把同这种生产方式相联系的、它所产生的交往形式即各个不同阶段上的市民社会理解为整个历史的基础，从市民社会作为国家的活动描述市民社会，同时从市民社会出发阐明意识的所有各种不同理论的产物和形式，如宗教、道德、哲学等等。”② 从而确立了马克思恩格斯文化思想的历史唯物主义基础。

以唯物史观为基础，马克思恩格斯对资本主义文化进行了深刻的剖析。资本主义文化本质上讲就是资产阶级文化。“统治阶级的思想在每一时代都是占统治地位的思想。这就是说，一个阶级是社会上占统治地位的物质力量，同时也是社会上占统治地位的精神力量。”③ 马克思充分肯定了资产阶级在历史上曾经起过的进步作用，指出“资产阶级在它的不到一百年的阶级统治中所创造的生产力，比过去一切世代创造的全部生产力还要多、还要大。”④ 资产阶级在反封建、反神权的斗争中，承继了文艺复兴以来的理性主义和人文主义精神，高举天赋人权、自然法、社会契约论等旗帜，在文学、哲学、艺术、政治甚至自然科学领域，对封建专制制度和宗

① 中共中央马克思恩格斯列宁斯大林著作编译局. 马克思恩格斯全集：第 3 卷 [M]. 北京：人民出版社，2002：252.

② 许庆朴，郑祥福，周庆行，等. 马克思主义原著选读 [M]. 北京：高等教育出版社，1999：33-34.

③ 许庆朴，郑祥福，周庆行，等. 马克思主义原著选读 [M]. 北京：高等教育出版社，1999：38.

④ 许庆朴，郑祥福，周庆行，等. 马克思主义原著选读 [M]. 北京：高等教育出版社，1999：78.

教神学进行了猛烈的抨击，资产阶级在它已经取得统治的地方“把一切封建的、宗法的和田园诗般的关系都破坏了。它无情地斩断了把人们束缚于天然尊长的形形色色的封建羁绊。”① 形成了高扬理性、关注现世幸福的资产阶级文化观。资本主义还使人类从“人的依赖状态”，发展到“以物的依赖性为基础的人的独立性”阶段。

但是，资本主义文化存在着自身难以克服的矛盾，资产阶级曾经使“一切固定的僵化的关系以及与之相适应的素被尊崇的观念和见解都被消除了，一切新形成的关系等不到固定下来就陈旧了。一切等级的和固定的东西都烟消云散了，一切神圣的东西都被亵渎了”。② 但“这个曾经仿佛用法术创造了如此庞大的生产关系和交换手段的现代资产阶级社会，现在像一个魔法师一样不能再支配自己用法术呼唤出来的魔鬼了。几十年来的工业和商业的历史，只不过是现代生产力反抗现代生产关系、反抗作为资产阶级及其统治的存在条件的所有制关系的历史”。③ 资本主义文化包含了自身难以克服的矛盾。由此，马克思对资本主义文化进行了深入的批判。

首先，资本主义文化是一种拜物教文化。“资本来到世间，从头到脚，每个毛孔都滴着血和肮脏的东西。”在资本主义社会，资本成了主宰一切、统治一切的力量，这是一个物役性社会，物被赋予了某种神秘力量，人成为他所创造的物和社会关系的奴仆，对它顶礼膜拜，人与世界的关系被颠倒和扭曲，在文化上的表现就是拜物教观念盛行。马克思通过对资本主义商品拜物教、货币拜物教、资本拜物教三种形式的分析，揭示了资本主义制度造成的人的精神世界的异化。商品的出现，使得人与人之间内在而直接的劳动交换关系颠倒地表现为商品与商品之间外在而间接的关系，人们开始崇拜自己所创造的商品。人们看不到自己才是商品价值的原创者，其

---

① 许庆朴，郑祥福，周庆行，等. 马克思主义原著选读［M］. 北京：高等教育出版社，1999：76.

② 许庆朴，郑祥福，周庆行，等. 马克思主义原著选读［M］. 北京：高等教育出版社，1999：77.

③ 许庆朴，郑祥福，周庆行，等. 马克思主义原著选读［M］. 北京：高等教育出版社，1999：78.

根源在于资本主义条件下私人劳动和社会劳动的矛盾，表面看是商品这种物对人的奴役，实质是商品生产这种经济形式对人的奴役。随着商品经济的发展，货币在生活中的作用日益突出，由于货币不仅有价值尺度和流通手段的职能，还有贮藏手段、支付手段、世界货币的职能，货币已经成为一般社会财富的符号象征。因此，在货币形态上，拜物教的性质更严重了。货币拜物教是商品拜物教的逻辑延伸，它把世界上各种物的关系和人的关系简化为货币关系，并牢固地控制了人们的头脑。世界俨然成了一个金钱社会，形成了资本主义条件下以个人主义为基础的拜金主义道德准则。资本拜物教是资本主义最高形态的拜物教，资本拜物教是对资本、资本家、资本主义生产方式的崇拜，它是颠倒的资本主义经济本质的文化映像，比之商品拜物教、货币拜物教有更大的欺骗性。马克思用自己创立的剩余价值理论，揭示了资本增值的秘密。无论是商品拜物教、货币拜物教，还是资本拜物教，都是资本主义社会本质在文化上的反映，对它们的批判，就是对资本主义文化的批判。

其次，资本主义文化具有侵略扩张性。为了扩大产品的销路，追求利润的最大化，资本把目光瞄向了世界各个角落，他们到处落户，到处开发。一方面促进了民族国家间的交流交往，使民族史进入世界史，各个国家的生产消费都具有了世界意义，促进了落后国家和地区向现代性的迈进。另一方面，历史上这一过程是通过资本的对外扩张、发达资本主义国家对落后国家的侵略殖民来进行的，往往伴随着对落后国家的剥削压迫，还会对其民族文化发展构成严重威胁。马克思恩格斯一方面对资本在推动全球化进程中的积极作用给予了肯定，同时对资本在全球扩张中的罪恶给予了深刻的鞭挞和批判。“资产阶级，由于开拓了世界市场，使一切国家的生产和消费都成为世界性的了……过去那种地方的和民族的自给自足和闭关自守状态，被各民族的各方面的互相往来和各方面的互相依赖所代替了。物质的生产是如此，精神的生产也是如此。”① “资产阶级，由于一切

① 许庆朴，郑祥福，周庆行，等. 马克思主义原著选读［M］. 北京：高等教育出版社，1999：77.

生产工具的迅速改进，由于交通的极其便利，把一切民族甚至最野蛮的民族都卷到文明中来了。它的商品的低廉价格，是它用来摧毁一切万里长城、征服野蛮人最顽强的仇外心理的重炮。它迫使一切民族——如果他们不想灭亡的话——采用资产阶级的生产方式；它迫使它们在自己那里推行所谓的文明，即变成资产者。一句话，它按照自己的面貌为自己创造出一个世界。”① 世界交往过程中文化的碰撞冲突实质上是国家民族利益的冲突碰撞，在这一过程中维护文化安全，就是在维护国家民族的利益。在资本主义条件下，资本成为主宰一切的力量，整个社会都被笼罩在以资本为中心的社会体系里，资本逻辑主宰了其他一切发展的逻辑。不仅如此，资本的扩张本性使得资本家试图把资本主义生产方式带到世界各地，将全球纳入资本的统治体系里面，使农民的民族从属于资产阶级民族，使东方从属于西方，按照资本自己的面貌为自己创造一个世界。

最后，资产阶级文化是以利己主义为核心的。资本对利润的追逐永无止境，有百分之十的利润，它就保证到处被使用；有百分之二十的利润，它就活跃起来；有百分之五十的利润，它就铤而走险；为了百分之一百的利润，它就敢践踏一切人间法律；有百分之三百的利润，它就敢犯任何罪行，甚至冒绞死的危险。资产阶级在反封建的过程中继承了近代以来的启蒙文化精神，针对中世纪神学对人性的统治和束缚，高举起了个性、自由、平等的旗帜，对冲破封建神学枷锁、获得个体解放无疑起了积极作用。但资本主义仍然是一种私有制，而且是资本高度集中的私有制，生产社会化和资本主义私人占有制之间的矛盾，在资本主义条件下是无法解决的。马克思指出，资产阶级“使人和人之间除了赤裸裸的利害关系，除了冷酷无情的‘现金交易’，就再也没有任何别的联系了。它把宗教虔诚、骑士热忱、小市民伤感这些情感的神圣发作，淹没在利己主义打算的冰水之中，它把人的尊严变成了交换价值。”② 在资本主义社会里，人世间的所

① 许庆朴，郑祥福，周庆行，等. 马克思主义原著选读［M］. 北京：高等教育出版社，1999：77-78.

② 许庆朴，郑祥福，周庆行，等. 马克思主义原著选读［M］. 北京：高等教育出版社，1999：76.

有关系都笼罩在以金钱为中心的交换关系之下，都由资本来摆布和决定，就连医生、律师、教士、诗人和学者这些一向受人尊敬和令人敬畏的职业，也概莫能外。资产阶级甚至把家庭也建立在私人发财和资本的基础上，将妻子当成单纯的生育工具，把家庭关系也变成了金钱关系。究其原因，就是资产阶级的生产关系和所有制关系。在资本主义社会里，资本具有独立性和个性，而活着的人是没有独立性和个性的。马克思恩格斯指出，“你们的利己观念使你们把自己的生产关系和所有制关系从历史的、在生产过程中是暂时的关系变成永恒的自然规律和理性规律，这种利己观念是你们和一切消亡了的统治阶级所共有的。”① 所以，马克思主张，“共产主义革命就是同传统的所有制关系实行最彻底的决裂；毫不奇怪，它在自己的发展进程中要同传统的观念实行最彻底的决裂。”②

（四）马克思恩格斯文化安全思想的特点

马克思恩格斯终生的重要理论工作就是批判资本主义文化的虚假性，探索人类社会的发展规律，为无产阶级和人类的解放指明方向。在他们的理论中，文化批判是和文化安全结合在一起的。正是在对资本主义文化的批判解构中，马克思恩格斯创立了唯物史观，揭示了人类社会的发展规律和资本主义社会的特殊运行规律，创立了科学社会主义理论，实现了人类文化史上的革命变革。

综观马克思恩格斯的文化批判思想，具有以下四个特点。

1. 实践性

实践性是马克思主义文化的根本特征，也是马克思主义区别于其他文化的标志所在，马克思主义的创立就是为改造旧世界的实践服务的。马克思恩格斯正是在实践的基础上完成了从唯心主义向唯物主义、革命的民主主义向共产主义的转变，创立了辩证唯物主义和历史唯物主义。“哲学家

---

① 许庆朴，郑祥福，周庆行，等. 马克思主义原著选读［M］. 北京：高等教育出版社，1999：86.

② 许庆朴，郑祥福，周庆行，等. 马克思主义原著选读［M］. 北京：高等教育出版社，1999：89.

们只是用不同的方式解释世界，问题在于改变世界。”① 马克思恩格斯把毕生的精力投入到发展、壮大无产阶级革命事业的斗争中去。为此马克思牺牲了身体、牺牲了家庭，到处遭受敌人的迫害，过着颠沛流离的生活。他们积极参加工人阶级反对资本主义、争取自身解放的运动中，与形形色色的机会主义思潮进行斗争。从19世纪40年代后半期创建“共产主义者同盟”，到60年代中期创立和领导第一国际，再到90年代前半期恩格斯创立和领导第二国际的活动，马克思恩格斯始终站在国际共产主义运动的最前沿，参与和领导国际无产阶级反对资产阶级和资本主义的斗争。马克思主义理论正是在参加、指导工人运动的过程中形成的，并有力地推动了工人运动的发展。实践不仅是改造世界的活动，也是推动理论发展的动力，实践的特点决定了马克思主义必然是一种发展的、开放的、与时俱进的文化体系。“马克思主义科学体系具有发展开放性，如同张开着的口袋，随时通过概括新的经验使它得到发展和充实，因而它永远具有当代性。作为马克思主义创始人的马克思和恩格斯，对自己的理论从来都持开放态度，终其一生都在不断地总结新经验，以与时俱进的态度对待自己的理论”。②

2. 革命性

马克思主义作为一种科学的理论，其使命是用来武装工人阶级头脑，增强无产阶级的主体性意识，通过无产阶级革命推翻资本主义制度。马克思主义的革命性是与它的科学性紧紧结合在一起的。马克思主义是一种批判的文化，同时也是一种革命的文化，它的产生是为了无产阶级革命的需要。通过马克思主义的熏染，有助于强化工人阶级的主体意识。“从本体论的角度看问题，主体性的最根本的历史作用乃是使现存世界革命化，即在历史条件具备的时候，以革命实践的方式对现存世界进行彻底的改造。”③ 正如陈先达先生所言，不主张革命的“马克思主义”根本不是马

① 许庆朴，郑祥福，周庆行，等. 马克思主义原著选读［M］. 北京：高等教育出版社，1999：10.

② 陈先达. 马克思主义的本质特征和当代价值［J］. 学习月刊，2020（3）：15-18.

③ 俞吾金. 马克思主体性概念的两个维度［J］. 复旦学报（社会科学版），2007（2）：34-40.

克思主义，只能说是打着马克思主义旗号的"跳蚤"。在马克思看来，资本主义生产方式自身无法克服的矛盾，导致资本主义制度必然要被打碎。"至今的一切社会都是建立在压迫阶级和被压迫阶级的对立之上的。但是，为了有可能压迫一个阶级，就必须保证这个阶级至少有能够勉强维持它的奴隶般的生存的条件。……资产阶级不能再统治下去了，因为它甚至不能保证自己的奴隶维持奴隶的生活"。① 资本主义制度塑造了自己的掘墓人，大工业的发展摧毁了资产阶级赖以生产和占有产品的基础，资产阶级的灭亡和无产阶级的胜利同样不可避免。因此，马克思高声呐喊，共产党人到处都支持一切反对现存的社会制度和政治制度的革命，"革命之所以必须，不仅是因为没有任何其他的办法能够推翻统治阶级，而且还因为推翻统治阶级的那个阶级，只有在革命中才能抛掉自己身上的一切陈旧的肮脏东西，才能成为社会的新基础"。② 因此"共产党人不屑于隐瞒自己的观点和意图。他们公开宣布：他们的目的只有用暴力推翻全部现存的社会制度才能达到"。③

3. 继承性

文化作为群体的观念体系，具有历史的延续性，对每一个个体都有逻辑的先在性。每一代人只有在前人创造的文化的基础上，才能提出新的理论学说，把现有的文化推进到新阶段，创造出文化史上的新辉煌。马克思主义经典作家非常重视对先前优秀文化传统的继承，德国古典哲学、英国古典政治经济学、法国科学社会主义构成了马克思主义学说的直接理论来源。在马克思一生中，任何一个理论科学中的每一个新发现，都会引起马克思的关注，让他感到由衷的喜悦。如果没有黑格尔和费尔巴哈等先辈创立的德国古典传统，就不会有马克思主义哲学的产生。因此恩格斯说，

---

① 许庆朴，郑祥福，周庆行，等. 马克思主义原著选读［M］. 北京：高等教育出版社，1999：83.

② 许庆朴，郑祥福，周庆行，等. 马克思主义原著选读［M］. 北京：高等教育出版社，1999：33.

③ 许庆朴，郑祥福，周庆行，等. 马克思主义原著选读［M］. 北京：高等教育出版社，1999：99.

“每一个时代的哲学作为分工的一个特定的领域，都具有由它的先驱传给它而它便由此出发的特定的思想材料作为前提”。① 在谈到科学社会主义理论的产生时，恩格斯指出，“同任何新的学说一样，它必须首先从已有的思想材料出发，虽然它的根子深深扎在物质的经济的事实中。”② 文化继承是文化创新的前提，文化创新以文化继承为基础，离开优秀传统文化的积淀，文化创新就无从谈起。由于文化的发展具有相对独立性，文化继承也可超越经济的发展阶段实现自己的跨越式发展，反过来促进经济社会的进步，恩格斯晚年在对摩尔根《古代社会》一书所做的摘录里谈到，野蛮时代低级阶段文化中的发明，“有一些可能是从处于中级阶段的部落那里承受过来的；正由于这些过程是经常重复的，所以较进步的部落便把较它们落后的部落提高到自己的水平，其速度则以后者能够认识和利用这些进步的方法的速度而定。”③

4. 阶级性

马克思恩格斯从“不是意识决定生活，而是生活决定意识”的唯物主义立场出发，认为“一个阶级是社会上占统治地位的物质力量，同时也是社会上占统治地位的精神力量。支配着物质生产资料的阶级，同时也支配着精神生产资料。”④ 在阶级社会里，统治阶级掌握政权之后，必然要进一步掌握精神力量的控制权，从思想上加强对人们的统治，为自己的合法性辩护，为现存制度的合理性提供支持。同时，阶级社会里的意识形态往往具有虚假性，统治阶级为了维护自己的统治，往往会把自身利益说成普遍利益、全社会利益，“每一个企图取代旧统治阶级的新阶级，为了达到自己的目的不得不把自己的利益说成是社会全体成员的共同利益，就是说，

---

① 中共中央马克思恩格斯列宁斯大林著作编译局. 马克思恩格斯选集：第4卷［M］. 北京：人民出版社，1995：703.

② 许庆朴，郑祥福，周庆行，等. 马克思主义原著选读［M］. 北京：高等教育出版社，1999：234.

③ 马克思恩格斯全集：第45卷［M］. 中共中央马克思恩格斯列宁斯大林著作编译局，译. 北京：人民出版社，1985：382.

④ 许庆朴，郑祥福，周庆行，等. 马克思主义原著选读［M］. 北京：高等教育出版社，1999：384.

这在观念上的表达就是：赋予自己的思想以普遍性的形式，把它们描绘成唯一合乎理性的、有普遍意义的思想。”① 从认识论角度分析，其产生的根本原因在于把统治阶级的思想和统治阶级本身分割开来，撇开这些思想产生的主体和环境，赋予这些思想独立化的特征。以此为基础，马克思对资产阶级宣扬的法权、自由、平等、民主、博爱的虚伪性进行了批判，认为他们本质上都是资本主义生产关系、中产阶级利益在观念上的表现。“如果在全部意识形态中，人们和它们的关系就像在照相机中一样是倒立成像的，那么这种现象也是从人们生活的历史过程中产生的，正如物体在视网膜上的倒影是直接从人们生活的生理过程中产生的一样。”② 马克思主义作为一种科学的文化理论，它公开声称它代表的是无产阶级和劳苦大众的利益，马克思主义的最终目标是以人类的解放为价值旨归，因此马克思主义是人民的理论，马克思主义理论实现了阶级性和人民性的完美统一。正如习近平总书记所说：“马克思主义是人民的理论，第一次创立了人民实现自身解放的思想体系。马克思主义博大精深，归根到底就是一句话，为人类求解放”。③

二、列宁的文化安全思想

19 世纪末 20 世纪初，资本主义的发展进入帝国主义阶段。当时的俄国，虽然资本主义有了一定发展，但仍处在沙皇专制制度下，是一个垄断资本主义和封建农奴制结合的国家，列宁称之为“军事封建帝国主义”。虽然 1861 年的农奴制改革为俄国资本主义的发展创造了一定的条件，但它总体上还是一个农业国，在广大农村地区，普遍存在的是前资本主义的、宗法的、亚细亚的生产方式，无论政治、经济还是文化都明显落后于同时

① 许庆朴，郑祥福，周庆行，等. 马克思主义原著选读［M］. 北京：高等教育出版社，1999：39.

② 许庆朴，郑祥福，周庆行，等. 马克思主义原著选读［M］. 北京：高等教育出版社，1999：20.

③ 中共中央党史和文献研究院，中央“不忘初心、牢记使命”主题教育领导小组办公室. 习近平关于“不忘初心、牢记使命”重要论述摘编［M］. 北京：中央文献出版社，2019：339.

期的西欧资本主义国家。阶级矛盾异常尖锐，反对农奴制和沙皇专制制度的斗争此起彼伏。列宁在《帝国主义是资本主义的最高阶段》中，根据帝国主义政治经济发展不平衡的特点，分析了帝国主义国家之间的内在矛盾，结合俄国经济社会的特点，创造性地发展了马克思主义，提出了“社会主义革命可以首先在一国或数国取得胜利”的新结论，并带领俄国人民取得了十月革命的伟大胜利，建立了人类历史上第一个社会主义国家政权。

新生的苏维埃政权是在落后的农业国基础上建立起来的，文化上没有经过文艺复兴、启蒙运动、宗教改革的洗礼，沙皇统治时期积累的官僚主义、大国沙文主义以及“奥勃洛摩夫精神”根深蒂固，各种反马克思主义反社会主义思潮甚嚣尘上，布尔什维克党面临着从政治上的“征服者”沦为文化上的“被征服者”的巨大风险，文化安全成为摆在党面前的一个严峻课题，文化建设成为与政权建设、经济建设同等重要的任务。如果说马克思恩格斯的文化安全思想侧重于文化批判，那么到了列宁那里，则是文化批判与文化建设同等重要。

（一）党的领导是文化安全的前提

马克思主义认为，无产阶级要实现推翻资本主义、建设社会主义、实现共产主义的伟大事业，必须建立起无产阶级的革命政党。列宁在领导俄国无产阶级的革命实践中，把马克思主义和俄国实际结合起来，建立起了一个具有统一纲领、统一组织、统一策略的新型无产阶级政党，为十月革命的胜利和苏维埃政权建设提供了政治保障。列宁非常重视党对文化工作的领导，体现在《党的组织和党的出版物》《怎么办》《新经济政策和政治教育委员会的任务》《青年团的任务》《俄共（布）第十一次代表大会文献》《论战斗唯物主义的意义》等文献里。他认为无产阶级执政党在夺取政权之后，应该把文化建设作为国家工作的重心之一。列宁的最后五篇论文，第一篇就是关于文化教育的《日记摘录》。在他看来，文化建设既是经济建设的必要条件，也是民主政治建设不可缺少的条件，没有文化水平的提高，所有经济建设和民主建设的设想都是空中楼阁。在列宁看来，文化建设的核心就是要控制文化的领导权，把它牢牢掌握在布尔什维克党手中。

1. 坚持马克思主义为指导

列宁从进行无产阶级革命活动开始，就非常重视马克思主义理论的学习，非常强调革命理论对党的建设的指导意义。他多次谈到，马克思主义是科学的世界观和方法论，任何时候都不能偏离或违背马克思主义的原则、立场和方法。在他看来，只有以先进理论武装的党，才能发挥先进战士的作用。“问题只能是这样：或者是资产阶级的思想体系，或者是社会主义的思想体系。这里中间的东西是没有的，因此，对社会主义思想体系的任何轻视和任何脱离，都意味着资产阶级思想体系的加强。”① “没有革命理论，就不会有坚强的社会党，因为革命理论能使一切社会党人团结起来，他们从革命理论中能取得一切信念，他们能运用革命理论来确定斗争方法和活动方式。”② 他认为，马克思主义是可行的理论体系，它揭示了人类社会发展的普遍规律，只要“遵循着马克思的理论的道路前进，我们将愈来愈接近客观真理（但绝不会穷尽它）；而遵循着任何其他的道路前进，除了混乱和谬误之外，我们什么也得不到。”③ 他充满理论自信地指出：“我们完全以马克思的理论为指导，因为它第一次把社会主义从空想变成科学，给这个科学奠定了巩固的基础，指出了继续发展和详细研究这个科学所应遵循的道路。”④ 马克思主义为工人阶级提供了“绝不同任何迷信、任何反动势力、任何为资产阶级压迫所作的辩护相妥协的完整的世界

---

① 中共中央马克思恩格斯列宁斯大林著作编译局．列宁选集：第 1 卷［M］．3 版．北京：人民出版社，1995：326-327.

② 中共中央马克思恩格斯列宁斯大林著作编译局．列宁选集：第 1 卷［M］．3 版．北京：人民出版社，1995：274.

③ 中共中央马克思恩格斯列宁斯大林著作编译局．列宁选集：第 2 卷［M］．北京：人民出版社，1995：103-104.

④ 中共中央马克思恩格斯列宁斯大林著作编译局．列宁选集：第 1 卷［M］．3 版．北京：人民出版社，1995：273.

观”。① 列宁同时强调，马克思主义是科学而不是教条，各国工人阶级政党在运用马克思主义时，必须与本国实际相结合。“我们绝不能把马克思的理论看成某种一成不变的和神圣不可侵犯的东西；恰恰相反，我们深信：它只是给一种科学奠定了基础，社会党人如果不愿落后于实际生活，就应当在各方面把这门科学推向前进。我们认为，对于俄国社会党人来说，尤其需要独立地探讨马克思的理论，因为它所提供的只是总的指导原理，而这些原理的应用具体地说，在英国不同于法国，在法国不同于德国，在德国又不同于俄国。”② 只有与各国国情相结合，才能彰显马克思主义的生命力，才能丰富和发展马克思的学说。

2. 掌控文化建设领导权

从政治学的视角看，领导权的实施无非通过两种方式：一是通过强制的方式，它以军队、警察、法庭、监狱等为后盾；一是通过教化的方式，靠的是被统治者内心的认可。前一方面是硬的一手，后一方面是软的一手。一般而言，统治阶级会软硬兼施，作为其阶级统治的工具。相对而言，后者的实效性更强，更有利于政权的稳定。列宁讲的文化领导权，就是通过对人民群众的教育达到对苏维埃社会主义政权的认同。列宁认为，布尔什维克党不仅肩负着军事革命、政治革命的任务，同时肩负着“文化革命”的使命，不仅仅是在军事上和政治上战胜资产阶级，而且同时要在思想上战胜资产阶级。“资产阶级思想体系的渊源比社会主义意识形态久远得多，它经过了更加全面的加工，它拥有的传播工具也多得不能相比。所以某一个国家中的社会主义运动愈年轻，也就应当愈积极地同一切巩固非社会主义意识形态的企图作斗争。”③ 列宁非常重视党对文化工作的领导，把它看成党的全面领导的重要内容，强调党必须牢牢掌握文化工作的

① 中共中央马克思恩格斯列宁斯大林著作编译局. 列宁选集：第 4 卷［M］. 北京：人民出版社，1995：309.

② 中共中央马克思恩格斯列宁斯大林著作编译局. 列宁选集：第 1 卷［M］. 3 版. 北京：人民出版社，1995：274-275.

③ 中共中央马克思恩格斯列宁斯大林著作编译局. 列宁选集：第 1 卷［M］. 3 版. 北京：人民出版社，1995：328.

领导权。为此，列宁非常强调党的队伍的纯洁性，他说，“徒有其名的党员，就是白给，我们也不要。世界上只有我们这样的政党，即革命工人阶级的政党，才不追求党员数量的增加，而注意党员质量的提高和清洗‘混进党里来的人’”。①“必须把欺骗分子、官僚化分子、不忠诚分子和不坚定的共产党员以及虽然‘改头换面’但内心里依然故我的孟什维克从党内清除出去。”② 为了提高党员队伍质量，列宁采取了一系列做法，诸如严格党员的入党条件；加强对党员的思想教育；加强对党员的纪律监督；共产党员犯罪要受到比普通人更重的惩罚。从 1919 年 10 月到 1921 年 9 月，苏共进行了两次清理党员队伍的活动。通过这些措施，纯洁了党的队伍，提升了党的战斗力，为强化党的文化领导权奠定了基础。

3. 必须坚持无产阶级专政

列宁指出，“专制就是领导”，③ “无产阶级专政是无产阶级对劳动群众（和整个社会）的领导”，④ 无产阶级专政是社会主义文化领导权的实现方式。马克思在《哥达纲领批判》中曾说，在资本主义和社会主义之间，存在一个由前者向后者的转变时期，这个时期的国家只能实行无产阶级专政。列宁非常重视马克思这一思想，在领导俄国无产阶级革命的过程中，提出了苏维埃是俄国无产阶级专政的具体组织形式。在《社会民主党在民主革命中的两种策略》一文中，他提出无产阶级应该成为革命的领导阶级。在《国家与革命》中，他提出无产阶级革命的最高表现就是“无产阶级实行专政，无产阶级实行政治统治”。十月革命后，列宁分析了俄国过渡时期经济结构的特点：①宗法式的，即在很大程度上属于自然经济的农民经济；②小商品生产（这里包括大多数出卖粮食的农民）；③私人资

---

① 中共中央马克思恩格斯列宁斯大林著作编译局. 列宁选集：第 4 卷［M］. 北京：人民出版社，1995：51.

② 中共中央马克思恩格斯列宁斯大林著作编译局. 列宁选集：第 4 卷［M］. 北京：人民出版社，1995：562.

③ 中共中央马克思恩格斯列宁斯大林著作编译局. 列宁全集：第 38 卷［M］. 2 版. 北京：人民出版社，1986：202.

④ 中共中央马克思恩格斯列宁斯大林著作编译局. 列宁全集：第 37 卷［M］. 北京：人民出版社，1986：436.

本主义；④国家资本主义；⑤社会主义。与之相应的主要阶级是：资产阶级、小资产阶级（特别是农民）和无产阶级，在此基础上进一步阐述了无产阶级专政的历史必然性。在他看来，一个阶级的专政不仅对一般阶级社会是必要的，不仅对推翻了资产阶级的无产阶级是必须的，而且"对介于资本主义社会和'无阶级社会'即共产主义之间的整个一个历史时期都是必要的，——只有懂得这一点的人，才算掌握了马克思国家学说的实质"。① 列宁认为，无产阶级专政的一项根本任务是改造旧的生产关系，建立社会主义的新型生产关系。因此，"无产阶级专政的实质不仅在于暴力，而且主要不在于暴力。"② 即使说，在夺取政权的过程中，无产阶级专政无疑要以暴力为中心；但在和平建设时期，无产阶级专政则是以国家机器为后盾，通过经济、教育、行政、法律等途径来实现。在这里我们要特别注意，列宁的无产阶级专政思想，是一个动态的发展的概念，暴力的和平的、军事的经济的、行政的教育的，都是达到这个目的的手段。在《关于无产阶级文化》一书中，他认为苏维埃工农共和国的整个教育事业，都必须服务于顺利实现无产阶级专政的目的。

（二）"文化革命"是文化安全的核心

列宁充分认识到文化建设对于巩固无产阶级专政、恢复和发展俄国经济以及推进苏俄民主政治建设的意义。他说："我们深深知道，俄国文化不发达是什么意思，它对苏维埃政权有什么影响：苏维埃政权在原则上实行了高得无比的无产阶级民主，对全世界作出实行这种民主的榜样，可是这种文化上的落后却限制了苏维埃政权的作用并使官僚制度复活。"③ 在列宁的最后几篇论文中，他提出要在文化领域推行一场革命。在他看来，

---

① 中共中央马克思恩格斯列宁斯大林著作编译局．列宁全集：第 31 卷［M］．北京：人民出版社，1985：33.

② 中共中央马克思恩格斯列宁斯大林著作编译局．列宁全集：第 36 卷［M］．北京：人民出版社，1985：375.

③ 中共中央马克思恩格斯列宁斯大林著作编译局．列宁选集：第 3 卷［M］．北京：人民出版社，1995：766.

"只要实现了这个'文化革命'，我们的国家就能成为完全社会主义的国家了。"① 他是在文化建设的意义上使用"文化革命"一词的。他从苏俄实际出发，认为文化建设的根本目标是提高人的文化素质，保障社会主义建设顺利进行，造就一代共产主义新人，最终实现人的自由全面发展。

1. 强化理想信念教育

苏维埃政权建立后，作为第一个社会主义国家，处在帝国主义世界的包围之中，面临着非常严峻的压力和挑战：国内外敌对势力相互勾结，对苏俄进行军事封锁和武装干涉；国内生产力水平很低，经济形势异常严峻；各种机会主义思想流派异常活跃，有的直接成为国内外反动势力的帮凶；一些群众和布尔什维克党员认为社会主义制度与经过工业革命的资本主义制度相比，没有明显的先进性和制度优越性，进而对社会主义、共产主义信仰产生动摇。列宁认为，要成为一名真正的社会主义者，必须有坚定的理想信念，布尔什维克党员应该有忠诚意识。在 1922 年 3 月底召开的俄共（布）第十一次代表大会上，他强调布尔什维克党员不仅应对革命和人民忠诚负责，而且应该是拥有本领、懂行的专家。否则，苏俄就会"像一辆不听使唤的汽车，似乎有人坐在里面驾驶，可是汽车不是开往它要去的地方，而是开往别人要它去的地方。"② 他把社会主义建设比喻为攀登高山，这是"世界上还不曾有人到过的高处"，前进的征途中无疑会遇到很多艰险，也不知何时能到达终点，如果没有崇高的理想、清醒的头脑，就会陷入误区、半途而废，甚至背弃共产主义。不难看出，列宁已经把理想信念教育上升到关系亡党亡国的高度。

十月革命胜利后，列宁指出："我们的任务是要战胜资本家的一切反抗，不仅是军事上和政治上的反抗，而且是最深刻、最强烈的思想上的反

---

① 中共中央马克思恩格斯列宁斯大林著作编译局. 列宁选集：第 4 卷［M］. 北京：人民出版社，1995：774.

② 中共中央马克思恩格斯列宁斯大林著作编译局. 列宁选集：第 4 卷［M］. 北京：人民出版社，1995：671.

抗”。[①] 在他看来，思想政治工作必须服务大局、服务党的中心工作。革命时期的中心工作就是夺取政权，俄国社会民主党人的任务就是根据形势的发展需要，向广大群众进行马克思主义科学社会主义理论的宣传，肃清各种错误思潮的影响，揭示革命的形势和任务，帮助广大群众从资产阶级的羽翼下解脱出来，站在布尔什维克一边。唤醒群众的革命热情，适时开展革命斗争，推翻专制政府统治，夺取革命胜利，建立无产阶级政权。革命胜利后，工作重心转变为巩固政权和发展经济，发展生产力，提高人民生活水平，思想政治工作要及时转变到服务于社会主义建设上来，调动人民群众的主体作用，提高他们行使管理国家和社会事务的积极性，更好地实现人民当家作主的权利。

培育共产主义一代新人，是巩固和发展社会主义事业的重要保障。无论是改造资本主义社会，还是建设共产主义社会，都离不开一批坚定的共产主义战士。苏维埃政权建立后，列宁就提出要对人民群众进行共产主义教育，并把它看成社会主义和共产主义的保证。在《共青团的任务》一文中，列宁就文化教育工作特别是思想道德建设的作用、内容和任务作了全面阐述。他指出，提高社会主义建设者的共产主义思想觉悟和道德意识，是共产主义思想教育的任务。共青团和所有想走向共产主义的青年都应该学习共产主义，而学习过程中必须注意理论和实践相结合，反对单从书本上领会共产主义。“如果说，学习共产主义只限于领会共产主义著作、书本和小册子里的东西，那我们就很容易造就出一些共产主义的书呆子或吹牛家”“只求领会共产主义的口号，那就更危险了”，这样“只会使共产主义遭到莫大的损害。”[②] 列宁希望广大青年不要脱离火热的生活，要注重到实践中去学习。列宁对莫斯科—喀山铁路工人自发组织的星期六义务劳动给予了很高的评价，认为这就是共产主义精神的体现，列宁提出俄国布尔

---

① 中共中央马克思恩格斯列宁斯大林著作编译局. 列宁选集：第4卷［M］. 北京：人民出版社，1995：307.

② 中共中央马克思恩格斯列宁斯大林著作编译局. 列宁专题文集——论无产阶级政党［M］. 北京：人民出版社，2009：279.

什维克党员应该首先成为社会主义劳动的楷模，做“真正的共产主义劳动即无报酬劳动的榜样”。

2. 大力发展国民教育

教育是精神生产的重要领域，教育的发展对提高人的综合素质、加快苏俄社会主义建设起着非常重要的作用，属于列宁“文化革命”的核心内容。列宁把教育事业提升到社会主义建设的战略高度，认为社会主义建设的一切工作，都取决于教育的发展水平。

马克思恩格斯在对资本主义的研究中，深刻地揭露了资本主义教育的本质就是把人训练成机器，变成资本攫取剩余价值的工具。列宁进一步阐述了教育阶级性的观点，他明确指出，“要使同志们和我们共同参加文教工作，关键在于教育同我们的政治的联系问题。如果有必要，名称是能够规定某种内容的，因为在各方面的教育工作中，我们都不能抱着教育不问政治的旧观点，不能让教育工作不联系政治。”① 列宁充分认识到发展教育对于提高工人阶级觉悟的重要性，在 1895 年年底写的《我们的大臣在想什么》一文中，他指出，“任何力量都不能阻止工人的觉醒！没有知识，工人就无法自卫；有了知识，他们就有了力量！”② 在列宁看来，学校不仅肩负着向广大劳动群众进行共产主义理论教育的职责，同时还附有批判肃清各种非无产阶级思想的任务，苏维埃政权的一项重要任务就是“使被剥削的劳动者能够真正享受文化、文明和民主的福利”。③ 针对资产阶级宣传的教育“不问政治”“不讲政治”的观点，列宁给予了深刻的揭露，认为这是资产阶级“伪善”的说法，是对“99%受教会势力和私有制等等压迫的群众的欺骗”。④ 俄国原有的教育制度是维护资产阶级利益的，是宣传他

① 中共中央马克思恩格斯列宁斯大林著作编译局. 列宁选集：第 4 卷 [M]. 北京：人民出版社，2012：301-302.

② 中共中央马克思恩格斯列宁斯大林著作编译局. 列宁全集：第 2 卷 [M]. 北京：人民出版社，1984：68.

③ 中共中央马克思恩格斯列宁斯大林著作编译局. 列宁专题文集——论无产阶级政党 [M]. 北京：人民出版社，2009：195.

④ 中共中央马克思恩格斯列宁斯大林著作编译局. 列宁选集：第 4 卷 [M]. 北京：人民出版社，1995：302.

们意识形态的工具。必须彻底改变原有教育体制的阶级属性。1917 年 12 月，在列宁的领导下，苏维埃政府颁布法令，将所有的教会学校、特种学校归教育人民委员会管辖，次年初又通过法令将学校与教会分离，旧的资产阶级教育体系得到彻底改造。1918 年 6 月，又颁布了《关于将所有部门的学校和教育机构转归教育人民委员会管辖》法令，世界上第一个完整的系统的社会主义国民教育体系建立了起来，有力地维护了无产阶级专政的国家政权，保障了新生社会主义制度的文化安全。

苏维埃政权建立后，当务之急是发展经济，为社会主义建设提供强大的物质基础。经济发展离不开先进的科学技术和管理经验，这就需要一大批受过良好教育训练的劳动者。而苏俄政权面对的是沙皇政权留下的落后的国民教育和大量文盲的存在。在《日记摘要》里列宁谈到，1897 年平均每 1000 个男子中只有 318 人能够识字，到了 1920 年也只有 409 人，妇女及农村地区的识字率更低。大量文盲的存在降低了劳动者队伍素质，阻碍了新技术的推广应用。列宁对此高度重视，他甚至把普遍识字作为评判一个民族是否跨入现代社会门槛的标志，他心急如焚地指出，“在一个文盲的国家里是不能建成共产主义社会的”。如何开展群众性扫盲，提高人民文化水平，成为苏维埃政权文化建设的前提条件。1919 年 12 月 26 日，列宁签署了《关于在俄罗斯苏维埃联邦社会主义共和国居民中扫除文盲》的法令，规定凡 8 到 50 岁的居民都有识字的义务。1920 年 7 月 19 日成立了全俄扫除文盲委员会，1923 年又成立了扫除文盲的自愿组织，到 1925 年，扫盲运动取得显著效果，9 岁以上居民的识字率从 1920 年的 31. 9% 上升到 51. 1%。

社会主义现代化建设离不开掌握现代科学技术知识的专门人才，这样的人才是现代化的教育培养的。因此，当 1920 年苏俄政府提出电气化建设计划时，列宁即提出工业化需要更高的文化和教育，凭借工人和农民现有的教育水平是无法完成的。要想经济建设获得成功，必须提升文化教育质量。在列宁领导下，苏维埃政府坚持先进性与民族性统一的原则，积极构建与社会主义经济建设相适应的教育体制，有力推动了苏俄经济的恢复和发展。

3. 占领报刊舆论宣传阵地

马克思恩格斯曾说："正是报刊可使物质斗争变成思想斗争，使血肉斗争变成精神斗争，使需求、欲望和经验的斗争变成理论、理性和形式的斗争"。① 列宁非常重视报刊宣传在无产阶级革命和社会主义建设中的重要性，认为是一件"极其重要、极其有益的大事"。列宁有非常明确的问题意识，适应不同时期社会发展和斗争的需要，及时调整报刊的主题和宣传方式。十月革命前，革命是无产阶级的主题和时代的主旋律，报刊的主要任务是宣传马克思主义，团结一切可以团结的力量，组织无产阶级投身革命运动推翻沙皇专制制度，党报是指导无产阶级和工人运动的旗帜。十月革命后，以列宁为代表的布尔什维克掌握了国家政权，党的工作重心转为国家管理和经济建设，报刊应成为宣传经济建设的工具。他曾对党报作用有一个形象的概括，称其为宣传员、鼓动员和组织者。1899 年，列宁在《工人报》发表了《我们的当前任务》，指出"德、法等国的工人除了出版报纸以外，还有许多公开活动的形式和组织运动的方法。在我们取得政治自由以前，必须用革命报纸来代替这一切，没有革命报纸，我们决不能广泛地组织工人运动。"② 1900 年 12 月 24 日，列宁创办了第一个全俄马克思主义秘密报纸《火星报》，把一大批马克思主义者团结在周围。列宁把报刊看作斗争的武器，他说，没有革命的报纸，就无法进行系统的马克思主义宣传工作，就不可能广泛地组织工人运动。他对俄国社会民主党第二次代表大会后失去《火星报》的领导权感到无比痛心，认为这等于失去了俄国无产阶级战斗的中心。在 1904 年 8 月写的《告全党书》中，他强烈建议第三次代表大会把中央机关报编辑部交给布尔什维克负责，为此，他在 1905 年 1 月又创立了布尔什维克的报纸《前进报》。1917 年 10 月 28 日，列宁签署了《人民委员会关于禁止资产阶级报纸出版》的法令，彻底

---

① 中共中央马克思恩格斯列宁斯大林著作编译局. 马克思恩格斯选集：第 4 卷［M］. 北京：人民出版社，1995：329.

② 中共中央马克思恩格斯列宁斯大林著作编译局. 列宁全集：第 4 卷［M］. 北京：人民出版社，1984：169.

肃清资产阶级意识形态存在的土壤。1918 年 3 月，列宁在《苏维埃政权的当前任务》中提出报刊应该利用公开报道的方法进行经济竞赛，帮助群众研究日常生活中遇到的经济问题。在 1921 年 5 月起草的“劳动国防委员会给各地方的苏维埃机关的指令”中，专门提及“报刊为经济工作服务的问题”。1923 年 9 月，在给《经济生活报》编辑部的信中，列宁为该报规定的任务是：“第一，它不仅要提供有关我国经济的经常而真实的材料；第二，而且要分析这些材料，科学地整理这些材料，为管理工业等得出正确的结论；它还要督促经济战线上的全体工作人员，收集准确的报告材料，表扬有成绩的工作，揭露企业、机关或经济部门等单位的疏忽大意、落后无能的工作人员，让大家批评”。① 列宁一方面把报刊作为宣传马克思主义的阵地，另一方面把报刊作为服务中心工作的工具，为苏俄社会主义报刊发展指明了方向。

马克思主义创始人明确提出报刊是有党性的，无产阶级政党的报刊“首先是组织讨论，论证、阐发和捍卫党的要求，批驳和推翻敌对党提出的各种要求和论断”。② 列宁认为党的一切报刊必须无条件接受党组织的领导和监督，在 1905 年撰写的《党的组织和党的出版物》一文中，他认为党报是党的“齿轮和螺丝钉”，出版物应当成为党的出版物，必须接受党的领导。“没有统一的领导中心，没有统一的中央机关报，党的真正统一是不可能的。”③ “出版社和发行所、书店和阅览室、图书馆和各种书报营业所，都应当成为党的机构，向党汇报工作情况。”④ 对资产阶级宣扬的言论自由、出版自由，列宁始终持批判态度，他认为是彻头彻尾的欺骗行为，在剥削阶级主导的社会里，是不存在真正自由的。1919 年党的八大

---

① 中共中央马克思恩格斯列宁斯大林著作编译局. 列宁全集：第 33 卷［M］. 北京：人民出版社，1992：17.

② 中共中央马克思恩格斯列宁斯大林著作编译局. 马克思恩格斯选集：第 1 卷［M］. 北京：人民出版社，2012：280.

③ 中共中央马克思恩格斯列宁斯大林著作编译局. 列宁全集：第 11 卷［M］. 北京：人民出版社，1987：156.

④ 中共中央马克思恩格斯列宁斯大林著作编译局. 列宁全集：第 12 卷［M］. 北京：人民出版社，1987：94.

《关于党和苏维埃报刊》的专门决议里，对加强党对新闻出版事业的领导、建立无产阶级的宣传体制作了详细规定，为社会主义意识形态的安全提供了组织保障。

4. 利用资本主义建设社会主义

列宁具有很高的马克思主义哲学素养，非常注重马克思主义哲学的学习，一生中撰写了多部哲学经典著作。他认为马克思主义中具有决定意义的是“马克思主义革命辩证法”。在《辩证法的要素》一文中，他说“可以把辩证法简要地规定为关于对立面的统一的学说”，在《谈谈辩证法问题》一书中，指出“直线性和片面性，死板和僵化，主观主义和主观盲目性就是唯心主义的认识论根源。”利用资本主义文化遗产发展社会主义是列宁在实践中运用马克思主义的唯物辩证法的典范。

继承人类优秀文化遗产，是列宁“文化革命”的重要内容。无论文化的发展还是文明的进步，都是一个渐进的演化过程，后人总是在前人的基础上，不断赋予文明新的时代内涵，才会不断造就时代的辉煌，推动社会不断进步。只有在继承性、开放性的基础上，才会有创新性，这是文化发展的一般规律。“马克思主义这一革命无产阶级的意识形态赢得了世界历史性的意义，是因为它并没有抛弃资产阶级时代最宝贵的成就，相反却吸收和改造了两千多年来人类思想和文化发展史中一切有价值的东西。”① 利用资本主义文化建设社会主义文化，符合人类社会的发展规律，也是苏维埃社会主义文化建设的必由之路。社会主义是从资本主义发展而来的，资本主义创造了社会主义、共产主义产生和发展的物质基础，批判地继承资本主义文化，对于封建宗法思想占主导地位、跨越资本主义卡夫丁峡谷迈向社会主义的苏俄政府十分必要。

列宁认为，“无产阶级文化并不是从天上掉下来的，也不是那些自命为无产阶级文化专家的人所杜撰的。如果硬说是那样，那完全是一派胡言。无产阶级文化应当是人类在资本主义社会、地主社会和官僚社会压迫下创造出

① 中共中央马克思恩格斯列宁斯大林著作编译局．列宁选集：第 4 卷［M］．北京：人民出版社，1995：299.

来的全部知识合乎规律的发展。"① 由此可见，只有吸收人类历史创造的全部优秀文化成果，才能真正建成无产阶级文化。列宁认为，经济文化落后的国家建设社会主义，必须充分利用资本主义为社会主义服务，具体体现为：

（1）利用资本主义的技术。列宁认为，大工业是社会主义的基础，没有高度发达的大工厂、大工业，仅仅以传统农业为基础，社会主义是无法建立的。他把发展工业与电气化联系起来，提出了"共产主义就是苏维埃政权加全国电气化"，为此，一方面，从 1918 年开始，他就制定了为期 10~15 年的全国电气化计划，称之为"第二个党纲"；另一方面，利用当时国际资本主义经济危机带来的资本主义经济大萧条机遇，大力引进资本主义国家的先进技术和制造业，为国民经济恢复打下了良好基础，使得苏俄从一个农业国在第二个五年计划末迅速成为世界工业强国。

（2）借鉴资本主义管理。在列宁看来，社会主义能否实现，取决于苏维埃政权和苏维埃管理组织与资本主义最进步的东西结合的程度，他还用了一个简单的公式来说明什么是社会主义：苏维埃政权+普鲁士的铁路秩序+美国的技术和托拉斯组织+美国的国民教育等总和=社会主义。资本主义在长期的社会化大生产中积累了丰富的管理经验，这些财富属于人类共同文明成果，对于社会主义建设不仅是必要的，而且可以少走弯路。正如列宁所言，"我们并不臆造什么工作组织形式，而是从资本主义那里把银行、辛迪加、最好的工厂、实验室、科学院等这些现成的组织形式拿过来，我们只能借鉴先进国家最好的经验。"② 新经济政策就是利用资本主义提高社会生产力的成功实践。

（3）发挥好资产阶级专家的作用。要吸收利用资本主义创造的优秀文明成果，离不开发挥资产阶级旧知识分子和专家的作用。在列宁看来，社会主义建设离不开资本主义文化因素，而"知识分子就是这样的因素"。

① 中共中央马克思恩格斯列宁斯大林著作编译局．列宁选集：第 4 卷［M］．北京：人民出版社，1995：285.

② 中共中央马克思恩格斯列宁斯大林著作编译局．列宁选集：第 3 卷［M］．北京：人民出版社，1995：302.

旧社会过来的专家思想上虽然还残存剥削阶级印记，但他们本身不是剥削阶级，他们和无产阶级没有根本的利益冲突，他们的立场观点也会随着时代的发展而变化，只要给他们合理的政策，就可以把他们团结到党的周围，发挥他们对社会主义建设的积极作用。基于此，列宁提出政治上要团结他们信任他们；工作上要使用他们和支持他们；生活上要关心爱护他们，给他们提供较好的待遇和生活条件。同时要注重对他们的思想改造，用共产主义思想提升他们的思想觉悟。他把那些出身资产阶级学有专长的专家学者当成宝贝，认为他们比妄自尊大的共产党员有用十倍。

（三）对各种错误文化思潮的批判

1. 对民粹主义的批判

19 世纪中叶以后，随着资本全球化和世界范围现代化进程的推进，俄国出现了一股代表小生产者利益的空想社会主义思潮——俄国民粹主义，它以赫尔岑、车尔尼雪夫斯基等人的“村社社会主义”理论的诞生为标志。受空想社会主义思想的影响，赫尔岑认为俄国农村的集体村社具备“社会主义”的传统，村社农民朴实无华、相处融洽的品格更具备“共产主义”的精神内涵。其后车尔尼雪夫斯基对这一思想作了发挥，认为俄国可以以现存的村社制度为基础直接实现社会主义理想。奠定了民粹主义运动的基础。民粹主义站在农民小生产者的立场，认为俄国既不能走沙皇专制制度的路，也不能走资本主义的路，应该在村社制度的基础上直接实现共产主义。19 世纪 70 年代后发生分化，一部分主张与现实妥协，走向自由主义；一部分在工人运动中寻找新的革命力量，转向马克思主义。19 世纪中后期以来，民粹主义一直致力于用村社社会主义取代科学社会主义，成为马克思主义在俄国传播的一大障碍。“民粹主义是民粹主义的社会主义观和民粹主义关于俄国现代化的一系列观点、方法的总和。其中，民粹主义的社会主义观就是民粹主义的世界观，亦是民粹主义文化现象的内核。”① 民

① 何萍. 从列宁对民粹派的批判看列宁的东方社会理论［J］. 马克思主义哲学研究，2001（1）：69-80.

粹派在当时知识分子和部分工人群众中有较大影响，成为当时俄国传播马克思主义、建立工人阶级政党的主要障碍。

列宁在《什么是“人民之友”以及他们如何攻击社会民主党人》中指出：社会民主党主张的是工人社会主义，民粹派主张的是农民社会主义。其后在《俄国社会民主党人的任务》中，认为工人社会主义就是科学社会主义。我们知道，革命的核心问题是领导权问题，也就是革命的领导力量，民粹派把社会主义的胜利寄托在农民阶级身上，而在列宁看来，革命的领导阶级是无产阶级，同时应该团结联合农民阶级。社会民主党人把自己作为工人阶级代表，把自己的社会主义建立在工业文明的基础上，而民粹派是俄国小生产者、小资产阶级的代表，其对社会主义的理解是建立在前工业社会和不发达的工业文明的基础上的，“从农民、小生产者的角度来反对俄国的农奴制度（旧贵族）和资产阶级（新小市民阶层）”。① 民粹派作为俄国一种特殊历史文化现象，在村社制还未分化之时，它有其存在的经济历史依据，一旦资本主义在俄国有了一定发展，村社制开始瓦解，它的革命性就消失了，由反对沙皇专制走向拥抱沙皇专制，走向了革命的对立面。其之所以如此，与民粹派信奉的世界观有密切关联。民粹派信奉的是主观社会学，它的基本观点是主张以人性作为考察人类社会现象的基础，否认马克思主义的社会经济形态理论，这是一种与唯物史观相对立的历史观。米海洛夫斯基认为，“社会学的根本任务是阐明那些使人的本性的这种或那种需要得到满足的条件。”② 社会应以全体成员利益的谋取、正义的实现为自身存在条件，这样的社会是“合乎心愿的”，如果社会堕落为“不合乎心愿的事物”，它注定要被历史抛弃，而判断的标准就是人性。列宁指出。民粹派从人性出发考察俄国的历史，从主观的概念出发，竭力美化农民村社，这种虚构出来的村社共产主义只能是一种乌托邦。而社会民主党人从物质的生产关系出发，从社会经济形态出发考察俄

---

① 中共中央马克思恩格斯列宁斯大林著作编译局. 列宁全集：第1卷［M］. 北京：人民出版社，1984：107.

② 中共中央马克思恩格斯列宁斯大林著作编译局. 列宁全集：第1卷［M］. 北京：人民出版社，1984：303.

国历史，揭示了俄国社会中存在的农民与资产阶级、资产阶级与无产阶级的矛盾，把俄国社会形态的演化看作一个自然历史过程，从而向人们展示出了俄国社会发展的历史必然性与前进方向。

2. 对无产阶级文化派的批判

十月革命前夕，出于无产阶级革命斗争的需要，布尔什维克党于1917年9月成立了“无产阶级文化教育组织”，简称无产阶级文化协会，目的是用科学的理论武装无产阶级，提高他们的理论素养，增强战胜敌人的本领。十月革命胜利后，广大群众学习文化的热情高涨，他们纷纷加入协会，人数迅速达到40多万。协会拥有自己的15种杂志，如《无产阶级文化》《未来》《熔炉》等；有自己所属的活动场所，如“中央舞台”“第一工人剧院”“戏剧工作室”“造型艺术工作室”及各种俱乐部；1920年8月还成立了国际局，在英、德、捷等欧洲国家也成立了无产阶级文化协会，对推动无产阶级文化艺术的传播开展起了重要作用。协会把用知识武装工人阶级作为目标，强调协会的独立性，就当时离开资产阶级临时政府的国民教育部而独立，也还说得过去。但1918年后，反对布尔什维克的“前进派”领导人亚·波格丹诺夫夺去了协会的领导权。它公开拒绝苏维埃政府和教育人民委员会的领导，宣称文化自治，称其任务是在完全自治的基础上发展纯粹的无产阶级的社会主义文化事业。在文化领导权问题上，无产阶级文化派主张脱离布尔什维克党的领导和监督，把自己放在与布尔什维克党平行的位置，认为党管政治领域，无产阶级文化协会管文化领域。在文化遗产问题上，采取历史虚无主义态度，对资产阶级文化全盘否定，鼓吹无产阶级文化协会应通过“实验室式”方法生产出纯洁的无产阶级文化。在文化创造主体问题上，主张建设无产阶级文化只能靠无产阶级自身的力量，把占人口多数的农民和文化创造的主要力量知识分子排除在外。无产阶级文化派的观点，不仅违背了马克思主义，也对新生的苏维埃政权构成挑战。

作为无产阶级革命领袖，列宁对无产阶级文化派的错误观点给予了坚决抨击，指出这些谬论“在理论上是错误的，在实践上是有害的”。① 列宁认为，党的领导是保证社会主义现代化建设成功的先决条件，同时文化建设也离不开党所领导的其他事业，只有这样，文化建设才能沿着正确的路径发展。他在1920年10月28日起草的《论无产阶级文化》决议草案中指出：“无产阶级文化协会的一切组织必须无条件地把自己看作教育人民委员部机关系统中的辅助机构，并且在苏维埃政权（特别是教育人民委员部）和俄国共产党的总的领导下，把自己的任务当作无产阶级专政任务的一部分来完成。”② 1920年12月1日《真理报》刊登了列宁参与起草的《论无产阶级文化》的信，强调必须加强党对文化艺术事业的领导，必须同敌视无产阶级的思潮作斗争。在如何创造无产阶级文化问题上，无产阶级文化派天真地认为，无产阶级新文化孕育在产业无产阶级队伍之中，只有彻底根除资产阶级世界的遗产，才能战胜危害革命的小资产阶级无政府主义自发势力，才能建立自己更为完整严谨的新文化。针对无产阶级文化派对人类文化采取的全盘否定做法，列宁在《青年团的任务》中给予了深刻批判，他说：“应当明确地认识到，只有确切地了解人类全部发展过程所创造的文化，只有对这种文化加以改造，才能建设无产阶级的文化，没有这样的认识，我们就不能完成这项任务。无产阶级文化并不是从天上掉下来的，也不是那些自命为无产阶级文化专家的人杜撰出来的。如果硬说是这样，那完全是一派胡言。无产阶级文化应当是人类在资本主义社会、地主社会和官僚社会压迫下创造出来的全部知识合乎规律的发展。”③ 列宁一方面重视对文化遗产的继承，同时也强调对文化遗产的改造，这种批判与继承相统一的文化观，丰富了马克思主义文化理论。

3. 对修正主义的批判

修正主义是马克思主义创立后第二个五十年，在国际共产主义运动中

---

① 中共中央马克思恩格斯列宁斯大林著作编译局. 列宁选集：第4卷［M］. 北京：人民出版社，1995：229.

② 郑异凡. 苏联“无产阶级文化派”论争资料［M］. 北京：人民出版社，1980：10.

③ 中共中央马克思恩格斯列宁斯大林著作编译局. 列宁专题文集（论无产阶级政党）［M］. 北京：人民出版社，2009：281.

披着马克思主义外衣、打着马克思主义旗号反对马克思主义的机会主义派别。在国际上以第二国际领导人、德国社会民主党人伯恩斯坦为代表，在俄国以孟什维克苏汉诺夫为代表。他们抓住马克思主义理论的只言片语阉割马克思主义，打着时代和条件变了的旗号否定马克思主义原理的普遍性，而第一个以完整形式篡改马克思主义基本原理的是伯恩斯坦。他在1899年写的《社会民主的前提和社会民主党的任务》一书，被称作修正主义的开山之作。受英国费边主义的社会改良主义的影响，他以社会主义问题为中心对马克思主义进行了全面攻击，在他看来，“现代民族国家的政治制度愈是民主化，巨大政治灾变的必然性和机会就愈来愈少……难道所谓无产阶级夺取政权就只能是通过政治灾变夺取政权吗?”“在一百年以前需要进行流血革命才能实现的改革，我们今天只要通过投票、示威游行和类似的威胁手段就可以实现了”，因此“对我来说运动就是一切，人们通常所说的社会主义最终目的是微不足道的”。① 伯恩斯坦修正主义的主要观点是：“政治上放弃阶级斗争，放弃暴力革命，放弃无产阶级专政，主张阶级妥协、劳资合作、和平发展，全盘接受资产阶级民主政治制度；但是，经济上还保留生产资料社会化的改革目标。他把政治上的自由主义与经济上的社会主义结合在一起，伯恩斯坦自称是自由社会主义，实际上是社会主义的自由化。”② 他坦言，修正主义，“翻译成政治用语就成为改良主义”。③ 在1899年出版的《社会主义的前提和社会民主党的任务》一书中，对马克思主义哲学、政治经济学和科学社会主义理论进行了全面攻击，公开向马克思主义宣战，全面否定马克思主义的基本理论和基本观点。

列宁对修正主义思潮进行了公开批判，并揭露了其产生的阶级基础。在哲学方面，修正主义从唯心主义立场出发，公开宣称回到康德去，主张用康德主义和马赫主义代替唯物主义，用资产阶级庸俗进化论代替马克思

---

① 爱德华·伯恩斯坦. 社会主义的前提和社会民主党的任务［M］. 殷叙彝，译. 北京：生活·读书·新知三联书店，1965：3，7，5.

② 张世鹏. 如何评价伯恩施坦修正主义［J］. 红旗文稿，2010（18）：17-20.

③ 伯恩施坦，殷叙彝. 伯恩施坦文选［M］. 北京：人民出版社，2008：440.

主义辩证法，企图调和唯物主义和唯心主义的对立，创造一种凌驾于唯物主义和唯心主义之上的哲学体系。伯恩斯坦宣称，辩证法对于科学是一种极大的危险，是走向正确认识的陷阱；考茨基说，马克思与新康德主义结合起来是完全可能的。列宁对其修正主义哲学予以了坚决回击，指出哲学辩证唯物主义与形而上学唯心主义的斗争，反映的是阶级斗争，这个斗争是不能调和的。政治经济学方面，修正主义极力为资本主义辩护。他们说集中和大生产排挤小生产的过程基本不存在了；卡特尔和托拉斯能使资本主义消除危机；由于阶级矛盾正在缓和，资本主义必然灭亡的结论是不成立的。列宁从马克思主义政治经济学立场出发，认为生产社会化与资本主义占有制之间的矛盾在资本主义制度下是无法克服的，危机的时代并未结束，繁荣之后是新的危机，随着危机的加深，无产阶级和资产阶级的矛盾更加尖锐，表明资本主义正在走向崩溃。在科学社会主义方面，修正主义用阶级调和论反对马克思主义阶级斗争学说，否认无产阶级专政的必要性。列宁从马克思主义国家观出发，认为国家是阶级统治的工具，是阶级矛盾不可调和的产物。修正主义把国家看成是超阶级的、维护一切阶级利益的机关，其实质是在资本主义国家主张阶级调和，放弃政治斗争，放弃无产阶级革命，为资本主义制度进行辩护。列宁在总结 19 世纪末 20 世纪初资本主义新变化的基础上，撰写了《帝国主义是资本主义的最高阶段》一书，揭示了资本主义新阶段——帝国主义的本质、规律，认为帝国主义是过渡的资本主义、垂死的资本主义，从而把马克思主义推进到新阶段——列宁主义，为十月革命的胜利和俄国社会主义建设奠定了思想基础。

（四）列宁文化安全思想的特点

与马克思恩格斯一样，文化批判依然是列宁文化安全的一个重要特点，这是由时代的主题决定的。他不仅要正面抨击俄国革命过程中形形色色的文化思潮和思想流派，同时也面临着批判第二国际修正主义及其在俄国代表的使命。作为世界上第一个社会主义国家领导人，文化建设同样是他面对的艰巨任务。作为集理论家和革命家于一身的列宁，终生都在思考无产阶级文化建设问题，为后来的社会主义国家留下了丰厚的精神遗产。

1. 坚持党对文化工作的领导

文化具有很强的阶级性，是阶级统治的重要工具。列宁在领导俄国革命和苏俄社会主义建设的过程中，始终强调文化建设必须坚持布尔什维克党的领导，“我们的任务是要战胜资本家的一切反抗，不仅是军事上和政治上的反抗，而且是最深刻、最强烈的思想上的反抗。”① 他认为，意识形态领域的各项工作，一定要在党的领导下进行。在编写《论无产阶级文化》的决议草案过程中，坚持把党对文化事业的领导权写入其中，坚持用马克思主义指导苏俄文化建设，把所有文化机构都置于党的绝对领导之下，为社会主义文化发展指明了方向。1925 年俄共（布）中央通过的《关于党在文学方面的政策》明确指出，党“应当保持、巩固、日益扩大自己的领导权”。

2. 注重制定科学的民族文化政策

苏俄是一个由多民族组成的国家，历史上的民族矛盾错综复杂，处理好民族问题对于维护苏俄新政权的稳定至关重要。列宁把民族文化安全上升到国家安全的高度，在指导民族独立解放和社会主义建设的过程中，制定了一系列维护民族团结的政策措施。他坚决反对文化上的大俄罗斯沙文主义，主张各民族一律平等；他主张保持民族文化的特性，维护各民族的语言符号、风俗习惯，尊重各民族宗教信仰，认为各民族在文化上享有完全平等和自决的权利；他反对狭隘的民族主义，主张各民族在平等的基础上加强文化交流；他充分肯定民族文化融合的发展趋势，认为随着民族间经济社会交往的增多、随着社会主义运动的发展，在民族文化融合的过程中必然出现一种“共同的文化”，并对此充满信心。

3. 遵循文化自身的发展规律

文化作为一种精神现象，它是社会存在的反映，但它一经产生就有自

---

① 中共中央马克思恩格斯列宁斯大林著作编译局. 列宁选集：第 4 卷［M］. 北京：人民出版社，1995：307.

身的发展规律，无视或违背文化发展的规律，只能造成文化建设中的欲速则不达。列宁深刻地认识到文化发展要循序渐进、不可急功近利。在《宁肯少些，但要好些》一文中他谆谆告诫全党："在文化问题上，急躁冒进是最有害的。我们许多年轻的著作家和共产党员应该牢牢记住这一点。"① 文化任务的完成不可能像政治任务和军事任务那样迅速，绝不可用军事式的激进手段解决文化问题。沙俄遗留下落后的生产力和阶级基础、大量文盲半文盲的存在，都决定了俄国文化发展不可能一蹴而就、短期见效，需要付出艰巨的劳动、经过长期的过程才会实现。列宁同时反对文化生产领域的"强求一律"和"公式主义"，认为遵循文化生产的规律，就必须尊重文化生产者的个性，因为精神生产是一种个体性的创造新活动，带有极强的个体体验和主观感受，生产过程和生产方法不可能要求简单化一。

4. 发挥好知识分子的创造作用

知识分子是文化建设的主力军，要掌握文化的领导权，离不开发挥好知识分子的作用。十月革命后，面对新政权建设的迫切需要，列宁制定了一系列积极的知识分子政策，以吸引他们投身到苏俄社会主义建设中去。他要求团结利用好旧的资产阶级知识分子，工作中要信任他们，给他们创造良好的工作环境，对一些著名的专家给予高薪。鉴于苏俄落后的教育现状，列宁高度重视教师的作用，他要求提高他们的地位，发挥好他们在社会主义文化建设中的作用，用共产主义思想武装广大群众。

5. 文化批判与文化继承相结合

任何民族在文化建设过程中都会遇到民族文化遗产问题，而民族文化又与民族认同密切相关，优秀的民族文化是以往民族精华的积淀，也是民族精神的重要来源。列宁深刻地认识到这一点，认为真正的无产阶级文化是在广泛吸收封建的、资产阶级的、本国的、外国的、本民族的、外民族的等一切优秀成果的基础上产生的。在对待传统文化问题上，他一方面对旧文化中的沙文主义、官僚主义和奥勃洛摩夫精神给予了坚决摒弃，同时

① 中共中央马克思恩格斯列宁斯大林著作编译局. 列宁选集：第 4 卷［M］. 北京：人民出版社，1995：784.

他对俄罗斯民族文化表示高度认同，称“我们爱自己的语言和自己的祖国”，对“无产阶级文化派”的文化虚无主义态度给予了坚决批判。这同样体现在他对国外文化的态度上，他主张吸收人类的一切文明成果，包括西方资本主义的科技、人才和管理经验，来服务于苏俄的社会主义建设，新经济政策就是最好的实践范例。

三、中国共产党的文化安全战略思想

1840年后，中国开始沦为半殖民地半封建社会，中华民族陷入内忧外患的危亡境地，中国文化遭遇了有史以来最严峻的挑战。帝国主义的侵略、封建势力的压迫，使得广大的中国人民生活在水深火热之中。落后的农业经济以及封建势力的剥削压迫使得广大的农民群众饥寒交迫，帝国主义的侵略更加造成了人们生活雪上加霜。中国向何处去成为近代以来无数先进仁人志士探讨的话题。有主张革命的激进派、有主张改良的温和派、有主张守旧的保守派。以孙中山为代表的资产阶级革命派推翻了清王朝的统治，并没有从根本上改变中国社会的现状，民族独立、人民解放的使命任重道远。进入20世纪，资本主义从自由资本主义发展到垄断资本主义即帝国主义阶段。列宁指出：“对自由竞争占完全统治地位的旧资本主义来说，典型的是商品输出。对垄断占统治地位的最新资本主义来说，典型的则是资本输出。”① 垄断资本特别是金融资本的输出，决定了帝国主义国家必然对外扩张，造成帝国主义与广大落后国家民族矛盾的加剧。国际垄断资本从经济上瓜分世界，是与帝国主义列强瓜分世界领土、掠夺殖民地的行为结合在一起的。帝国主义的压迫，必然促使被压迫民族解放运动的觉醒和高涨。“20世纪上半叶，帝国主义战争与无产阶级革命的时代主题，是毛泽东思想形成的时代背景。”② 1914年爆发的第一次世界大战引发了俄国的十月革命，十月革命的胜利为中国送来了马克思列宁主义，让中国

---

① 中共中央马克思恩格斯列宁斯大林著作编译局. 列宁选集：第2卷［M］. 北京：人民出版社，1995：626.

② 本书编写组. 毛泽东思想、邓小平理论和“三个代表”重要思想概论［M］. 北京：高等教育出版社，2007：7.

先进分子找到了救国救民的新武器。

“晚清以来，由于中国民族危机的不断加深。救亡图存、振兴中华始终是时代的强音，因此，以爱国精神为主流的民族主义也自然成为中国文化的重要主题。”① 毛泽东出生于 1893 年，他是一个地道的农民的儿子，中国农民贫苦凄惨的生活状况在年幼的毛泽东心底打下深深的烙印，而中国传统文化特别是湖湘文化心忧天下、敢为人先的经世致用传统则对他产生了深深影响。改造旧中国、建设新中国，“敢叫日月换新天”是他年轻时的梦想。“到了 1920 年夏天，在理论上，而且在某种程度的行动上，我已成为一个马克思主义者了。而且从此我也认为自己是个马克思主义者了。”② 1920 年，他接受了马克思主义，成为一个马克思主义者，走上了职业革命家的道路。受列宁的影响，同列宁一样，毛泽东认为，对一个社会而言，文化建设与政治建设、经济建设同等重要。无论在新民主主义革命时期，还是在社会主义革命和社会主义建设时期，毛泽东都非常重视文化问题，特别是文化安全。在新民主主义革命时期，毛泽东的文化安全思想主要围绕中国革命的胜利这一主题；在社会主义革命和社会主义建设时期，毛泽东的文化安全思想主要围绕新中国建设这一主题。

（一）新民主主义革命时期的文化安全思想

马克思恩格斯在《共产党宣言》中指出：“至今一切社会的历史都是阶级斗争的历史。自由民和奴隶、贵族和平民、领主和农奴、行会师傅和帮工，一句话，压迫者和被压迫者，始终处于相互对立的地位，进行不断的、有时隐蔽有时公开的斗争，而每一次斗争的结局都是整个社会受到革命改造或者斗争的各阶级同归于尽。”③ 毛泽东曾回忆说：“记得我在一九

---

① 郑师渠，黄兴涛. 中国文化通史 · 民国卷［M］. 北京：北京师范大学出版社，2009：41.

② 中共中央文献研究室. 毛泽东年谱（1983—1949）（修订本）上卷［M］. 北京：中央文献出版社，2013：56.

③ 许庆朴，郑祥福. 马克思主义原著选读［M］. 北京：高等教育出版社，1999：74-75.

二零年第一次看到了考茨基著的《阶级斗争》，陈望道翻译的《共产党宣言》和一个英国人著的《社会主义史》，我才知道自人类有史以来就有阶级斗争，阶级斗争是社会发展的原动力，初步地得到认识问题的方法论。可是这些书上，并没有中国的湖南、湖北，也没有中国的蒋介石和陈独秀。我只取了它四个字：'阶级斗争'，老老实实地来开始研究实际的阶级斗争。"① 不难看出，毛泽东从接受马克思主义起，就把阶级斗争作为分析和解决中国社会问题的方法论依据，并且后来成为贯穿他思想的一条中心线索。这自然与他和中国共产党人对中国社会性质的认识有关。大革命失败后，中国革命进入低潮，中国共产党不得不重新思考对国民党的方针、政策，也就是无产阶级对资产阶级的方针政策，为此就必须研究中国在当时的社会性质。正是在这种情况下，中国思想界在 20 世纪 20 年代末 30 年代初掀起了一场关于中国社会性质的论战。参加论战的有"以陶希圣为代表的'新生命派'，以《新生命》杂志为其基地；以严灵峰、任曙、刘仁静等为代表的'动力派'，以《动力》杂志为基地；以王学文、潘东周、吴黎平为代表的'新思潮派'，以《新思潮》杂志为阵地。此外还有其他一些自称不属于任何一派的讨论文章。讨论大约从 1929 年延至 1934 年。"② 1928 年 7 月在莫斯科召开的中共"六大"，分析了当时中国社会政治经济特点，指出中国现在的地位是半殖民地，政治经济制度是半封建制度，反帝反封建是中国革命的性质与任务。当时的《新思潮》《读书杂志》《布尔塞维克》《中国经济》等都刊发了许多宣传中国共产党对中国社会和中国革命看法的文章，影响比较大的如刘梦云（张闻天）的《中国经济之性质问题的研究》，用唯物史观分析了帝国主义入侵的目的是要把中国变成它的殖民地，阻碍中国资本主义的独立发展；在中国农村，封建的剥削仍占统治地位。论战"以中国共产党《新思潮》的观点最符合实际，这是马克思主义理论与当时中国实际创造性结合的产物，为日后中国革命的胜

① 毛泽东农村调查文集［M］. 北京：人民出版社，1982：21-22.

② 史炳军. 二十世纪中国文化思潮史［M］. 西安：陕西人民出版社，2001：53-54.

利奠定了坚实的理论基础。”① 毛泽东在1939年12月撰写的《中国革命和中国共产党》一文中指出：“认清中国社会的性质，就是说，认清中国的国情，乃是认清一切革命问题的基本的依据。”② 基于对中国社会是一个半殖民地、半封建社会性质的认识，他认为中国革命的主要对象是外国帝国主义在中国的统治和内部的封建主义。对中国社会性质的科学判断，为中国革命提供了理论支持，也为党的文化建设指明了方向。

正是基于对中国革命性质、对象、任务、前途的准确定位，毛泽东指出：“民族的科学的大众的文化，就是人民大众反帝反封建的文化，就是中华民族的新文化”。③ 仔细研究我们不难发现，在这里毛泽东是站在文化安全的高度界定文化的，他既为新文化建设指明了方向，又从文化安全的视域为新民主主义革命阶段文化的斗争圈定了目标。

1. 新文化必须具有反帝反封建的民族性特征

反对帝国主义的文化，建设中华民族的文化。毛泽东出生前后，中华民族正经历历史上伟大的变革。这一时期，各种西方文化流派纷纷涌入中国，成为不同阶级、不同阶层、抱有不同政治目的的人们拿来改造中国的理论武器。由此在中华大地上先后掀起了中西文化论战、问题与主义论战、科学与玄学论战、中国社会性质论战、全盘西化和中国本位文化论战、复古与反复古斗争，各派人士都试图从不同的立场、不同的视域探究中国社会的未来走向。“随着西方文化广泛而深入的引进与传播，人们越来越清醒地认识到，保持和发展中国文化的民族特点，根据国情、民族性来消化和吸收外来文化，具有不可忽视的必要性和重要性。”④ 毛泽东自幼饱读儒家四书五经等经典，稍长又广泛涉猎西方哲学社会科学，如亚当·

---

① 史炳军. 二十世纪中国文化思潮史［M］. 西安：陕西人民出版社，2001：58.

② 毛泽东. 中国革命和中国共产党［M］//许庆朴，郑祥福，周庆行，等. 马克思主义原著选读. 北京：高等教育出版社，1999：373.

③ 毛泽东. 新民主主义论［M］//许庆朴，郑祥福，周庆行，等. 马克思主义原著选读. 北京：高等教育出版社，1999：401.

④ 郑师渠，黄兴涛. 中国文化通史·民国卷［M］. 北京：北京师范大学出版社，2009：46.

斯密的《原富》、穆勒的《穆勒名学》、达尔文的《物种源始》、赫胥黎的《天演论》、斯宾塞尔的《群学肄言》、孟德斯鸠的《孟德斯鸠法意》、卢梭的《民约论》和《社会通论》等。青年毛泽东受杨昌济"贯通今古，融合中西"思想的影响，曾言"怀中先生言，日本某君以东方思想均不切于实际生活。诚哉其言！吾意即西方思想未必尽是，几多之部分，亦应与东方思想同时改造也。"① 毛泽东是在中国传统文化特别是湖湘文化的熏陶下长大的，他本人有着深厚的国学功底，对中国传统文化有着深厚的感情。但同时对中国文化中的"伪而不真""高而不实""无个人"等缺陷进行了深入批判。对于西方文化毛泽东主张要借鉴其长"取西资中"，坚决反对"全盘西化"。不难看出，从青年时代起，毛泽东就强调要以中国传统文化为主，融合西方文化精华，创造出中华民族自己的新文化。在接受了马克思主义和指导中国革命的实践过程中，这一思想更加成熟。这一时期，民族主义是中国历史的主旋律。国民政府明确强调教育"以延续民族生命为目的""务期民族独立"；学者们自觉地把自己的学术研究与民族振兴大业联系起来；文学艺术领域以不同的形式歌颂着爱国主义这一主题，国防文学、国防电影等纷纷诞生，《黄河大合唱》《义勇军进行曲》等成为时代的最强音，保卫祖国、保卫中华民族的文化是这个时代的共同诉求。"民族的形式，新民主主义的内容——这就是我们今天的新文化。"② 既是以毛泽东为代表的中国共产党人文化实践经验的总结，也是中华民族时代精神的升华。

2. 新文化必须具备反帝反封建的科学性特征

新文化不仅反对外国帝国主义，也反对国内的封建主义。自从新文化运动举起"德先生"和"赛先生"旗帜后，人们对科学的认识愈来愈深入，崇尚科学成为时代的风尚。"如果说在晚清，对一般知识分子来说，科学还主要只限于科技物质成就和自然科学，那么此时则不仅普遍涵盖一

---

① 中共中央文献研究室，中共湖南省委《毛泽东早期文稿》编辑组. 毛泽东早期文稿［M］. 长沙：湖南人民出版社，2008：73-74.

② 毛泽东. 新民主主义论［M］//许庆朴，郑祥福，周庆行，等. 马克思主义原著选读. 北京：高等教育出版社，1999：400.

般社会科学，更是一种广义的世界观和方法论，一种包括破除迷信、打倒偶像、崇尚理性、注重逻辑实证精神在内的至上价值观念。”① 在这种思想指导下，民国时期的知识分子对科学进行了广泛的宣传。一些自然科学家和社会科学家成立了“中国科学化运动协会”，主张在政治、社会和文化生活方面全面实现科学化，崇尚科学成为社会上重要的价值取向，这种认识无疑是对五四文化启蒙精神的延续、拓展和深化，为民族解放运动扫清了诸多思想障碍。但是，中国是一个封建社会历史悠久的国家，辛亥革命虽然推翻了封建君主专制制度，但封建制度的残余仍然存在，封建思想在许多人头脑中根深蒂固，宗法制度、家长制作风、平均主义、小农观念、封建迷信仍大有市场，反对封建制度、封建势力、封建文化的任务仍然非常艰巨。因此毛泽东说：新文化是“反对一切封建思想和迷信思想，主张实事求是，主张客观真理，主张理论和实践一致的。……中国的长期封建社会中，创造了灿烂的古代文化。清理古代文化的发展过程，剔除其封建性的糟粕，吸收其民主性的精华，是发展民族新文化提高民族自信心的必要条件，但是绝不能无条件地兼收并蓄。”② 可见，新民主主义文化继承了五四以来的科学传统，同时坚持马克思主义的辩证唯物主义立场，对中国传统文化采取批判继承的态度，既反对历史虚无主义，也反对文化复古主义。

3. 新文化必须站在无产阶级和广大劳动人民立场

没有革命的理论，就不会有革命的行动。新民主主义革命的主体，是占人口 90%以上的无产阶级和劳动群众，新民主主义的文化应该为他们服务，成为他们的文化，因而这种文化也是民主的。在谈到革命的动力问题时，毛泽东指出：“现阶段的中国社会里，有些什么阶级呢？有地主阶级，有资产阶级；地主阶级和资产阶级的上层部分都是中国社会的统治阶级。又有无产阶级，有农民阶级，有农民以外的各种类型的小资产阶级；这三

① 郑师渠，黄兴涛. 中国文化通史 · 民国卷 [M]. 北京：北京师范大学出版社，2009：37.

② 毛泽东. 新民主主义论 [M] //许庆朴，郑祥福，周庆行，等. 马克思主义原著选读. 北京：高等教育出版社，1999：400.

个阶级，在今天中国最广大的领土上，还是被统治阶级。”① 在旧中国，广大人民群众处在被剥削被压迫地位，新民主主义的文化，应该是帮助他们翻身作主的文化。中共从诞生之日起，就非常重视从文化上带领人民进行反帝反封建的斗争，始终坚持用先进文化教育民众、武装民众，让文化成为人民群众斗争的武器。毛泽东在全国苏维埃大会讲话时曾说，苏维埃文化教育的总方针在于以共产主义的精神来教育广大的劳苦群众，在于使文化教育为革命战争与阶级斗争服务，在于使教育与劳动联系起来，在于使广大中国民众都成为享受文明幸福的人。1931 年颁布的《中华苏维埃共和国宪法大纲》明确规定：“中国苏维埃政权以保证工农劳苦民众有受教育的权利为目的。在进行国内革命战争所能做到的范围内，应开始实施完全免费的普及教育。”② 抗战时期的陕甘宁边区政府在施政纲领中明确宣布：发展民众教育，扫除文盲。这些政策措施的实行，有力地推动了根据地的文化建设，提高了民众素质，为中国革命的胜利奠定了群众基础。

（二）社会主义革命和建设时期的文化安全思想

新中国成立后，为了维护新生的社会主义政权，巩固社会主义制度，统一人们的思想，促进国民经济快速恢复，毛泽东就如何维护社会主义文化安全进行了深入思考，提出了一系列有关文化安全的观点和学说，有力地推动了社会主义革命和建设的纵深发展。

1. 坚持马克思主义在思想文化领域的指导地位

“新中国建立不久，在思想文化领域里，迫切需要用马克思主义的科学思想进行宣传，教育人民，以利于新生政权的巩固和国民经济的恢复”。③ 毛泽东非常强调中国共产党在中国革命和建设中的领导地位，强调

---

① 毛泽东. 中国革命和中国共产党［M］//许庆朴，郑祥福，周庆行，等. 马克思主义原著选读. 北京：高等教育出版社，1999：376.

② 中央档案馆. 中共中央文件选集：第七册（一九三一）［M］. 北京：中共中央党校出版社，1983：467.

③ 中共中央文献研究室，逄先知，金冲及. 毛泽东传（1949—1976）上册［M］. 北京：中央文献出版社，2003：104.

马克思主义理论的指导地位，他说："领导我们事业的核心力量是中国共产党，指导我们思想的理论基础是马克思列宁主义。"① 在长期的革命斗争实践中，毛泽东深深地认识到，马克思主义是人类历史上最先进的理论，是全世界无产阶级翻身解放的工具，也是中华民族反抗外来侵略、实现民族独立的武器。早在土地革命时期转战闽西赣南的艰难岁月里，他就曾致信中共中央，请求寄送马列主义书报阅读，并说"我们望得书报如饥如渴，务请勿以事小弃置"②。在红军打下闽南第二大城市漳州时，他曾到龙溪中学图书馆翻阅了一上午，挑选《两种策略》《共产主义运动中的"左派"幼稚病》《反杜林论》等马列主义书籍阅读；长征胜利初到陕北，他比较系统地阅读马列主义哲学书籍，写下《实践论》和《矛盾论》；在党的六届六中全会上，他强调要学习马列理论和历史知识，同时提出了使"马克思主义在中国具体化""马克思主义中国化"的思想。在中国共产党第七次全国代表大会的政治报告中，毛泽东指出，"我们的党从它一开始，就是一个以马克思主义的理论为基础的党，这是因为这个主义是全世界无产阶级的最正确最革命的科学思想的结晶。马克思主义的普遍真理一经和中国革命的具体实践相结合，就使中国革命的面目为之一新。"③ 1949 年，毛泽东对新民主主义的成功经验作了概括，其中第一条就是"一个有纪律的，有马克思列宁主义的理论武装的，采取自我批评方法的，联系人民群众的党。"④ 坚持马克思主义的指导作用，既是中国革命成功的宝贵经验，也是社会主义建设成功的可靠保证。新中国成立伊始，各级政府根据毛泽东的指示，开办了各种学习班、培训班进行马克思主义理论宣讲，在思想文化领域开展了一场轰轰烈烈的对唯心主义思想的批判运动，牢牢确立了马克思主义在意识形态领域的主导地位。1953 年 1 月 29 日，中共中央决定成立中共中央马恩列斯著作编译局，为马克思主义在中国的传播和普及提供了机构上的保障。

---

① 中共中央文献研究室，毛泽东文集：第 6 卷［M］. 北京：人民出版社，1999：350.

② 中共中央文献研究室，毛泽东书信选集［M］. 北京：中央文献出版社，2003：22.

③ 毛泽东. 毛泽东选集：第 3 卷［M］. 2 版. 北京：人民出版社，1991：1093.

④ 中共中央文献研究室，毛泽东选集：第 4 卷［M］. 北京：人民出版社，1991：1480.

2. 开展知识分子的思想改造运动

知识分子是文化生产的主体，是现代生产力的杰出代表，在推动社会发展中有着非常重要、其他任何阶级阶层不可替代的作用。中国共产党非常重视知识分子问题，早在抗战时期，毛泽东就指出："全党同志必须认识到，对于知识分子的正确的政策，是革命胜利的重要条件之一。"① "革命力量的组织和革命事业的建设，离开革命的知识分子的参加，是不能成功的。"② 毛泽东对知识分子有他独特的认识，在他看来，知识分子虽然不是一个阶级或阶层，但他们都可归入小资产阶级范畴，最大的特点是具有动摇性。"中国的广大的革命知识分子虽然有先锋的和桥梁的作用，但不是所有这些知识分子都能革命到底的。其中一部分，到了革命的紧急关头，就会脱离革命队伍，采取消极态度；其中少数人，就会变成革命的敌人。"③ 建国初期，当时全国知识分子的总数约为 200 万，且大多数是来自国统区、思想意识和价值观念带有明显旧时代痕迹的文化人。"一些人以清高超脱自居，存在着超阶级政治的观点，有的人抱定为学术而学术、为研究而研究的思想宗旨。显然，这些是不适合新社会需要的。"④ 这些旧思想旧习惯旧认识，显然和社会主义的政治制度以及为人民服务的根本宗旨是背道而驰的，如果不对这些旧思想旧文化进行及时肃清，马克思主义的指导地位就会受到威胁，新文化的安全就会面临巨大挑战。为了把全国人民的思想统一到新中国建设的伟大事业中，思想认识的提高和意识形态的教育是非常必要的。因此，中国共产党和人民政府在团结、信任和使用知识分子的同时，也向他们提出了学习和改造的任务。毛泽东在政协一届三次会议上指出："思想改造，首先是知识分子的思想改造"。1951 年 9 月，周恩来在京津高校教师学习会上向 22 所高校 3000 多名教师作了《关于知

① 毛泽东选集：第 2 卷［M］. 北京：人民出版社，1991：618.

② 毛泽东. 中国革命和中国共产党［M］//许庆朴，郑祥福，周庆行，等. 马克思主义原著选读. 北京：高等教育出版社，1999：378.

③ 毛泽东. 中国革命和中国共产党［M］//许庆朴，郑祥福，周庆行，等. 马克思主义原著选读. 北京：高等教育出版社，1999：379.

④ 史炳军. 二十世纪中国文化思潮史［M］. 西安：陕西人民出版社，2001：123.

识分子的改造问题》报告，后来迅速推向全国，并由教育部门推向科技、文艺、卫生各部门，形成了数百万知识分子参加的思想改造运动。"通过思想改造运动，促进了旧知识分子立场、世界观的初步转变，提高了他们的爱国主义觉悟，在很大程度上克服了帝国主义的、封建的、买办的思想影响，开始树立起为人民服务的观点。"① 从而有力地推动了建国初期科学、文化、教育、卫生等领域的恢复和发展。

3. 反对教条主义提高党的执政能力

"教条主义最致命的问题是脱离实践，从书本出发；作为主观主义的思想路线，是与一切从实际出发的实事求是思想路线相对立的。"② 新中国成立后，中国共产党成了执政党，除了面临艰巨的社会建设任务外，还面临着加强党自身建设的迫切问题。对于中共而言，怎样克服执政过程中存在的教条主义，是在没有现成的社会主义建设经验、以俄为师背景下必须解决好的问题。为此，毛泽东强调，马克思主义一定要中国化、具体化，和中国实际相结合。"如果每句话，包括马克思的话，都要照搬，那就不得了。我们的理论，是马克思列宁主义的普遍真理同中国革命的具体实践相结合。党内一些人有一个事情搞过教条主义，那时我们批评了这个东西。但是现在也还是有。"③ 在延安整风运动时，针对以教条主义为主要特征的主观主义，毛泽东指出，"这种反科学的反马克思列宁主义的主观主义的方法，是共产党的大敌，是工人阶级的大敌，是人民的大敌，是民族的大敌，是党性不纯的一种表现"。④ 事实上，在中国民主革命的历史上，出现过两次教条主义路线，一次是大革命时期陈独秀的右倾教条主义，不顾中国和欧洲各国国情的不同，教条搬用马克思关于民主革命的理论，在

---

① 史炳军. 社会转型与文化重构——论共和国初期的文化建设［J］. 求索，2005（10）：109-112.

② 刘林元. 教条主义是马克思主义的大敌［J］. 中共南京市委党校学报，2019（2）：1-13.

③ 毛泽东. 论十大关系［M］//许庆朴，郑祥福. 马克思主义原著选读. 北京：高等教育出版社，1999：437 页.

④ 中共中央文献研究室，毛泽东选集：第 3 卷［M］. 2 版. 北京：人民出版社，1991：800.

民主革命过程中放弃共产党的领导权，使得中国共产党在国民党右派叛变革命时遭到严重摧残，革命的火种丧失殆尽。一次是土地革命时期王明的“左倾”教条主义，照搬俄国革命经验，公开打着“凡是列宁斯大林的理论都要坚决贯彻，凡是共产国际的指示都要不折不扣地执行”，主张城市中心论，反对毛泽东提出的农村包围城市、武装夺取政权的道路，盲目执行共产国际的指令，给中国革命造成巨大损失。其危害之大、影响之远，在中国革命史上是空前的。王明路线一露头，就受到毛泽东的抵制，先后写下了《中国的红色政权为什么能够存在》《井冈山的斗争》《星星之火可以燎原》等文章，从马克思主义与中国革命实际相结合的立场予以回击。1930 年 5 月，毛泽东写下《反对本本主义》一文，认为马克思主义的本本是要学的，但必须同我国的实际相结合；我们需要本本，但一定要反对脱离实际的本本主义；没有调查，就没有发言权。此后，在《实践论》《矛盾论》等著作中，毛泽东进一步从理论与实践辩证统一的马克思主义立场，对教条主义进行了批判，确立了实事求是的思想路线，成为中国革命和建设的指导思想。

4. 制定“百花齐放、百家争鸣”和“古为今用、洋为中用”的文化发展方针

新中国成立后，随着国民经济的快速恢复，对文化建设领域也提出了新的要求，新时代迫切需要文化建设高潮的出现，一方面适应国民经济发展的需要，一方面向国际社会展示新中国的良好形象。毛泽东从文化建设的规律出发，认为文化的创新离不开文学艺术等领域不同形式与风格的自由发展，为社会主义文化建设提出了“百花齐放、百家争鸣”和“古为今用、洋为中用”的基本方针。最早在 1942 年的延安文艺座谈会上，毛泽东就提出了“应该容许各种各色艺术品的自由竞争”。1951 年，他为中国戏曲研究院作了“百花齐放推陈出新”的题词。1953 年，面对历史研究工作，他又提出百家争鸣。1956 年 4 月，在中央政治局扩大会议上，毛泽东说：“艺术问题上的百花齐放，学术问题上的百家争鸣，我看应该成为我

们的方针。”① 在《关于正确处理人民内部矛盾》一文中，他进一步指出，“百花齐放、百家争鸣的方针，是促进艺术发展和科学进步的方针，是促进我国的社会主义文化繁荣的方针。艺术上不同的形式和风格可以自由发展，科学上不同的学派可以自由争论。”② 毛泽东反复告诫，文化领域的问题要用说理争鸣的方法来解决，绝不能用一种学术压制另一种学术。很显然，毛泽东反对用行政命令的方式干预解决文化领域的论争，目的是遵循文化自身的发展规律，调动各方的阶级性参与新中国的文化建设。新中国的文化发展，绕不过中国文化与西方文化、现代文化与古代文化的关系问题。毛泽东在长期中国革命的实践过程中，基于对中国社会性质的科学判断，以马克思主义辩证唯物主义和历史唯物主义为指导，提出了“古为今用、洋为中用”的文化发展战略。在对待中国传统文化问题上，他既反对文化复古主义也反对文化虚无主义。毛泽东认为，“今天的中国是历史的中国的一个发展，我们是马克思主义的历史主义者，我们不应当割断历史。从孔夫子到孙中山，我们应当给以总结，继承这一份珍贵的遗产。”③“中国的长期封建社会中，创造了灿烂的古代文化。清理古代文化的发展过程，剔除其封建性的糟粕，吸收其民主性的精华，是发展民族新文化提高民族自信心的必要条件……我们必须尊重自己的历史，绝不能割断历史。”④ 在对待外国文化问题上，他既反对全盘西化，也反对盲目排外。毛泽东主张坚持辩证分析的态度，“我们的方针是，一切民族、一切国家的长处都要学，政治、经济、科学、技术、文学、艺术的一切真正好的东西都要学。但是必须有分析有批判地学，不能盲目地学，不能一切照抄、机械搬运。他们的短处、缺点，当然不要学。”⑤ “对外国的科学、技术和文化，不加分析地一概排斥，和前面所说的对外国东西不加分析地一概照

---

① 中共中央文献研究室. 毛泽东文集：第7卷［M］. 北京：人民出版社，1999：54.
② 中共中央文献研究室. 毛泽东文集：第7卷［M］. 北京：人民出版社，1999：229.
③ 毛泽东选集：第2卷［M］. 北京：人民出版社，1991：534.
④ 毛泽东. 新民主主义论［M］//许庆朴，郑祥福，周庆行，等. 马克思主义原著选读. 北京：高等教育出版社，1999：400.
⑤ 毛泽东. 论十大关系［M］//许庆朴，郑祥福. 马克思主义原著选读. 北京：高等教育出版社，1999：436.

搬，都不是马克思主义的态度，都对我们的事业不利。”①

（三）毛泽东文化安全思想的特点

1. 重视文化的社会作用

文化作为社会意识，是对社会存在的反映，但它又能反作用于社会存在，促进社会存在的变革。文化对社会发展的作用体现在：为社会发展提供思想保证；为社会发展提供精神动力；为社会发展提供智力支持；为社会发展提供凝聚力量。毛泽东非常重视文化在中国革命过程中的作用，他指出：“革命文化，对于人民大众，是革命的有力武器。革命文化，在革命前，是革命的思想准备；在革命中，是革命总战线中的一条必要和重要的战线。而革命的文化工作者，则是这个文化战线上的各级指挥员。”② 无论在革命战争年代还是社会主义建设时期，毛泽东都非常重视文化建设，把它作为社会建设的一条重要战线。正因为如此，在新中国成立之初，就在全国范围内掀起了一场学习和普及马克思主义的热潮，确立了马克思主义世界观的指导地位。

2. 强调文化的人民性

历史唯物主义认为，人民群众是历史的创造者。在中国革命和建设过程中，毛泽东始终非常强调人民群众的文化主体地位。人民群众的实践活动是文化创作的源头活水，他说：“中国革命的文学家艺术家，有出息的文学家艺术家，必须到群众中去，到火热的斗争中去。”③ 先进的文化又是人民群众斗争的武器，“革命的文化而不接近民众，就是‘无兵司令’，他的火力就打不倒敌人。”④ 他要求文艺工作者深入群众，切实站在人民的立

---

① 毛泽东．论十大关系［M］//许庆朴，郑祥福．马克思主义原著选读．北京：高等教育出版社，1999：437.

② 毛泽东．新民主主义论［M］//许庆朴，郑祥福，周庆行，等．马克思主义原著选读．北京：高等教育出版社，1999：400-401.

③ 中共中央文献研究室，毛泽东选集：第3卷［M］．2版．北京：人民出版社，1991：861.

④ 毛泽东．新民主主义论［M］//许庆朴，郑祥福，周庆行，等．马克思主义原著选读．北京：高等教育出版社，1999：401.

场，做好文化的宣传与普及工作。1931 年 11 月颁布的《中华苏维埃共和国宪法大纲》明确规定，工农劳动群众不论男子和女子，在社会、经济、政治、教育方面，享受同等的国家免费教育权利。同时，还通过举办“夜校”“星期学校”“半日学校”“识字班”等提高工农群众的文化水平。抗战时期，党传承了苏区教育的优良传统，在根据地通过举办冬学、夜校、半日学校、识字班、民教馆等，对工农群众进行文化扫盲和战争知识与技能培训，为革命胜利储备了大量人力资源。毛泽东强调文化必须为人民服务、为社会主义服务，这是中国共产党立党宗旨全心全意为人民服务在文化观上的生动体现。

3. 发挥先进典型的引领作用

时代造就英雄，英雄引领时代。毛泽东自幼即崇拜历史上的英雄人物，有救国救民的理想抱负，与同学以“天下兴亡，匹夫有责”共勉。在其后的革命生涯中，他非常重视先进典型对社会文化的引领作用。1939 年 11 月 12 日，伟大的国际主义战士诺尔曼·白求恩医生在抢救八路军伤员时感染中毒，不幸殉职。毛泽东献了挽词：“学习白求恩同志的国际主义精神，学习他的牺牲精神、责任心与工作热忱。”12 月 21 日，他写下了《纪念白求恩》一文，在这篇文章中，毛泽东深情地回顾了白求恩不远万里来到中国、为中国人民的解放事业英勇牺牲的光辉事迹，高度评价他的“毫不利己、专门利人”的国际主义精神，并说“一个人能力有大小，但只要有这点精神，就是一个高尚的人，一个纯粹的人，一个有道德的人，一个脱离了低级趣味的人，一个有益于人民的人”。1944 年 9 月 8 日在张思德的追悼会上，毛泽东发表了《为人民服务》的演讲稿，称赞张思德是为人民利益而死的，他的死比泰山还要重。强调，“中国人民正在受难，我们有责任解救他们，我们要努力奋斗。我们想到人民的利益，想到大多数人民的痛苦，我们为人民而死，就是死得其所”。向全党明确提出了为人民服务的理念。新中国成立后，在不同的历史时期，毛泽东号召人们向雷锋、焦裕禄、王进喜等英雄模范学习，积极投身社会主义现代化建设。对推动良好社会风气的养成、调动各行各业群众生产建设积极性发挥了巨大作用。

4. 注重文化建设接班人的培养

文化建设是一个渐进的工程，需要一代代人的延续，久久为功。没有一大批坚定的马克思主义信仰者和追随者，社会主义的文化安全就是一句空话，东欧剧变、苏联解体就是前车之鉴。毛泽东历来重视文化队伍的建设。土地革命时期，为了培养政治、经济、教育方面的干部，1933 年 8 月苏维埃政府在瑞金设立了苏维埃大学，毛泽东任校长。当时的苏维埃政府非常注重儿童教育，苏区小学统称为列宁小学，明确教育的目的是“培养和训练参加苏维埃革命斗争的新后代，并在苏维埃革命斗争中训练将来的共产主义建设者”。在抗日根据地时期，我党先后创办了中国人民抗日军政大学、陕北公学、鲁迅艺术学院、华北联合大学、延安自然科学院，为中国人民解放事业培养了大批干部。根据地的小学在抗战时期发展十分迅速，1945 年达到 2297 所。《陕甘宁边区小学法》和《小学教育实施纲要》规定：边区小学以发展儿童心理为基础，着重培养他们的民族意识、革命精神、抗战建国知识技能，以及为大众服务的理念。小学教育特别强调对学生进行爱国主义和阶级教育。解放战争时期，解放区各大、中、小学教育注重以正规化教育为主，为即将到来的新中国建设做准备。新中国成立后，毛泽东提出“端正方向，争取一切可能争取的教授、讲师、助教、研究人员为无产阶级的教育事业和文化科学事业服务”。① 随即在知识界开展了一场轰轰烈烈的思想改造运动，使旧社会过来的知识分子成为新社会的建设者。同时，毛泽东又推出了德智体全面发展、又红又专的社会主义人才培养目标，确保了马克思主义意识形态薪火相传、代代有人。

（四）邓小平的文化安全思想

坚持什么样的文化方向，建设什么样的文化，关系到一个政党在思想上举什么旗、走什么路。中国共产党从成立的那天起，就非常重视文化建设，始终致力于在马克思主义指导下构建具有时代特征、引领社会进步、

---

① 中共中央文献研究室. 毛泽东文集：第 7 卷［M］. 北京：人民出版社，1999：464.

代表先进文化方向的新文化，有力地推动了中国社会的进步。邓小平作为中国共产党第二代领导集体的核心，非常重视文化在经济社会发展中的作用，提出了一系列文化安全的新思想、新观点、新做法，丰富和发展了马克思主义文化理论，保障了中国特色社会主义现代化建设事业的健康发展。

1. 解放思想、实事求是——邓小平文化安全思想的前提

40 年前的解放思想运动，是邓小平文化安全思想的基础，由此开启了中国特色社会主义的新征程，使中国社会发生了历史性的巨变。在 1978 年 12 月 13 日中共中央工作会议闭幕会上，邓小平作了题为《解放思想，实事求是，团结一致向前看》的报告，明确提出："解放思想，实事求是，开动脑筋，团结一致向前看，首先是解放思想。"之所以把解放思想放在首位，是因为解放思想是从对马克思主义的教条主义理解束缚下解放出来的需要，是做好其他一切工作、解决其他所有问题的前提。

一切从实际出发，理论联系实际，是马克思主义的优良传统。马克思主义理论是一个开放的思想体系，它是随着时代的发展而发展的。马克思主义经典作家对教条主义始终一贯持反对态度。马克思曾说："我不主张我们竖起任何教条主义的旗帜"。[①] 列宁认为，"我们绝不把马克思的理论看作某种一成不变的和神圣不可侵犯的东西；恰恰相反……它所提供的只是总的指导原理。"[②] 在民主革命时期，毛泽东就提出了"马克思主义在中国具体化"[③] 的观点，要求马克思主义在中国的运用必须同具体实践相结合。由于各种复杂的原因，教条主义在我党历史上，曾经以不同的形式、面孔出现，给中国革命和建设带来巨大危害。第一次以王明路线为代表的教条主义，第二次是以"两个凡是"为代表的教条主义。"从党的历史看，教条主义反映到政治路线和政治倾向上容易表现为'左'，这在党

① 马克思恩格斯全集：第 36 卷［M］. 中共中央马克思恩格斯列宁斯大林著作编译局，译. 北京：人民出版社，1975：416.

② 中共中央马克思恩格斯列宁斯大林著作编译局. 列宁选集：第 1 卷［M］. 北京：人民出版社，2012：274.

③ 毛泽东选集：第 2 卷［M］. 北京：人民出版社，1991：534.

史上不乏先例。这种‘左’就是对马列经典脱离中国实际的教条式理解，是一种超前式的脱离。”① 作为中共第二代领导集体的核心，邓小平是以反对教条主义为开端走进中国政治舞台中心的，以思想启蒙、思想解放为引领，开启了中国现代化的新航向——改革开放。

“‘新教条主义’不同于以往的教条主义，照抄马恩书本和照搬外国经验，搞的是洋教条，这次教条主义是对自己领袖思想言论的夸大、神话的宣传，搞的是自产自销的‘土’教条，代表人物是林彪、四人帮。……新教条主义的行径在当时的历史条件下，不仅有强大的宣传舆论为之开道，而且有组织、制度和法律的保护和支持。新教条主义一出台就以压倒的威势占据舆论阵地，控制人们的思想。”② “两个凡是”最早见于1977年2月7日中央“两报一刊”社论，就是要继续坚持所谓无产阶级专政下继续革命的理论，继续维护“文化大革命”的“左”的错误，其实质是用教条主义来对待毛泽东思想。“两个凡是”一出台，邓小平就明确表示不认同，认为这不符合马克思主义。4月10日，邓小平致信华国锋和中共中央，提出“必须世世代代地用准确的完整的毛泽东思想来指导我们全党、全军和全国各族人民”。“不能够只从个别词句来理解毛泽东思想，而必须从毛泽东思想的整个体系去获得正确的理解。”③ 坚持“两个凡是”的人只是运用毛泽东的只言片语，通过主观的割裂、分解，达到自己的政治目的。为此邓小平同志建议，广大理论工作者要从多领域、多方面深入开展毛泽东思想的研究，要用科学的毛泽东思想体系来教育我们的党。他一方面充分肯定毛泽东为中国革命和建设所作出的杰出贡献，“没有毛泽东，中国可能还要在黑暗中摸索更长的时间”；同时指出毛泽东在晚年犯了严重的错误。在此基础上，他进而指出：“我们坚持的和要当作行动指南的是马列主义、毛泽东思想，或者说是由这些基本原理构成的科学体系。至于个别

---

① 王真. 一以贯之的马克思主义态度——论党的三代领导核心反对教条主义的理论与实践［J］. 教学与研究，2002（7）：5-10.

② 刘林元. 教条主义是马克思主义的大敌［J］. 中共南京市委党校学报［J］. 2019（2）：1-13.

③ 邓小平. 邓小平文选：第1卷［M］. 北京：人民出版社，1994：43.

的论断，那么，无论马克思、列宁和毛泽东同志，都不免有这样那样的失误。但是这些都不属于马列主义、毛泽东思想的基本原理所构成的科学体系”。① 这就把毛泽东思想与毛泽东晚年犯的错误区别了开来，澄清了人们在这一问题上容易出现的混乱，一方面批判了教条主义，另一方面维护了毛泽东和毛泽东思想的历史地位。他特别强调，在毛泽东思想体系中，实事求是与群众路线这两条特别重要。邓小平对“两个凡是”的反思与批判，开启了当代中国思想解放的先声。

与此同时，历史把解决真理标准问题提到全党全国人民面前，希望理论界给予积极回应。1977 年 8 月 25 日，中央党校刊物《理论动态》第 9 期发表了《理论工作必须恢复和发扬实事求是的作风》，文中批评了一些人“他们对待是非，不是以客观实际为准，而是以‘小道消息’为准，以‘权威’意见为准，以报纸刊物上的提法为准。一句话，以‘风’为准。”已经隐约地提出了检验真理的标准问题。1978 年 3 月 26 日，《人民日报》发表了署名张成的文章《标准只有一个》，开门见山地提出“真理的标准只有一个，就是社会实践”。全文只有 1000 多字，发表后引起较大反响。1978 年 5 月 10 日，中央党校内部刊物《理论动态》发表了南京大学哲学系教师胡福明撰写、胡耀邦审阅定稿的文章《实践是检验真理的唯一标准》，11 日，文章在《光明日报》上以特约评论员的名义刊登，新华社当天全文转载。12 日，《人民日报》《解放军报》同时予以刊登。文章发表后引起强烈反响，5 月 12、13 日两天，全国 35 家省市以上的大报有 25 家转载了这篇文章。1978 年 6 月 2 日，邓小平在全军政治工作会议上发表重要讲话，明确肯定实践是检验真理的唯一标准的观点是马克思主义观点。当年下半年，邓小平多次发表讲话，支持全国范围的真理标准大讨论。其实，关于真理的标准问题，马克思早在 1845 年 2 月撰写的《关于费尔巴哈的提纲》一文中有明确的表述：“人的思维是否具有客观的真理性，这不是一个理论的问题，而是一个实践的问题。人应该在实践中证明自己思维

① 邓小平．邓小平文选：第 2 卷［M］．北京：人民出版社，1994：171.

的真理性，即自己思维的现实性和力量，自己思维的此岸性。”① 真理标准问题的讨论，表面看来是一个马克思主义理论的常识问题，但在当时的语境下，对当时中国的政治生态而言，它已经不是一个单纯的理论探讨，而是涉及中国未来走向的重大现实问题。这场讨论是中国现代史上继五四运动、延安整风运动之后又一次伟大的思想解放运动，它摧毁了教条主义和现代迷信的枷锁，打破了“两个凡是”的束缚，重新确立了党的实事求是的思想路线，统一了全党和全国人民的思想，对我国社会主义现代化建设产生了深远的影响。“真理标准问题讨论是邓小平建设有中国特色社会主义理论的逻辑起点”“是当今中国改革开放的理论先导”。② 诚如邓小平所言：“关于真理标准问题的争论，的确是个思想路线问题，是个政治问题，是个关系到党和国家的前途和命运的问题。”③ 1978 年 2 月，中国共产党召开了具有转折性意义的十一届三中全会，作出了全党工作重心转移到经济建设上来的决定。

2. 社会主义精神文明建设——文化安全的核心

邓小平在设计中国现代化建设蓝图时，把精神文明建设作为社会主义现代化建设的重要目标，明确提出物质文明和精神文明一起抓。十一届三中全会以后，随着拨乱反正的结束和改革开放的起航，我国社会主义现代化建设进入新时期。随着改革开放进程的推进，人们的思想观念和行为方式也在悄悄发生变化，一些腐朽、愚昧、落后的思想在社会转型过程中沉渣泛起，拜金主义、享乐主义开始抬头。由于当时政策体制的不健全以及文革流毒的影响，一些消极腐败现象在党内开始出现。任其发展下去，就会对经济建设造成危害，干扰破坏新秩序的建立与运行。刚刚开启的现代化建设，又面临着严峻的考验，处在左右为难的十字路口。就像小平同志所说：“经济建设这一手我们搞得相当有成绩，形势喜人，这是我们国家

① 许庆朴，郑祥福，周庆行，等. 马克思主义原著选读［M］. 北京：高等教育出版社，1999：270.

② 史炳军. 二十世纪中国文化思潮史［M］. 西安：陕西人民出版社，2001：229-230.

③ 许庆朴，郑祥福，周庆行，等. 马克思主义原著选读［M］. 北京：高等教育出版社，1999：460.

的功劳。但风气如果坏下去，经济搞成功又有什么意义？会在另一方面变质，反过来影响整个经济变质，发展下去会形成贪污、盗窃、贿赂横行的世界。"① 加强精神文明建设，已经刻不容缓地摆在执政党面前。1979 年 9 月，十一届四中全会通过了叶剑英《在庆祝中华人民共和国成立三十周年大会上的讲话》，其中强调我们要在建设高度物质文明的同时，建设高度的社会主义精神文明。同年 10 月，邓小平在中国文学艺术工作者第四次代表大会的祝词中再次强调："我们要在建设高度物质文明的同时，提高全民族的科学文化水平，发展高尚的丰富多彩的文化生活，建设高度的社会主义精神文明。"表明我党已经从战略高度，把"建设高度的社会主义精神文明"作为社会主义现代化建设的重要目标。其后，1980 年 12 月，邓小平在中央工作会议上作的题为《贯彻调整方针，保证安定团结》的讲话中指出："没有这种精神文明，没有共产主义思想，没有共产主义道德，怎么能建设社会主义？"1981 年 6 月，十一届六中全会通过的《关于建国以来党的若干历史问题的决议》中，把社会主义精神文明归为社会主义现代化道路建设的十个要点之一。1982 年 4 月的中央政治局会议上，邓小平第一次提出社会主义精神文明是社会主义道路的"四项必要保证"之一。1982 年 7 月，邓小平提出社会主义精神文明建设的根本任务是使我们的各族人民都成为有理想、有道德、有文化、有纪律的人民。1982 年 9 月通过的党的十二大报告，把社会主义精神文明概括为思想建设和文化建设两个方面，指出社会主义精神文明是社会主义的重要特征，是社会主义优越性的表现。党的十二届六中全会通过的《关于社会主义精神文明建设指导方针的决议》，全面阐述了精神文明建设的战略地位、指导方针、根本任务和组织领导等问题，标志着社会主义精神文明建设理论体系的形成。

不难看出，改革开放后的不同历史时期，邓小平都非常重视精神文明建设，且其侧重点在每个阶段各不相同，其内涵在随着时代的演进不断地丰富、发展、完善。之所以如此，是由精神文明在社会主义现代化建设中的战略地位决定的。

---

① 邓小平．邓小平文选：第 3 卷［M］．北京：人民出版社，1994：154.

其一，精神文明是社会主义的重要特征。马克思恩格斯在《共产党宣言》中指出："共产主义革命就是同传统的所有制关系实行最彻底的决裂；毫不奇怪，它在自己的发展过程之中要同传统的观念实行最彻底的决裂。"① 很显然，在马克思看来，共产主义区别于以前社会的一个重要特征是全新观念的形成。社会主义的优越性不仅体现在经济方面能够创造出高度的物质文明，而且体现在思想文化方面能够创造出高度的精神文明。在社会主义初级阶段，由于我们底子薄、起点低，在经济发展方面与西方资本主义国家相比还有较大的差距。但在文化发展方面，由于我们有正确的指导思想，有科学的发展规划，又汲取了数千年中外文明的结晶，我们整个社会的精神文明是西方资本主义国家无法比拟的。而在现阶段，精神文明领域比之其他领域更能彰显社会主义制度的优越性。

其二，精神文明能够为社会主义现代化建设提供智力支持和思想保证。科学性文化是先进生产力的核心要素，建设社会主义精神文明，发展社会主义文化，能够提高劳动者的文化素养，为社会进步提供充足的人力资源和智力支持。作为精神文明建设核心的思想道德建设，具有强大的社会整合功能，能够凝聚全社会共识，形成共同理想信念、价值规范和道德准则，引导人们积极投身现代化建设。此外，作为精神文明重要构成要素的中华优秀传统文化，能够增强国人的文化认同和民族认同，增强民族自信心、自豪感。

其三，精神文明是社会主义现代化建设的重要目标。党的十二届六中全会决议指出："我国社会主义现代化建设的总体布局是：以经济建设为中心，坚定不移地进行经济体制改革，坚定不移地进行政治体制改革，坚定不移地加强精神文明建设，并且使这几个方面互相配合、互相促进。"物质贫穷不是社会主义，没有民主就没有社会主义，没有理想、精神空虚也不是社会主义。依照马克思主义经典作家的设想，未来社会是人的全面发展的社会，而精神生活是人的全面发展的重要内容。同时，由于社会主

① 许庆朴，郑祥福，周庆行，等. 马克思主义原著选读［M］. 北京：高等教育出版社，1999：270.

义精神文明是社会主义物质文明和政治文明在观念形态上的反映，又对物质文明和政治文明起着巨大的反作用。只有政治、经济、文化都发展起来、都建设好，使它们相互促进、协同发展，社会主义现代化建设的目标才会实现。

什么是精神文明？邓小平指出："所谓精神文明，不但是指教育、科学、文化（这是完全必要的），而且是指共产主义的思想、理想、信念、道德、纪律、革命的立场和原则，人与人的同志式关系，等等。"① 十四届六中全会决议对精神文明建设的指导思想作了明确规定："我国社会主义精神文明建设，必须以马克思列宁主义、毛泽东思想和邓小平建设有中国特色社会主义理论为指导，坚持党的基本路线和基本方针，加强思想道德建设，发展教育科学文化，以科学的理论武装人，以正确的舆论引导人，以高尚的精神塑造人，以优秀的作品鼓舞人。培养有理想、有道德、有文化、有纪律的社会主义公民，提高全民族的思想道德素质和科学文化素质，团结和动员各族人民把我国建设成为富强、民主、文明的社会主义现代化国家。"为精神文明建设指明了方向。在精神文明的两个方面里，从文化安全的视角考虑，思想道德建设占有优先地位，它关乎培养什么样的人、为谁培养人的问题，解决的是中华民族的精神支柱和精神动力问题。正因为如此，1981 年年初，共青团中央等部门即向全国青少年发出《关于开展文明礼貌活动的倡议》，提倡以讲文明、讲礼貌、讲卫生、讲秩序、讲道德和心灵美、语言美、行为美、环境美为内容的"五讲四美"活动，此后各行各业开展了一系列精神文明创建活动，以促进社会风气的健康发展。邓小平非常重视思想道德建设，1979 年 3 月，在党的理论工作务虚会上，他就强调思想理论战线一项重要任务就是要加强四项基本原则宣传。在同年 4 月的全国文代会上，他要求文艺工作者向人民提供"最好的精神食粮"。1983 年 10 月，在《党在组织战线和思想战线上的迫切任务》的讲话中，提出"精神污染的危害很大，足以祸国殃民"。1987 年，针对社会上出现的资产阶级自由化思潮，他提出反对资产阶级自由化是一个长期的

---

① 邓小平．邓小平文选：第 3 卷［M］．北京：人民出版社，1994：154.

过程，要进行经常性的说服、教育、引导工作。应该看到，在社会急剧转型的过程中，原有的一些道德规范已经落后于时代的发展，而新的道德规范尚未建立起来，部分人出现了理想信念模糊、价值取向扭曲等问题，甚至走向违法犯罪的深渊。针对改革开放以来社会上出现的物质主义、享乐主义、利己主义及贪污腐败现象，他指出这些问题不可能靠几个人的几句话来解决，也不可能在一夜之内就解决，要用教育和法律途径来解决。在他看来，抓精神文明建设，抓党风、社会风气好转，必须狠狠地抓，一天不放松地抓，从具体事件抓起，要把它变成一种经常性的工作。针对八九风波，他说："四个坚持、思想政治工作、反对资产阶级自由化、反对精神污染，我们不是没有讲，而是缺乏一贯性，没有行动，甚至讲得都很少。"① 在邓小平看来，"目前社会上的种种消极现象、歪风邪气、犯罪行为，以及一些人反社会主义的敌对活动，它们的产生有多方面的原因，当然不能都归咎于思想战线的混乱。但是，确实不能低估思想战线造成的影响。"② 思想战线的斗争是一个长期的过程，必须常抓不懈、持之以恒，来不得半点松懈，否则会前功尽弃。

3. 经济发展——文化安全的根基

社会意识来源于社会存在，由社会存在决定。马克思指出："物质资料的生产方式制约着整个社会生活、政治生活和精神生活的过程。不是人们的意识决定人们的存在，相反，是人们的社会存在决定人们的意识。"③ 在《共产党宣言》里马克思恩格斯明确指出，无产阶级取得政权之后，必须大力发展生产力，尽可能快地增加生产力的总量。社会主义精神文明的发展状况归根结底取决于社会主义生产力特别是经济的发展水平。在新民主主义革命时期，毛泽东就告诫全党："中国一切政党的政策及其实践在中国人民中所表现的作用的好坏、大小，归根到底，看它对于中国人民的生产力的发展是否有帮助及其帮助之大小，看它是束缚生产力的，还是解

---

① 邓小平．邓小平文选：第 3 卷［M］. 北京：人民出版社，1994：305.

② 邓小平．邓小平文选：第 3 卷［M］. 北京：人民出版社，1994：44-45.

③ 中共中央马克思恩格斯列宁斯大林著作编译局. 马克思恩格斯选集：第 1 卷［M］. 北京：人民出版社，1995：291.

放生产力的。"① 在此基础上，邓小平进一步提出："社会主义的本质，是解放生产力、发展生产力，消灭剥削，消灭两极分化，最终达到共同富裕。"② 在他看来，"只要我们的生产力发展，保持一定的增长速度，保持两手抓，社会主义精神文明建设就可以搞上去。"③ 在邓小平看来，发展是硬道理，社会主义绝不能长期建立在生产力水平低下和贫穷的基础上，中国所有问题的解决依赖于自身的发展，必须以经济建设为中心，大力发展生产力。东欧剧变、苏联解体的重要原因在于长期忽视了生产力发展，"世界上一些国家发生问题，从根本上说，都是因为经济上不去。"④

发达资本主义国家之所以能够对我国进行文化渗透，一个重要的原因在于他们有强大的经济实力为后盾，借助资本输出进行文化扩张和入侵，达到其和平演变的企图，对此应该有高度警觉。

现代社会，科技成为构成生产力的核心要素。马克思曾说："社会的劳动生产力，首先是科学的力量"。⑤ 科技进步日新月异，不仅改变了传统的产业结构和生活方式，也改变了人们的思维方式，社会的进步和人民生活水平的提高愈来愈依赖于知识的积累与创新。毛泽东清醒地认识到科学技术的重要性，把科学技术现代化作为四个现代化的目标之一。在 1978 年召开的全国科学性技术大会上，邓小平提出发展科学技术必须向世界上一切先进的国家学习。他说："科学技术是人类共同创造的财富。任何一个民族、一个国家，都需要学习别的民族、别的国家的长处，学习人家的先进科学技术。" 也正是在这一年，在邓小平亲自关心下，我国向 28 个国家派出了 480 名留学人员。随后出现了持续不断的留学热潮，这些留学人员以不同的形式报效祖国，短期内在很多领域很快缩短了我国与西方国家的差距。1985 年 3 月，《中共中央关于科学技术体制改革的决定》颁布，

---

① 中共中央文献研究室，毛泽东选集：第 3 卷［M］. 2 版. 北京：人民出版社，1991：1079.

② 邓小平 . 邓小平文选：第 3 卷［M］. 北京：人民出版社，1993：373.

③ 邓小平 . 邓小平文选：第 3 卷［M］. 北京：人民出版社，1993：379.

④ 邓小平 . 邓小平文选：第 3 卷［M］. 北京：人民出版社，1993：354.

⑤ 马克思恩格斯全集：第 23 卷［M］. 北京：人民出版社，1972：664.

1988年，国务院又作出《关于深化科技体制改革若干问题的决定》，这些改革举措，有力调动了广大科技工作者的积极性，加快了科技成果向产业领域转化的步伐，推动了生产力的快速发展。1988年9月5日，邓小平在会见捷克斯洛伐克总统胡萨克时说："马克思讲过科学技术是生产力，这是非常正确的，现在看来这样说还不够，恐怕是第一生产力。"① 这个论断揭示了科学技术在现代经济社会发展中的决定作用，丰富和发展了马克思关于科学技术的思想。

科技的发展离不开教育、离不开人才。教育是提升人民群众科学文化素质和思想品德的基本途径，是发展科学技术的基础工程。改革开放之初，邓小平就深感教育的重要性。他说："发展科学技术，不抓教育不行。靠空讲不能实现现代化，必须有知识、有人才。没有知识，没有人才，怎么上得去？要承认落后，承认落后就有希望了。"② 正是在他的直接领导和关怀下，教育和科技工作很快步入正轨，1977年秋，停滞了10年的高考重新开启，为新时期的改革开放提供了人才资源保障。1983年10月1日，邓小平为北京景山学校题词："教育要面向现代化，面向世界，面向未来。"为我国教育的发展指明了方向。在他看来，"我们国家，国力的强弱，经济发展后劲的大小，越来越取决于劳动者的素质，取决于知识分子的数量和质量。"③"我们向科学技术现代化进军，要有一支浩浩荡荡的工人阶级的又红又专的科学技术大军，要有一大批世界第一流的科学家、工程技术专家。"④ 为此他呼吁，一定要在党内形成尊重知识、尊重人才的氛围。

4. 邓小平文化安全思想的特点

20世纪下半叶以来，世界范围内科技革命方兴未艾，和平与发展成为时代的主题。在此背景下，以邓小平为核心的中国第二代领导集体及时推出改革开放政策，使中国经济社会发展逐步走向正轨，开始向社会主义现

---

① 邓小平．邓小平文选：第3卷［M］．北京：人民出版社，1993：275.
② 邓小平．邓小平文选：第2卷［M］．北京：人民出版社，1994：40.
③ 邓小平．邓小平文选：第2卷［M］．北京：人民出版社，1994：120.
④ 邓小平．邓小平文选：第2卷［M］．北京：人民出版社，1994：91.

代化的目标迈进。与此同时，随着全球化进程的推进，民族国家之间的交流日益频繁，随之而来的文化碰撞与文化交融在所难免。邓小平同志居安思危、高瞻远瞩，从国家安全的高度提出了一系列文化安全的思想和主张，丰富了马克思主义文化安全理论，保障了社会主义现代化建设顺利进行。

（1）坚持马克思主义的指导地位。马克思主义是我们党的立党之本、治国之基，无论是社会主义革命还是社会主义建设时期，我党都高举马克思主义的大旗。因为马克思主义揭示了人类社会发展的普遍规律，是指导无产阶级翻身解放和建设社会主义、共产主义的思想武器。邓小平指出："马克思列宁主义、毛泽东思想，是我们党的指导思想。"① "中国革命的成功，是毛泽东把马克思列宁主义同中国的实际相结合，走自己的路。现在中国搞建设，也要把马克思列宁主义同中国的实际相结合，走自己的路。"② 在邓小平看来，只有坚持马克思主义的指导，在中国共产党领导下坚定不移地走中国特色的社会主义现代化道路，文化安全才有保障，共产主义才会实现。

（2）反对资产阶级自由化思潮。"中国在打破数十年的自我封闭状态之后，面对的是以西方文化为主导的多元文化格局。随着国门的打开，一度隔绝的西方文化汹涌而入，构成了对中国文化的极大冲击，羡慕西方文化成为一种时尚。……这种理论强调现代西方的技术经济和文化发达是建立在一个完整的西方资本主义文明体制之上的，它是一个有机的整体，在质上不能加以分割，因此主张对西方文化全盘移植，在现代化与'全盘西化'之间画上等号。"③ 正如邓小平所说："中国在粉碎'四人帮'以后出现一种思潮，叫资产阶级自由化，崇拜西方资本主义国家的'民主''自由'，否定社会主义。这不行，中国要搞现代化，绝不能走西方资本主义道路。"④ 资产阶级自由化思潮实质是否定四项基本原则、否定中国共产党

① 邓小平．邓小平文选：第2卷［M］．北京：人民出版社，1994：42.
② 邓小平．邓小平文选：第3卷［M］．北京：人民出版社，1993：95.
③ 史炳军．二十世纪中国文化思潮史［M］．西安：陕西人民出版社，2001：282.
④ 邓小平．邓小平文选：第3卷［M］．北京：人民出版社，1993：123.

的领导，主张走西方资本主义的路，直接威胁到我国的社会主义文化安全。邓小平从亡党亡国的高度多次提及，并坚决反对和制止。

（3）加强社会主义民主法制建设。民主、法制既是社会主义文化安全的内容，也是社会主义文化安全的保障。中国历史经历了漫长的封建社会，封建专制和集权思想根深蒂固，由此带来的权力集中、官僚主义、思想僵化、迷信思想长期在党内盛行。部分党的干部权力过分集中，家长制观念严重，“把自己看作是人民的主人，搞特权，搞殊化”，① 破坏了社会风气，损害了党的形象，影响了安定团结。邓小平深有感触地说：“旧中国留给我们的，封建专制传统比较多，民主法制传统很少。”② 在邓小平看来，要彻底肃清封建主义思想的余孽，必须通过加强社会主义民主和法制来实现。社会主义民主的本质是人民当家作主，只有坚持社会主义民主，才能从制度上维护好人民利益，保障一切权利都归于人民，铲除特权现象存在的土壤。而要保障人民民主，必须加强法制，必须使民主制度化法律化，使国家的制度法律不因领导人看法的改变而改变。随着社会主义现代化建设的推进和市场经济的发展，社会上的违法犯罪活动在一些地方、一些领域开始猖獗，为此邓小平提出“我们有两手，一手就是坚持对外开放和对内搞活经济的政策，一手就是坚决打击经济犯罪活动。”③ 法制建设是确保国家长治久安的需要。只有坚持经济建设和法制建设两手抓，才能保证社会主义现代化建设事业有序推进。

（4）培育社会主义“四有”新人。人既是文化建设的主体，也是文化发展的终极目标。离开了人，文化建设无从谈起；不为人，文化发展失去意义。马克思主义经典作家把人的自由全面发展作为社会发展的最高境界，为人的发展指明了方向。社会主义现代化建设，离不开高素质的国民的参与。十一届三中全会后，邓小平清醒地意识到培养社会主义新人的重要性。1980 年 5 月 26 日，他给《中国少年报》与《辅导员》杂志题词：

---

① 邓小平．邓小平文选：第 2 卷［M］．北京：人民出版社，1994：332.

② 邓小平．邓小平文选：第 2 卷［M］．北京：人民出版社，1994：332.

③ 邓小平．邓小平文选：第 2 卷［M］．北京：人民出版社，1994：404.

“希望全国的小朋友，立志做有理想、有道德、有知识、有体力的人，立志为人民做贡献，为祖国做贡献，为人类做贡献。”在1982年军委座谈会上，邓小平提出“搞社会主义精神文明，主要使我们的各族人民都成为有理想、有道德、有文化、有纪律的人民。”在1985年的全国科技工作会议上，他进一步提出“一定要坚持发展物质文明和精神文明，坚持五讲四美三热爱，教育全国人民做到有理想、有道德、有文化、有纪律”，同年共青团又向全国青年发出这个号召，这一提法开始流行，并得到广泛认同。“四有”新人的提出，把当代文化建设目标具体化，成为邓小平新时期文化发展战略思想的重要内容，有力地推动了各行各业人才的健康成长，为社会主义现代化建设提供了充足的人才大军。

（五）习近平的文化安全思想

党的十八大以来，随着改革开放的不断深入，我国社会的主要矛盾开始发生变化，人民对美好生活的向往，已经远远超出了简单的物质生活领域。提供丰富多彩的精神文化生活，成为全社会的迫切愿望。与此同时，中国特色社会主义文化发展面临的国内外环境也在悄然发生变化，随着经济全球化的快速推进以及网络时代的到来，西方各种文化思潮通过各种途径在国内开始泛滥。加之社会主义市场经济体制运行过程中出现一些漏洞，一些领域封建思想沉渣泛起，贪污腐化、黑社会势力猖獗，严重败坏了社会风气，损害了党的形象，威胁着经济社会的健康运行发展。在此背景下，习近平总书记从总体国家安全观的高度提出了文化安全构想，并把它作为总体国家安全观的一个有机组成部分，指出“文化是一个国家、一个民族的灵魂。文化兴国运兴，文化强民族强。没有高度的文化自信，没有文化的繁荣兴盛，就没有中华民族伟大复兴。”① “一个民族的复兴需要强大的物质力量，也需要强大的精神力量。没有先进文化的积极引领，没有人民精神世界的极大丰富，没有民族精神力量的不断增强，一个国家、

① 习近平. 决胜全面建成小康社会　夺取新时代中国特色社会主义伟大胜利［M］. 北京：人民出版社，2017：40-41.

一个民族不可能屹立于世界民族之林。”①

1. 文化自信——文化安全的前提

人类自从诞生的时候起，就以其自身独特的实践活动在改造客观世界的过程中改造着自身。我们可以随便用一个东西把人和动物区别开来，但人类区别于动物的根本标识不是别的，是文化。在漫长的历史演化过程中，地球上不同地域、不同族群的人在其发展过程中形成了不同的生活方式，创造了不同类型的文化，成就了不同的文明形态，造就了文明的多样性。纵观中外历史不难发现，文明发达的国度，无不是文化发达的地方；文明快速演进的阶段，无不是文化繁荣的时期；一个民族的崛起，无不以文化的崛起为前提；而一个民族的衰落，无不以文化的衰退为先兆。人类文明的每一次进步，无不伴随着文化的发展，无不留下文化的痕迹。历史一再证明，没有丰厚的文化底蕴，没有活跃的文化氛围，没有创新的文化环境，没有丰硕的文化成果，没有传世的文化精品，一个国家、一个民族的发展要么是不可能的，要么是畸形的。中国特色社会主义是精神文明和物质文明全面发展的社会主义，中国梦的实现，既离不开物质文明的不断发展，也离不开精神文明的持续提升。习近平总书记非常重视物质文明和精神文明的协同发展，2013 年 4 月在同全国劳模代表座谈时他说：“实现我们的发展目标，不仅要在物质上强大起来，而且要在精神上强大起来。”② 同年 5 月，在与各界优秀青年代表座谈时指出：“中国特色社会主义是物质文明和精神文明全面发展的社会主义。一个没有精神力量的民族难以自立自强，一项没有文化支撑的事业难以持续长久。”③ 当年 8 月 19 日的全国宣传思想工作会议上，他再次强调：“只有物质文明建设和精神文明建设都搞好，国家物质力量和精神力量都增强，全国各族人民物质生活和精神生活都改善，中国特色社会主义事业才能顺利向前推进。”文化不仅是人类社会发展的手段，而且是人类社会发展的目标。当今时代，文

① 习近平. 在文艺工作座谈会上的讲话［M］. 北京：人民出版社，2015：5.
② 习近平. 习近平谈治国理政［M］. 北京：外文出版社，2014：46.
③ 习近平. 习近平谈治国理政［M］. 北京：外文出版社，2014：52.

化在社会生活中的地位愈来愈突出，它不仅是经济发展的必要条件，而且成为提升经济转型的核心要素。面对竞争日益激烈的国际环境，提升对文化在引领社会进步中的作用的高度自觉，研究文化创新和发展的内在规律，不断提升国家文化软实力，成为维护国家文化安全的重要使命。

2016年6月28日，在中央政治局第三十三次集体学习时，习近平总书记第一次把文化自信与道路自信、理论自信、制度自信并列，并认为文化自信是更基础、更广泛、更深厚的自信，是更基本、更深沉、更持久的力量。之所以如此，是因为它能为道路自信指明方向，为理论自信提供思想资源，为制度自信提供创新活力。十八大以来，习近平反复强调文化自信，指出，“坚定文化自信，是事关国运兴衰、事关文化安全、事关民族精神独立性的大问题。”① 那么什么是文化自信？文化自信就是一个民族对自身优秀文化传统的高度认同，对自身的文化生命力、文化创造力充满信心，对自身的文化价值、文化理想充满希望。中国人讲文化自信，有充分的理由和充足的底气。中华民族在漫长的历史发展过程中，创造了灿烂辉煌的文化成果，滋养着一代代中华儿女在探索民族复兴的道路上发愤图强、积极进取，形成了中华文化特有的人文精神，如天人合一、民胞物与的宇宙观；刚健有为、自强不息的人生观；诚实守信、厚德载物的道德观；协和万邦、天下大同的世界观；和而不同、贵和尚中的思维方式。这些优秀的文化成果在今天仍然发挥着巨大作用，是建设中国特色社会主义的重要文化资源。习近平同志指出：“中华民族生生不息绵延发展、饱受挫折又不断浴火重生，都离不开中华文化的有力支撑。中华文化独一无二的理念、智慧、气度、神韵，增添了中国人民和中华民族内心深处的自信和自豪。在5000多年文明发展中孕育的中华优秀传统文化，在党和人民伟大斗争中孕育的革命文化和社会主义先进文化，积淀着中华民族最深沉的精神追求，代表着中华民族独特的精神标识。”② 中华优秀传统文化是中华

① 习近平. 在中国文联十大、中国作协九大开幕式上的讲话［M］. 北京：人民出版社，2016：6.

② 习近平. 在中国文联十大、中国作协九大开幕式上的讲话［M］. 北京：人民出版社，2016：4-5.

民族的精神基因，积淀着世代中华民族的精神追求，为中华民族的发展壮大提供了丰富的思想资源，是现时代坚定文化自信的历史基础。中国共产党人带领中国人民在社会主义革命和社会主义建设中所创造的社会主义革命文化和社会主义先进文化，是中国传统文化的升华，是中国革命和建设成功的重要法宝，是我们坚定文化自信的理论源泉。改革开放以来我国在经济、社会、生态、科技、国防、外交等领域取得的突出成就，中国特色社会主义制度优越性的充分展现，是我们坚持文化自信的现实基础。正如习近平总书记所言："站立在960万平方公里的广袤土地上，吸吮着中华民族漫长奋斗积累的文化养分，拥有13亿中国人民聚合的磅礴之力，我们走自己的路，具有无比广阔的舞台，具有无比深厚的历史底蕴，具有无比强大的前进定力。中国人民应该有这个信心，每一个中国人都应该有这个信心。"①

文化自信是文化安全的前提，只有对自身文化充满自信，才能在文化碰撞中挺直腰杆，才能有效抵御外来文化的侵袭，维护好自身的文化安全，进而维护好整个社会秩序的有序与稳定。在整个中华民族的发展史上，虽然经历了无数次的外敌入侵，但中华民族总能走出困境、浴火重生，强大的中华文化认同无疑发挥了巨大的作用。中华民族第一次面临文化安全问题是鸦片战争后，与国力衰弱相伴随的是部分国人文化自信的丧失，全盘西化的主张也是在这种背景下应运而生的。正是中国共产党人选择了马克思主义这种先进文化，才找到了近代以来无数志士仁人苦苦探寻的正道，带领中国人民经历了新民主主义革命、社会主义革命和建设的艰难岁月，走上了改革开放的康庄大道，实现了国家富强和文化繁荣。

2. 意识形态安全——文化安全的重点

意识形态领域是中国特色社会主义事业的重要组成部分，是为国家立心、为民族立魂的工作，关乎中国特色社会主义的旗帜、方向和道路。十八大以来，习近平总书记高度重视意识形态安全问题，提出了一系列新思

---

① 习近平. 在纪念毛泽东同志诞辰120周年座谈会上的讲话［M］. 北京：人民出版社，2013：20-21.

想新观点新论断，为新时期的意识形态工作指明了方向。

（1）意识形态关乎国家的政治安全。意识形态作为社会生活的精神领域，对整个社会生活有巨大影响，决定着一个社会精神生活的发展方向。习近平总书记指出："我们要深刻认识经济基础对上层建筑的决定作用，深刻认识上层建筑对经济基础的反作用，既要有硬实力，也要有软实力；既要切实做好中心工作、为意识形态工作提供坚实物质基础，又要切实做好意识形态工作，为中心工作提供有力保障。"① 既不能为了中心工作忽视意识形态工作，也不能让意识形态工作偏离中心工作。"历史和现实反复证明，能否做好意识形态工作，事关党的前途命运，事关国家长治久安，事关民族凝聚力和向心力。巩固党的群众基础和执政地位，不能说只要群众物质生活好就可以了，这个认识是不全面的。党的群众基础和执政基础包括物质和精神两方面。精神上丧失群众基础，最后也要出问题。只有物质文明建设和精神文明建设都搞好，国家物质力量和精神力量都增强，全国各族人民物质生活和精神生活都改善，中国特色社会主义事业才能顺利向前进。"② 一定的意识形态是一定阶级利益在观念上的反映，是其政党思想上的旗帜，对其成员具有精神凝聚、思想引领的作用。当前，随着全球化进程的不断推进，国家间经济文化交流日益密切，一些西方国家始终没有放弃对我国和平演变的企图，通过各种文化渗透的方式进行其西化、分化的图谋。"他们选中的一个突破口就是意识形态领域，企图把人们思想搞乱，然后浑水摸鱼、乱中取胜。历史和现实都警示我们，思想舆论阵地一旦被突破，其他防线就很难守得住。在意识形态领域斗争上，我们没有任何妥协、退让的余地，必须取得全胜。"③ 在国内，随着改革开放的深入和市场经济的发展，思想文化领域也出现了一些杂音，一些错误思潮和观

① 中共中央党史和文献研究院．习近平关于总体国家安全观论述摘编［M］．北京：中央文献出版社，2018：100.

② 中共中央党史和文献研究院．习近平关于总体国家安全观论述摘编［M］．北京：中央文献出版社，2018：99.

③ 中共中央党史和文献研究院．习近平关于总体国家安全观论述摘编［M］．北京：中央文献出版社，2018：99.

点不时出现。“有的人以‘反思改革’为名否定改革开放，有的人借口现实中存在的问题攻击我们党的领导和我国社会主义制度，有的人极力歪曲、丑化、否定我们的党、我们的国家、我们的军队和我国革命、建设、改革的伟大实践，有的人以‘反思改革’为名否定改革开放，有的人借口现实中存在的问题攻击我们党的领导和我国社会主义制度，有的人极力歪曲、丑化、否定我们的党、我们的国家、我们的军队和我国革命、建设、改革的伟大实践，有的人大肆宣扬西方的价值观，有的人恶意编造、肆意传播政治谣言。”① 由此可见，和平时期并不太平，意识形态领域始终有各种暗潮涌动。意识形态领域的斗争不是简单的思想斗争，其实质是严肃的政治斗争，是争夺话语权的斗争。“一个政权的瓦解往往是从思想领域开始的，政治动荡、政权更迭可能在一夜之间发生，但思想演化是个长期过程。思想防线被攻破了，其他防线就很难守住。”② 为此我们必须引起高度重视。

（2）牢牢把握意识形态工作的领导权。意识形态决定文化发展的方向和道路，鉴于此，习近平总书记反复强调，“我们必须把意识形态工作的领导权、管理权、话语权牢牢掌握在手中，任何时候都不能旁落，否则就要犯无可挽回的历史性错误。”③ 为此，首先必须坚持马克思主义的指导地位。意识形态具有明显的阶级性，只有在马克思主义指导下，坚持党对意识形态工作的全面领导，才能巩固全国人民团结奋斗的共同思想基础，保证正确的政治方向，才能凝聚人心、汇聚力量，建设具有强大凝聚力和引领力的社会主义意识形态。习近平总书记指出：“党性原则是党的新闻舆论工作的根本原则。党管宣传、党管意识形态、党管媒体是坚持党的领导的重要方面。党性原则不仅要讲，而且要理直气壮讲，不能躲躲闪闪、扭

① 中共中央党史和文献研究院．习近平关于总体国家安全观论述摘编［M］．北京：中央文献出版社，2018：128.

② 中共中央党史和文献研究院．习近平关于总体国家安全观论述摘编［M］．北京：中央文献出版社，2018：100.

③ 中共中央党史和文献研究院．习近平关于总体国家安全观论述摘编［M］．北京：中央文献出版社，2018：100.

扭捏捏。"① 坚持党性原则，就是要坚持党对新闻舆论工作的领导。"报刊、通讯社、电台、电视台、新闻网站的所有工作都必须体现党的意志、反映党的主张，必须维护党中央权威、维护党的团结，做到爱党、护党、为党。要增强看齐意识，自觉向党中央看齐，自觉向党的理论和路线方针政策看齐，自觉向党中央决策部署看齐……决不能发表同党中央不一致的声音，决不能为错误思想言论提供传播渠道。"② 在十九大报告中，习近平总书记指出："中国共产党从成立之日起，既是中国先进文化的积极引领者和践行者，又是中华优秀传统文化的忠实传承者和弘扬者。当代中国共产党人和中国人民应该而且一定能够担负起新的文化使命，在实践创造中进行文化创造，在历史进步中实现文化进步！"针对社会上一些人对待马克思主义的模糊甚至错误认识，习近平总书记指出："有的认为马克思主义已经过时，中国现在搞的不是马克思主义；有的说马克思主义只是一种意识形态说教，没有学术上的学理性和系统性。实际工作中，在有的领域中马克思主义被边缘化、空泛化、标签化，在一些学科中'失语'、教材中'失踪'、论坛上'失声'。这种状况必须引起我们高度重视。"③ 他要求党的领导干部要带头学习马克思主义原著，加深对马克思主义的理解。2013 年 12 月 3 日、2015 年 1 月 23 日，中央政治局专门组织了历史唯物主义、辩证唯物主义专题的集中学习，引导全党深化对马克思主义基本原理的理解、掌握和运用。其次，落实好意识形态工作责任制。"要增强战略定力、站稳政治立场，在'乱花渐欲迷人眼'的诱惑干扰面前，保持'乱云飞渡仍从容'的政治定力，决不能发表同党中央不一致的声音，决不能为错误思想言论提供传播渠道。"④ 随着新媒体样态的不断翻新，媒体格局

① 中共中央党史和文献研究院. 习近平关于总体国家安全观论述摘编 [M]. 北京：中央文献出版社，2018：119.

② 中共中央党史和文献研究院. 习近平关于总体国家安全观论述摘编 [M]. 北京：中央文献出版社，2018：120.

③ 中共中央党史和文献研究院. 习近平关于总体国家安全观论述摘编 [M]. 北京：中央文献出版社，2018：125-126.

④ 中共中央党史和文献研究院. 习近平关于总体国家安全观论述摘编 [M]. 北京：中央文献出版社，2018：129.

与舆论生态发生了巨大变化，传统媒体的影响力不断受到冲击、地位日趋下降，而自媒体往往成为负面舆情、错误思想传播的摇篮，其线上线下、虚拟现实交混的传播特点，极大地增加了舆情管控的难度。面对这种复杂情况，习近平总书记要求："各级党委要把做好意识形态工作摆在重要位置，加强组织领导，及时掌握意识形态形势和动态，对各种政治性、原则性、导向性问题要敢抓敢管，对各种错误思想必须敢于亮剑，帮助人们明辨是非，牢牢掌握意识形态工作主动权。特别是要防止各种敌对势力借机干扰和破坏，避免一些具体问题演变成政治问题、局部问题演变成全局性事件，避免出现大的意识形态事件和舆论漩涡。"① 在他看来，好的舆论是社会发展的"推进器"、民意的"晴雨表"、社会的"黏合剂"、道德的"风向标"，而不好的舆论则会成为民众的"迷魂汤"、社会的"分离器"、杀人的"软刀子"、动乱的"催化剂"。针对一些单位和党政干部政治敏锐性、责任感不强，在重大意识形态问题上含含糊糊、遮遮掩掩，习近平强调各级党委和宣传思想部门要加强领导和管理，要敢抓敢管、敢于亮剑。要强化政治意识、责任意识，在重大问题上必须与中央保持高度一致，"绝不允许与中央唱反调，决不允许吃共产党的饭、砸共产党的锅。要高度重视苗头性、倾向性问题，打好主动仗，防患于未然。"② 他形象地把思想舆论阵地分为红色、黑色、灰色三个地带。红色地带是正面力量、我们的主阵地，一定要守住；黑色地带是负面的东西，要坚决管控，并逐步对其加以改变；灰色地带是中间力量，对于灰色地带要通过强有力的工作加快其向红色地带转化，又要防止其向黑色地带转化。习近平同志"三种地带"的划分思想，为新时期意识形态工作指明了方向。

3. 社会主义核心价值观——文化安全的核心

价值观是文化之魂，文化的生命力和影响力关键是价值观，价值观出了问题，文化就会发生变异。"价值观念在一定社会的文化中是起中轴作

---

① 中共中央党史和文献研究院. 习近平关于总体国家安全观论述摘编［M］. 北京：中央文献出版社，2018：128.

② 中共中央党史和文献研究院. 习近平关于总体国家安全观论述摘编［M］. 北京：中央文献出版社，2018：111-112.

用的，文化的影响力首先是价值观念的影响力。世界上各种文化之争，本质上是价值观念之争，也是人心之争、意识形态之争。”① 核心价值观是一个国家社会稳定的思想基础，是民族团结的精神支柱，是整合各种社会意识的有效工具，也是国家治理体系和治理能力的重要方面。“历史和现实都表明，核心价值观是一个国家的重要稳定器，能否构建具有强大感召力的核心价值观，关系社会和谐稳定，关系国家长治久安。”② 每个时代都有每个时代的任务，都有自己的时代主题，又会有相应的民族精神和价值观。社会主义核心价值观应该是中国特色社会主义本质的体现，是社会主义制度的价值折射，是中国共产党人和中国人民在中国革命、建设和改革开放的实践过程中继承中华优秀传统文化、吸取人类文明优秀成果而形成的价值取向和价值追求。

每一个国家都有自己的国情，每一个民族都有自己独特的文化传统。一个国家的核心价值观必须立足自身的文化传统，必须符合自身的时代发展需要。当代中国，应该坚持什么样的核心价值观？党的十八大提出倡导富强、民主、文明、和谐，自由、平等、公正、法治，爱国、敬业、诚信、友善的社会主义核心价值观，这是当代中国精神的集中体现和系统表达，把涉及国家、社会、公民三个层面的价值要求融为一体，回答了建设什么样的国家、建设什么样的社会、培育什么样的公民这些重大的理论问题。“如果一个民族、一个国家没有共同的核心价值观，莫衷一是，行无依归，那这个民族、这个国家就无法前进。这样的情形，在我国历史上，在当今世界上都屡见不鲜。”③ 当今时代，随着利益诉求的多元化，人们的价值诉求日益呈发散状态，价值多元必然带来价值冲突，诱发社会动荡和不安。社会主义核心价值观的提出有助于统一人们思想，形成全社会价值

---

① 中共中央党史和文献研究院. 习近平关于总体国家安全观论述摘编［M］. 北京：中央文献出版社，2018：106-107.

② 习近平. 习近平关于总体国家安全观论述摘编［M］. 北京：中央文献出版社，2018：109.

③ 习近平. 青年要自觉践行社会主义核心价值观——在北京大学师生座谈会上的讲话［M］. 北京：人民出版社，2014：4.

共识，消弭价值分化，宏观上向国际社会重塑国家形象，中观层面加强民族团结，微观上提升国民素养，可以有力地回击一些国家宣扬的“中国威胁论”“国强必霸”等谬论。

核心价值观作为观念形态的东西，必有其思想根基、精神之源。离开传统，价值观就会成为无源之水、无本之木。培育和弘扬社会主义核心价值观，必须立足中华优秀传统文化。牢固的核心价值观，都有其固有的根本。习近平总书记指出：“博大精深的中华优秀传统文化是我们在世界文化激荡中站稳脚跟的根基。中华文化源远流长，积淀着中华民族最深层的精神追求，代表着中华民族独特的精神标识，为中华民族生生不息、发展壮大提供了丰厚滋养。”① 在2014年10月举行的文艺工作座谈会上，他又说：“在几千年的历史流变中，中华民族从来不是一帆风顺的，遇到了无数艰难困苦，但我们都挺过来、走过来了，其中一个很重要的原因就是世世代代的中华儿女培育和发展了独具特色、博大精深的中华文化，为中华民族克服困难、生生不息提供了强大精神支撑。”② 从先秦诸子、两汉经学、魏晋玄学、隋唐佛学、宋明理学到明末清初的启蒙思潮，从诗经、楚辞、汉赋、唐诗、宋词、元曲到明清小说，无不彰显着中华文化独特的价值和生命力，根植在每个中国人的灵魂深处，其中蕴含的丰富的哲学思想、人文精神、价值理念、道德规范，潜移默化地影响着我们的思想方式和行为方式，可以为今天的治国理政、道德建设提供有益的借鉴。中国传统文化中的讲仁爱、重民本、守诚信、崇正义、尚和合、求大同思想，是涵养社会主义核心价值观的重要源泉。只有继承这份宝贵的文化资源，从中汲取营养，并在实践的基础上创造性转化、创新性发展才能更好地构筑中国精神、中国价值、中国力量。“无论哪一个国家、哪一个民族，如果不珍惜自己的思想文化，丢掉了思想文化这个灵魂，这个国家、这个民族

① 习近平. 习近平总书记重要讲话文章选编［M］. 北京：中央文献出版社，2016：120.

② 习近平. 习近平总书记重要讲话文章选编［M］. 北京：中央文献出版社，2016：182.

是立不起来的。”① 针对一些西方国家长期以来的所谓“普世价值”推销，我们除了清楚其文化渗透的险恶用心之外，更重要的是增强文化自觉和文化自信，占领价值体系的制高点，加快构建具有中国特色、民族特性、时代特征的价值体系。“如果‘以洋为尊’‘以洋为美’‘唯洋是从’，把作品在国外获奖作为最高追求，跟在别人后面亦步亦趋、东施效颦，热衷于‘去思想化’‘去价值化’‘去历史化’‘去中国化’‘去主流化’那一套，绝对是没有前途的！”②

培育和践行社会主义核心价值观，必须培养好担当民族复兴大任的时代新人。党的十八大以来，习近平始终高度关注青少年的健康成长。2015年6月1日，习近平在中国少年先锋队第七次全国代表大会上强调：“要做一个好人，就要有品德、有知识、有责任，要坚持品德为先。你们现在都是小树苗，品德的养成需要丰富的营养、肥沃的土壤，这样才能茁壮成长。现在把自己的品德培育得越好，将来人就能做得越好。”2014年5月4日，在北京大学师生座谈会上讲话时指出：“青年的价值取向决定了未来整个社会的价值取向，而青年又处在价值观形成和确立的时期，抓好这一时期的价值观养成十分重要。这就像穿衣服扣扣子一样，如果第一粒扣子扣错了，剩余的扣子都会扣错。人生的扣子从一开始就要扣好。”③ 青年兴则国家兴，青年强则国家强。青年是引风气之先的社会力量，实现中华民族伟大复兴的中国梦，是当代中国青年运动的主题。2015年7月，习近平在给全国青联十二届全委会和全国学联二十六大的贺信中说：“当代中国青年要在感悟时代、紧跟时代中珍惜韶华，自觉按照党和人民的要求锤炼自己、提高自己，做到志存高远、德才并重、情理兼修、勇于开拓，在火热的青春中放飞人生梦想，在拼搏的青春中成就事业华章。”习近平总书记关于青年成长先后提出的“爱国、励志、求真、力行”“勤学、修德、

① 习近平. 习近平总书记重要讲话文章选编［M］. 北京：中央文献出版社，2016：111.

② 习近平. 习近平总书记重要讲话文章选编［M］. 北京：中央文献出版社，2016：114.

③ 习近平. 习近平谈治国理政［M］. 北京：外文出版社，2014：172.

明辨、笃实”“志存高远、德才并重、情理兼修、勇于开拓”“坚定理想信念、练就过硬本领、勇于创新创造、矢志艰苦奋斗、锤炼高尚品格”，为新时期青年的健康成长、建功立业提供了思想指引。

4. 网络文化安全——文化安全的前沿

当今时代，互联网的迅速发展成为不可逆转的社会潮流，深刻地改变了人们的生活方式和思维方式，同时也改变着舆论的生成方式和传播方式。“随着新媒体快速发展，国际国内、线上线下、虚拟现实、体制外体制内等界限愈益模糊，构成了越来越复杂的大舆论场，更具有自发性、突发性、公开性、多元性、冲突性、匿名性、无界性、难控性等特点。”① 现阶段威胁文化安全的诸多问题往往因网而生、由网而增，许多错误思潮常常借助网络生成发酵、弥漫扩散，网络已成为当下意识形态斗争的重要场所。习近平总书记指出：“网络意识形态安全风险问题值得高度重视。网络已是当前意识形态斗争的最前沿。掌握网络意识形态主导权，就是守护国家的主权和政权。”② “过不了互联网这一关，就过不了长期执政这一关。”③ 习近平总书记高度重视网络安全问题，在国家层面专门设立了中央网络安全和信息化委员会，既说明了网络安全在国家发展中的重要地位，也体现出党中央维护网络安全的坚定信心。在 2014 年 2 月中央网络安全和信息化委员会第一次会议上，习近平提出了“建设网络强国”的目标。他说：“没有网络安全就没有国家安全，没有信息化就没有现代化。建设网络强国，要有自己的技术，有过硬的技术；要有丰富全面的信息服务，繁荣发展的网络文化；要有良好的信息基础设施，形成实力雄厚的信息经济。要有高素质的网络安全和信息化人才队伍；要积极开展双边、多边的互联网国际交流合作。建设网络强国的战略部署要与‘两个一百年’奋斗

① 习近平. 习近平关于总体国家安全观论述摘编［M］. 北京：中央文献出版社，2018：121-122.

② 习近平. 习近平关于总体国家安全观论述摘编［M］. 北京：中央文献出版社，2018：117.

③ 习近平. 习近平关于总体国家安全观论述摘编［M］. 北京：中央文献出版社，2018：120-121.

目标同步推进，向着网络基础设施基本普及、自主创新能力显著增强、信息经济全面发展、网络安全保障有力的目标不断前进。”①

我国现阶段已全面步入网络社会，网络已走入千家万户，网民已超过8亿，数量居世界第一，涵盖不同阶层、不同年龄段人群，网络已经成为人们进行日常交流、学习、工作乃至娱乐的重要平台和工具。网络打破了地域和时空的界限，将不同民族的经济、文化、社会生活紧密联系在一起，加快了信息传播，开拓了人们视野，丰富了人们生活，提高了工作效率。如今，互联网已经成为一个资讯的海洋，深入我们生活的方方面面，许多领域、许多行业离开互联网可以说寸步难行。同时应该清醒地看到，互联网对文化安全带来的挑战不可小觑。从国际看，西方发达国家凭借强大的经济科技实力，操纵着网络规则的制定，控制着网络话语主导权，把互联网作为对其他国家进行文化渗透和政权颠覆的工具。正如习近平总书记所言：“西方反华势力一直妄图利用互联网‘扳倒中国’，多年前有西方政要就声称‘有了互联网，对付中国就有了办法’，‘社会主义国家投入西方怀抱，将从互联网开始’。从美国的‘棱镜’‘X——关键得分’等监控计划看，他们的互联网活动能量和规模远远超出了世人想象。在互联网这个战场上，我们能否顶得住、打得赢，直接关系到我国意识形态安全和政权安全。”② 一些西方国家一方面通过网络诋毁社会主义意识形态、丑化共产党和社会主义制度，另一方面大肆贩卖和渲染他们所谓的普世价值论，试图解构我们的主流意识形态认同，达到他们和平演变的目的。从国内看，我们国家由于网络技术相对落后，网络监管还存在漏洞，以及网络空间特有的隐蔽性、虚拟性等特征，容易造成个人隐私和信息泄露、网络谣言、侵犯知识产权、网络诈骗犯罪、黑客和病毒攻击甚至网络恐怖主义等的发生。还有一些别有用心的人利用网络散布黄色淫秽的低俗文化、腐朽没落的封建思想，甚至宗教迷信，冲击社会主义核心价值观；一些所谓的

① 习近平. 习近平谈治国理政［M］. 北京：外文出版社，2014：198.

② 习近平. 习近平关于总体国家安全观论述摘编［M］. 北京：中央文献出版社，2018：103.

网络大V、意见领袖和少数对政府、社会不满的人会借用各种议题来散布反党、反社会主义言论。"'谎言重复一千遍就会变成真理。'各种敌对势力就是想利用这个逻辑！他们就是要把我们党、我们国家说得一塌糊涂、一无是处，诱使人们跟着他们的魔笛起舞。"① 总书记的话一针见血，说明网上舆论工作是一项长期的工作，必须认真研究网络传播规律，创新工作方法，把握好网络舆论引导的时、度、效，激发正能量。

维护网络文化安全，就必须加强互联网内容建设，不断壮大主流思想舆论阵地。互联网是当前宣传思想工作的主战场，我们不去占领，别人就会占领，因此必须增强阵地意识，旗帜鲜明地弘扬主旋律。随着我国综合国力的不断提升，国际影响力不断扩大，国际社会对中国的关注度越来越高，要求广大理论工作者必须充分运用网络讲好中国故事、传播好中国声音。"我们要让全国人民知道党和政府为人民做了什么、还要做什么，让世界知道中国人民为人类文明进步作出了什么贡献、还要作出什么贡献。更重要的是，别人乱说我们一通，如果我们不及时加以澄清和纠正，就会以讹传讹，反倒让世人觉得我们输了理似的。我们要主动发声，让人家了解我们希望人家了解的东西，让正确的声音先入为主。"② 对一些贬低中华文化、否定中华民族的历史贡献、否定近代以来中国人民的奋斗史、歪曲中国共产党历史与中华人民共和国历史、改革开放史的负能量，要敢于亮剑、敢于交锋。高校是意识形态工作的前沿阵地，大学生是网络空间最活跃的群体，要充分利用网络做好爱国主义、集体主义、社会主义教育，引导广大青年树立正确的国家观、民族观、历史观、文化观。

加强网络空间治理，构建天朗气清、生态良好的网络环境，必须加强网络法治建设，坚持依法管网、依法办网，让互联网在法治轨道上运行。2013 年 8 月 19 日召开的全国宣传思想工作会议上，习近平总书记提出要依法加强网络社会管理。在 2014 年 2 月 27 日中央网络安全和信息化委员

---

① 习近平. 习近平关于总体国家安全观论述摘编［M］. 北京：中央文献出版社，2018：114.

② 习近平. 习近平关于总体国家安全观论述摘编［M］. 北京：中央文献出版社，2018：114.

会第一次会议上，他提出了完善法律法规、依法治理网络空间。十八届四中全会通过的《中共中央关于全面推进依法治国若干重大问题的决定》再次强调加强互联网领域立法的重要性。在2015年12月16日的第二届世界互联网大会开幕式上，习近平总书记明确指出网络空间不是“法外之地”。2016年11月，我国出台了《中华人民共和国网络安全法》，同年12月又出台了《国家网络空间安全战略》。随着网络安全相关法律法规的不断完善，就为网络空间的健康发展提供了制度保障。法治是基础，还要结合经济、技术手段，相关的主体必须多管齐下，形成党委领导、政府管理、企业履责、社会监督、网民自律的治理格局，才能确保网络空间的清朗。在互联网时代，世界各国成为命运休戚与共的共同体，习近平总书记希望各国在相互尊重、相互信任的基础上加强对话合作，共同构建和平、安全、开放、合作的网络空间，建立多边、民主、透明的全球互联网治理体系，为互联网的全球治理、构建网络空间安全指明了方向。

习近平的文化安全思想，站在21世纪国际风云变幻的潮头，继承了马克思主义经典作家关于文化安全的理论，立足于五千年悠久历史的中华优秀传统文化沃土，着眼于中华民族伟大复兴的宏伟构想，把党性和人民性、民族性与时代性、继承性与创新性、理论性与实践性、一元性与多样化有机统一了起来，丰富了总体国家安全观的内涵，是习近平新时代中国特色社会主义思想的有机组成部分，为新时期文化发展指明了方向和道路。

第二章　西方文化霸权与高校文化安全

一、文化霸权主义的理论基础

“一个民族国家所具有的特定文化体系是国家认同的基础，是国家稳定发展的精神前提，也是民族凝聚力之关键所在。因此，文化同国家利益具有深刻的相关性。”① 冷战结束后，和平与发展成为时代主题。随着人类社会的发展和政治文明的演进，西方国家控制世界的方式也发生了变化。以往单靠军事侵略、武力征服来达到称霸目的的方式不仅会付出沉重的代价，而且会受到国际舆论的普遍谴责，遭到被侵略地人民的长期反抗，不能从心理上、精神上达到其控制的目的。于是，西方政治家把目光转向了文化霸权，试图通过文化输入和渗透，从精神上控制其他国家民众，达到不战而屈人之兵的目的，对其他国家主权和安全构成严峻挑战。随着全球化进程的加快和改革开放的不断深入，中西方经贸往来日趋频繁，文化交流日益密切。在这个过程中，一方面给我们学习西方先进科学技术、利用外资加快经济发展提供了条件，另一方面，伴随西方资本而来的，是其对利益的最大化追求，是其文化渗透的不断强化和拓展，进而达到其政治霸权的目的，我们必须高度警惕。

霸权主义通常是指大国、强国、富国欺侮、压迫、支配、干涉和颠覆

---

① 韩源，等. 国家文化安全论：全球化背景下的中国战略［M］. 北京：社会科学文献出版社，2013：90.

小国、弱国，不尊重他国的独立和主权，进行强行的控制和统治。文化霸权主义是指一些西方国家凭借其经济和科技上的优势，试图占据文化的制高点，把自身的自由、民主、人权等文化价值观作为普世的价值尺度来批判世界各民族文化，并利用国际社会的相互交往向其他国家特别是经济不发达国家大肆进行文化输出和文化渗透，使其接受他们的价值观，通过意识形态影响达到对其他国家的全面控制目的。“在500年的全球化进程中，文化交流与冲突的总趋势可以说是西方文化对非西方文化的殖民过程。这种殖民过程大体分为武力殖民、经济殖民与文化殖民三个阶段。……文化殖民主要是以美国为首的西方国家通过对非西方国家推行所谓普世价值观进而获取全球‘话语霸权’的行为。尤其是一贯自认‘富有使命感’的美国，认为非西方国家应当认同民主、自由、人权、权力有限的政府等价值观念，并将这些价值观念纳入他们的体制，从而形成所谓的‘普世文明’概念。”① 文化霸权主义是国际霸权主义的一种新形态，是西方国家维持全球霸主地位的新战略，是霸权主义和强权政治在文化领域的表现。

文化霸权主义的思想根源是西方文化中心论，它把西方的文化模式和价值观视为普世标准，以此来评判裁定其他文化，并试图把自己的文化价值观强加于他人，以文化霸权达到其政治控制、经济入侵的目的。文化霸权主义的理论形态主要有汤林森的文化帝国主义、福山的历史终结论、约瑟夫·奈的软实力理论、亨廷顿的文明冲突论等，他们从哲学、社会学、政治学、传播学以及语言学等不同角度，构建起了文化霸权主义理论。

（一）汤林森的文化帝国主义

“文化帝国主义”一词肇始于20世纪60年代，它是冷战后西方发达国家特别是美国谋求文化霸权的产物。赫伯特·席勒在他的《传播与文化支配》一书中首次使用“文化帝国主义”这一概念并作了详细阐发，他认为，文化帝国主义是许多过程的总和，通过这一系列工程，某一社会领导

① 喻发胜. 文化安全——基于社会核心价值观嬗变与传播的视角［M］. 武汉：华中师范大学出版社，2010：8-9.

阶层或吸引、或强迫进入现代世界体系之中，从而建立了与之相应的社会制度，这甚至促成了处于世界体系中拥有主动权且居核心地位的国家的价值观。席勒把文化帝国主义的特点概括为三个方面：其一，它首先是一个以强大的经济、资本为后盾的市场占有与扩张过程；其二，它是通过文化商品或产品的输出进而实现对其他国家的意识形态和价值观输入；其三，通过信息产品传播进行文化输出是这种文化扩张的主要路径。国际政治现实主义学派创始人汉斯·摩根在其《国际纵横策论：争强权，求和平》一书中认为文化帝国主义的最终目标就是实现对人心的征服与控制。文化帝国主义就是经济发达国家凭借经济和科技实力对其他国家进行文化渗透与文化输出，从而达到政治上控制的目的。英国学者汤林森是文化帝国主义的代表人物，其著作有《文化帝国主义》（1999）、《全球化与文化》（1999）等。

汤林森认为，由于帝国主义、文化都是一个多义、复杂的概念，因而文化帝国主义是一个“模糊”“散漫的概念”，没有原初形式可言，本身就没有一个明晰的概念，因而研究的方式会有多种。在《文化帝国主义》一书中，汤林森依据福柯的话语理论，依据话语分析的方法，把文化帝国主义作为一个结构性概念，分析了四种文化帝国主义的话语方式：作为媒介帝国主义的话语，作为“民族国家”的话语，作为批判全球资本主义的话语，以及作为一种对现代性的批判的话语。

关于媒介帝国主义。汤林森认为，媒介确实在西方资本主义文化的传播过程中起着重要作用，把媒介当作西方资本主义的文化标准有一定道理。但媒介和文化没有实质性关系，它是文化表达的工具，是中性的、中立的，不具有意识形态属性，没有任何媒介能够对它触及的文化具有操纵性，因此媒介产品与文化帝国主义之间也就没有多少关联。在汤林森看来，从世界体系论与依附论视角所揭示的美国文化和跨国媒介对民族文化造成的冲击，不是简单的文化问题，而是一个经济问题。通过对《唐老鸭》《豪门恩怨》以及卓别林默剧等的分析，他认为这些作品风靡世界不是美国文化帝国主义的表现，而是取决于观众对文本的解读。媒介是否成为文化帝国主义的工具关键取决于受众阅读文本的反应。汤林森从解释学观点出发，认为受众面对文本不是被动的，而是一个主动参与的过程，能够在已有的文化基础上根据自身的价值标准主动参与对文本的解读，不会轻易被文本操控，不具有文化帝国主义的侵略性。因此如果存在文化帝国主义现象的话，媒介至多只能算众多运作要素的一种。汤林森始终强调媒介的中立性，忽视了媒介与文化之间的密切关系，刻意抹杀媒介作为传播工具的强制性及其对文化帝国主义形成的推动作用。

关于民族国家话语。汤林森认为，文化帝国主义批评者从空间视角定义民族文化，但文化不是静态的东西，而是在动态的发展过程中不断发展演化的。在他看来，大多数民族国家的文化都是由多种文化组成的，呈现出多元化色彩，因此民族国家不过是想象出来的社群，民族国家认同不过是想象出来的社群情感。就算是再小的国家，人和人之间也是不能够见面和相互了解的，他们对彼此的民族认同，只是建立在各自心目中对共处民族的一个抽象的想象，所谓的民族文化，不过是想象出来的，没有明确的主体。在时间的维度里，由于文化处在不断的变迁过程中，一种文化借鉴其他文化是正常的事情，不仅落后国家文化是这样，发达国家文化同样如此。汤林森认为，认为文化帝国主义威胁或支配了民族文化的人只是单从空间或时间一个维度看问题没有把二者有机结合起来，是片面的、不正确的。这样，汤林森就从民族文化的多元性、变迁性否定了民族文化的主体性进而否定文化侵略的存在，文化帝国主义的文化侵袭行为在他那里被描绘成民族国家文化认同、文化建构的过程。

关于资本主义文化。资本主义文化的发展，必然会在其他国家造成消费主义蔓延。进而造成发达国家文化产品及消费至上的价值观流入发展中国家，破坏他们的传统，使世界不断趋向同质化。在汤林森看来，不是文化决定经济，而是经济决定文化，不能说资本主义文化会在思想意识上对发展中国家进行殖民，资本主义文化的扩散，是发展中国家人民自主选择的结果，是为了满足自身需求而自愿进行的消费，不能低估发展中国家人民的判断力。即使资本主义文化确实带来了文化同质化的后果，也没有充分的证据证明同质化必须加以反对，因为消费者在消费西方文化产品的同时，也在接受着西方民主政治观念的影响。他认为，文化的全球化和同质化是现代性的宿命，美国只是先行一步而已，不能简单地认为西方通过消费主义对发展中国家进行文化殖民。这样，他就用消费主义掩盖了西方发达国家文化殖民的本质。

对现代性的批判。这是汤林森探讨文化帝国主义的重点，也是前面三种分析文化帝国主义表现方式的总结。现代性正以不可遏止的方式在广大发展中国家扩散，它一方面带来了社会物质财富的快速增长，普及了科学理性与民主自由理念，同时也带来了物质主义的膨胀与工具理性的蔓延。在汤林森看来，现代性与文化支配之间没有任何关联，现代性是无法避免的，它是人类文化的一种宿命，现代性所带来的物质与社会政治上的受益，代表了一种解放的力量，大大扩展了个人的发展潜能。他从现代性的扩散来解释媒介帝国主义、民族国家话语、资本主义文化批判，从而遮蔽了发达资本主义国家对发展中国家的文化侵略。他进而认为，随着人类进入由现代性催生的全球化时代，旧式的帝国主义体系已经崩溃，具有明确文化意图的文化帝国主义已经成为过去，不论发达国家还是不发达国家，面对的都是一幅不确定、矛盾、难以把握的前景。但事实上，全球化就是西方价值和观念的全球扩散，在全球化语境下，以美国为首的西方国家对发展中国家的文化侵袭同样是不容抹杀的事实。

19 世纪末资本主义的扩张呈现出帝国主义的特征，这一时期西方学者的著作中大量使用了“帝国主义”一词。英国政治学家霍布森在 1902 年出版的《帝国主义》一书中对帝国主义理论进行了系统研究，他是最早把对非洲的掠夺和 19 世纪末帝国主义国家之间的竞争与垄断的发展联系起来的，他的思想对列宁产生了重要影响。1917 年列宁出版了《帝国主义是资本主义的最高阶段》一书，在吸收前人思想特别是马克思《资本论》观点的基础上，列宁提出帝国主义是资本主义的垄断阶段。在他看来，帝国主义是经济、政治势力强大的西方国家对外进行扩张、殖民统治的行为，是寄生的、腐朽的、垂死的资本主义。列宁帝国主义论是文化帝国主义观点的重要理论来源。葛兰西的文化领导权理论对文化帝国主义有着重要影响。他认为，一个社会集团要想取得国家政权，必须首先夺取文化领导权，而当取得国家政权以后，也不可能放松对文化领导权的控制。这种领导权不是靠以往的暴力、压迫或镇压的手段取得的，而是靠其内心的同意、认可和自愿。他认为无产阶级要想取得革命胜利，必须首先取得文化领导权。在实现途径上，他提出了“阵地战”和“运动战”两种策略。此外，法农的后殖民批判理论、福柯的权力话语理论都对文化帝国主义理论的形成产生了重要影响。

（二）福山的历史终结论

冷战结束后，国际形势发生了巨大变化，全球化进程进一步加快。随着东欧剧变、苏联解体、柏林墙的倒塌，资本主义自由市场理论与民主理念在全球范围获得进一步拓展。一些资产阶级右翼学者对资本主义的未来发展欣喜若狂，认为资本主义制度已经获得了全面的胜利，并代表了未来人类社会发展的方向，福山的历史终结论即其代表。1989 年，福山在美国《国家利益》杂志上发表《历史的终结》一文，随后在此文的基础上扩展为《历史的终结与最后的人》一书，于 1992 年出版。该书出版后引起广泛关注，被同时翻译成 14 种文字在全球出版。他借用了黑格尔哲学中“历史终结”一词，来分析世界范围意识形态领域的分歧，根据苏联社会主义模式的失败断言自由民主的理念已无可匹敌，人类正在向着自由民主制度前行，资本主义的自由民主可以战胜社会主义、共产主义，并最终取得胜利，它是最高最后的政体形态，历史的演进形态到此业已完成。在他看来，“在世界上绝大部分地区，没有任何一种自称具有普遍性的意识形态堪与自由民主对抗”。① 西方国家的自由民主制度是人类意识形态发展的终点和最后一种统治方式。

福山认为历史终结于自由民主制度的政治因素在于各种权威专制国家政权迟早必然垮台，使得自由民主制度在世界范围内获得胜利。他所谓的

① 弗朗西斯·福山. 历史的终结与最后的人［M］. 陈高华，译. 桂林：广西师范大学出版社，2014：66.

权威国家有两种：右翼权威国家和左翼极权国家。他认为右翼权威国家存在的问题其一是无法为政权的合法性提供理论支持。右翼权威政府的主要特点是由军人集团或政治强人实行权威统治，他们大多局限于维护维持传统社会的秩序，并且以各种借口为他们的独裁统治进行辩护。而当这些借口被现实一一粉碎变得不复存在时，他们就失去了继续执政的基础。其二是右翼权威政府治理能力普遍低下。权威政府大都不能实现经济的快速增长，很多还会受到恐怖主义的威胁，如果他们的一些政策在现实生活中导致危机或失败，缺乏合法性就会是它的致命弱点。其三是右翼权威政府不能有效控制公民社会。许多权威政府在执政初期许下很多承诺，后来的事实证明他们无论在经济发展还是稳定秩序方面还不如它的民主前任，这样的政权并不能把国家渗透到公民社会。对于他们而言，一旦经济发展民众素质普遍提高，整个社会对他们就会变得更加难以驾驭。福山认为左翼极权主义国家存在的问题其一就是经济上的失败。他把苏联的共产主义比喻为月亮上吃菠萝，认为经济的失败必然导致人民对苏联政治制度失去信心，继而对其合法性提出质疑。其二是它在控制思想方面也是失败的。极权政府试图通过控制新闻媒体、政治宣传和教育来控制公民的思想与信仰，但由于社会主义在经济发展方面的不成功，国家便无法阻止公民对经济政策的失望，进而对其信用体系产生怀疑，从而使得思想控制最终落空。在福山看来，右翼权威政府和左翼极权政府最终垮台的共同根源在于其内部凝聚力涣散、合法性丧失。这些地方唯一可获得广泛合法性的思想是自由民主，也许在这一代人身上已经看不到实现的希望，但不会改变每个国家都会走向这个路途，他们的下一代会看到，因为自由民主在政治上已无对手。

福山认为历史终结于自由民主制的第二个因素是经济方面的原因。他认为现代经济的发展呈现出知识与技术上的复杂性，它需要一种更加自由的、市场化导向的运作方式，而苏联那种统得过死的计划经济的管理模式显然不能适应这种要求。技术的复杂性将削弱意识形态专家和军人的力量，技术统治将成为“共产主义的掘墓人”。福山认为，现代自然科学为人类发展指明了方向，使人类走上了一条同质化道路，他称之为后工业时代或信息时代。福山认为后工业时代经济发展过程的最大特点是知识的复杂性，经济的各个方面对技术的需求大大增加，这就要求经济发展的市场化运行和决策权下放。而苏联中央集权式的管理制度由于无法及时引进新技术、合理地分配产品、有效地调动劳动者的积极性，因而技术无论多么先进都不能促进经济的高速发展。自由民主制度能够在法律和制度的框架内有效调节现代经济运行所产生的各种利益冲突，从而更有效促进资本主义经济的发展。在福山看来，现代科学的发展与经济的发展虽有密切关系，但经济发展与民主之间不存在必然联系。把自然科学的发展看作“历史的终结”、人类迈向自由民主的动力机制是荒谬的，这样的话就把民主仅仅理解为经济的副产品。如果是一种副产品，它就是一种短暂的过渡，而不是一种历史的趋势，就谈不上历史终结于自由民主制度了。

在福山看来，科技、经济的发展并不必然把人们带向自由民主之路，因为仅仅经济繁荣和物质丰富并不能满足人们的需要，人们更渴望自身的权利得到应有的尊重和认可。“认可”就是人们希望得到别人的承认和尊重，在政治上表现为为获得自由民主而斗争。而正是“为获得认可而斗争”的行为推动人类历史走向终结。把“获得认可”这一精神因素作为历史的最终动因来源于黑格尔，黑格尔把人类历史发展的动力归结为人的观念，又把这种观念具体解释为“承认”，“为承认而斗争是黑格尔历史观的基础”。福山认为，西方资本主义从产生的时候起就以追求获得“承认”的欲望作为发展动力，自由民主制度就是这种欲望在现实中的体现。虽然在现实中还没有完全实现，但欲望本身是不可改变的，方向是正确的。福山说：“我们选择民主这一事实，更重要并且最后更令人满足的事情是，自由社会认可我们的尊严。生活在自由社会虽然意味着走上一条物质极大丰富的道路，但更重要的是它为我们指明了一条在通往自由的认可方面的道路。自由民主国家使我们具有自己的自我价值意识，我们灵魂中欲望和精神这两个部分因此都得到满足。”①

---

① 弗朗西斯·福山. 历史的终结与最后的人［M］. 陈高华，译. 桂林：广西师范大学出版社，2014：214.

事实上，“历史的终结”这一概念并非福山的首创，福山在这一主题下把西方的自由民主制度宣称为最科学、最合法的政治制度，充分暴露了他的西方中心论立场和文化一元论观念，其真实目的就是为西方资本主义制度摇旗呐喊。他认为在所有的社会发展模式中，都有一个基本程序在起作用，这就是以自由民主制度为方向的人类普遍史。在他的心目中，西方的自由民主制度就是人类最好最后的社会制度。他把20世纪80年代末90年代初苏联模式的失败归结为社会主义制度的失败，显然是错误的。他认为资本主义的自由民主制度一劳永逸地解决了人类面临的所有问题，也不符合历史的事实。马克思揭示的生产社会化和资本主义私人占有制之间的矛盾在资本主义社会是无法解决的，金融危机的爆发从正面彻底撕碎了福山的“历史终结论”。

中国特色社会主义的崛起从实践层面推翻了福山的“历史终结论”。福山曾断言，在一个由信息和技术创新主导的后工业社会，中国的社会主义经济体制“会变得极不适宜”；共产主义是与政治经济落后联系在一起的，它已经不再能产生充满活力和感召力的思想。但中国人民改革开放以来形成的中国特色社会主义模式，正是对他的“历史终结论”的最大解构和嘲讽，因为这不同于西方自由主义的另一种选择是可能的，同时也宣告其“历史终结论”的彻底破产。其后，随着国际形势的发展，福山的观点也在发生变化，对中国模式给予了充分肯定，他认为中国正在崛起，是全球化进程最大的赢家。在2012年5月发表的《未来是谁的》一文中，他说：“当下值得关注的是中国，中国领导人的政治能力惊人，他们将华夏大地从苏联式的中央计划经济时代带到了动力十足的开放市场时代，从而完成了一场极为复杂的社会转型。最近许多人称羡中国体制并不仅是因为它所取得的经济成就，也包括这个国家能够迅速地做出体量庞大而复杂的决策，这与欧美国家在过去几年间持续的、令人沮丧的政策形成鲜明的对照。甚至，经济危机之后，中国开始大力推销‘中国模式’，将其作为自由民主的一个替代方案。”①

① 陈学明，李先悦．福山的“历史终结论”的终结说明了什么［J］．马克思主义理论学科研究，2017（1）：95-109.

（三）约瑟夫·奈的软实力（Soft Power）理论

在人类历史上，特别是漫长的农业文明时代，土地、人口、劳动工具曾经长期是构成权力资源的基础。进入工业文明阶段，工业基础特别是军事实力成为权力的重要象征。20 世纪 90 年代以来，人类社会进入信息时代。随着苏联解体、冷战结束，国际形势开始发生变化，虽然局部冲突仍时有发生，但和平与发展已成为世界历史的主题，国家间经济文化交流日趋密切，全球化进程进一步加快。“当今世界，经济全球化和全球公共问题的凸显，使得国家之间的相互依赖日益深刻并全方位发展，全球公共问题使得各国事务紧密地联合在一起，例如贫困、人口、环境污染、核扩散、气候变暖、恐怖主义、全球安全等问题使各国都不能再独守一隅。”① “我们生活在一个相互依赖的时代。这种说法意在表明，人们普遍认识到世界政治的性质正在发生变化。”② 随着国际关系的发展，军事力量的作用逐渐下降，谋求合作与共识逐渐成为处理国际事务的上乘选择，文化、经济因素在国际社会中的作用日益重要，信息革命使得人们以资源而不是以行为衡量权力。针对以保罗·肯尼迪为代表的美国衰落论，约瑟夫·奈从国家权力资源和权力构成的变化的角度来分析美国在当今世界的领导地位，首次用“软实力”这一概念来说明美国除了拥有军事和经济方面的硬实力，在文化、政治价值观、外交政策等软实力方面同样占有优势，在他看来控制其他国家意志的能力与这些无形的权力资源有很大关系，软实力理论应运而生。

在 1990 年出版的《注定领导世界？——美国权力性质的变迁》一书中，约瑟夫·奈最早提出和论证了软实力这个概念。由于他曾经担任过卡特政府的助理国务卿、克林顿政府的国家情报委员会主席和助理国防部长的特殊身份，加之美国又是世界上最有影响力的国家，因此，软实力这一

---

① 顾思思. 国家对外软实力问题研究［D］. 上海：上海交通大学，2007：10.

② 罗伯特·基欧汉，约瑟夫·奈. 权力与相互依赖［M］. 3 版. 门洪华，译. 北京：北京大学出版社，2002：3.

概念提出后在世界范围获得了广泛传播，产生了很大影响，成为冷战后使用频率较高的一个词语，并且在不同的语境中被赋予不同的含义。

在西方历史上，软实力思想从萌芽到形成，经历了一个长期的发展过程。早在《伯罗奔尼撒战争史》一书中，修昔底德就提出了“观念”在政治、军事、民族交往中的重要性。葛兰西的文化霸权理论认为，资本主义国家最有效的统治工具不是武装部队和警察，而是意识形态和文化，夺取文化领导权的方式是通过非暴力的方式达到被统治阶级的认可、同意，并自愿接受统治阶级的领导。汉斯·摩根索把国家权力分为有形权力和无形权力，认为国民士气、民族性格、外交质量这些无形权力对国家有重要影响。爱德华·卡尔把权力分为军事权力、经济权力、文化权力，其中文化权力是通过思想、观念、情感去影响对方服从自己。这些思想都对约瑟夫·奈产生了不同影响，成为其软实力思想的理论来源。

那么什么是软实力？约瑟夫·奈指出：软实力是一个国家的文化与意识形态所产生的吸引力，它是通过吸引而非强迫来让他人自愿追求你所要的东西之能力。它包括的内容有：文化（对他国具有吸引力）、政治价值观（在内外事务中遵守并实践这些观念）、外交政策（正当合理且具有道德上的权威性）。

1. 文化吸引力

约瑟夫·奈认为文化是为一个社会创造意义的一系列价值观和实践的总和。在他看来，“当一个国家的文化涵括普世价值观，其政策亦推行他国认同的价值观和利益，那么由于建立了吸引力和责任感相连的关系，该国如愿以偿的可能性就得以增强。”① 他把文化分为高雅文化和大众文化两类。高雅文化主要表现在科技、教育、文学、艺术等方面，这是人类智力和创造力的充分表现，是人类对自身能力的充分肯定，对内可以提升民众的精神境界和自豪感，对外可以增强该国的吸引力。随着国家间各种交流活动的增多，各种思想观念会自然随之传播。从美国留学归来的人员会对

① 约瑟夫·奈. 软力量——世界政坛成功之道［M］. 吴晓辉，钱程，译. 北京：东方出版社，2005：11.

美国的社会制度和价值观持有某种程度的欣赏和认可，随着这批人后来身居要职，必然会对美国所执行的政策发挥一定的影响，这就是高雅文化体现出的软实力。他以冷战时期美国一些非政府组织在苏联的演出为例，说明这种美国文化对苏联音乐家带来的视觉和观念上的冲击，使其对社会现实和本国意识形态产生怀疑，使受众对苏联生发消极影响，而改变了他们对美国的传统看法。他认为科学技术也可以转化为意识形态来为政权和制度服务，先进的科学技术会对其他国家产生影响力，吸引其他国家学者前来学习，也为本土政治思想和价值观的传播提供了条件。关于大众文化，约瑟夫·奈说："不管我们做什么，美国的大众文化都具有全球影响。好莱坞、有线电视网和互联网的影响无所不在。美国的电影和电视节目宣传自由、个人主义和变革（还有性和暴力），笼统地说，美国文化的全球影响力有助于增强我们的软实力——即我们的文化和意识形态感召力。"① 大众文化通常是意识形态的重要载体，当美国的大众文化传播到其他国家时，其意识形态和价值观也会渗入到这些国家民众中去，消解他们对本国文化的认同。正如约瑟夫·奈所言："流行娱乐往往包含着具有重要政治效应的价值的潜意识形象和信息"。②

2. 政治价值观吸引力

约瑟夫·奈认为，在国内和国际上都得到认可和遵循的政治价值观是构成软实力的重要资源。他认为政治价值观得到他国认可且在国际事务中能够真正实行，其政策的合法性就会增强。反之如果在实行过程中言行不一或执行多重标准，软实力就难以发挥效用。他以民主、人权这种美国最有吸引力的政治价值观为例，指出美国在执行这些价值观时如果采用双重标准，就会被其他国家的人民认为是虚伪的，就会对软实力构成腐蚀。他强调民主、自由、人权等价值理念对美国软实力的影响以及维护这些理念的社会制度的优越性，为美国的政治价值观大唱赞歌。而对社会主义核心

---

① 约瑟夫·奈. 美国霸权的困惑：为什么美国不能独断专行［M］. 郑志国，何向东，杨德，等译. 北京：世界知识出版社，2002：5.

② 约瑟夫·奈. 软力量——世界政坛成功之道［M］. 吴晓辉，钱程，译. 北京：东方出版社，2005：49.

价值体系的凝聚、引领功能，对培育、践行社会主义核心价值观所取得的重要成就和积极意义却避而不谈。现实是美国价值观在国内的表现也是毁誉参半，它虽然在高等教育、电影图书、计算机网络、接受移民等方面位于世界前列，但在犯罪率、命案发生率等方面同样处在世界前列，大大降低了美国的软实力和吸引力。事实上政治价值观是广义文化的组成部分，某种程度上可以把它列入文化的范畴之中。

3. 外交政策的吸引力

约瑟夫·奈认为，每个国家为了自身利益都有自己的外交政策并开展相应的外交活动，一国的外交政策所体现的价值观也可以产生强大的吸引力。在他看来，如果一个国家可以通过建立和主导国际规范及国际制度，进而左右世界政治的议事议程，那么它就可以影响他人的偏好和对本国国家利益的认识从而具有软实力。在 2004 年出版的《软实力》一书中，他进一步提出了“塑造国际规则”的观点，认为在国际事务中一个国家如果可以按照自己的利益和价值观塑造国际规则，就没有必要使用代价高昂的胡萝卜与大棒。他认为，外交政策是展示国家形象、实现政治价值观和国家利益的重要手段。合理的外交政策奠基于国家的长远利益之上，能够在国际社会塑造积极、正面的国家形象，实现国家的战略目标。对外政策彰显了一个国家在国际上的地位和受欢迎程度，不仅会影响一个国家国际政治和经济环境，也会直接影响国内的政治经济，最终影响着国家利益的实现。

软实力作为一种重要资源，具有无形性、渗透性、长久性等特征，在人类历史上，之前也有不少学者从不同角度看到了它的重要性。但明确提出软实力概念确属约瑟夫·奈的功劳，正是他明确地把权力分为硬实力和软实力，并对软实力进行了系统分析，强调了非物质因素如文化、价值观和国际规则等对国际关系的重要性，超越了许多现实主义者特别是新现实主义者过分看重物质权力来界定国家权力的片面性，为人们理解国家和地区间关系提供了新视角，掀开了国际关系领域的新篇章。在这里我们必须清楚，约瑟夫·奈讲的文化软实力是以美国为中心的，是为美国的国家利益和国家战略服务的。它的文化软实力就是要把美国标榜的自由、民主、人权以及美国的价值观推行到世界各地，维护美国的世界霸主地位。因此他的软实力思想，是文化霸权学说的一种变种，或者说软霸权理论。

（四）亨廷顿的文明冲突论

美国著名学者塞缪尔·亨廷顿1993年在美国《外交》夏季号上杂志社发表了《文明的冲突》一文，试图以文明为单位来构建其政治地图学，首次提出了文明冲突理论，在国际社会产生广泛影响。不久，他在《外交》杂志又发表了《不是文明又是什么？——后冷战世界的范式》，进一步阐述其文明冲突理论。1996年，亨廷顿出版了《文明的冲突与世界秩序的重建》一书，对他的文明冲突理论作了全面、系统的阐述，并在同年最后一期《外交》杂志发表了《西方文明只此一家，并非普遍适用》一文作为全书的摘要。在1997年所作的中文版序言里，他说："我所期望的是，我唤起人们对文明冲突的危险性的注意，将有助于促进整个世界上'文明的对话'"。①

文明冲突论的主要观点：

（1）冷战结束后，全球政治第一次呈现出多极和多文明的世界。亨廷顿认为，"冷战结束后的几年中，人们的认同和那些认同的标志开始发生急剧的变化，全球政治开始沿着文化线被重构。"② 人们之间的区别不再是意识形态的、政治的、经济的，而是体现在文化方面。在回答人类面对的最基本问题"我是谁"时，他们会用祖先、宗教、语言、历史、价值观、习俗和体制等来界定自己，他们会认同于部落、种族集团、宗教社团、民族或者文明。文化的偏好、共性和差异会影响人们的行为选择，当今世界最重要的冲突不是社会阶级之间、富人和穷人之间或由经济决定的集团之间，而是不同文化实体的人民之间的冲突，未来的冲突将由文化因素而不

① 塞缪尔·亨廷顿. 文明的冲突与世界秩序的重建［M］. 周琪，刘绯，张立平，等译. 北京：新华出版社，2010：2.

② 塞缪尔·亨廷顿. 文明的冲突与世界秩序的重建［M］. 周琪，刘绯，张立平，等译. 北京：新华出版社，2010：3.

是经济或意识形态所引起。国际关系的主体不再是民族国家而是七八个主要文明：中华文明（儒教文明）、日本文明、印度文明、伊斯兰文明、西方文明、东正教（俄罗斯）文明、拉丁美洲文明以及可能存在的非洲文明。政治和经济的发展模式会因文明的不同而不同，文化既是分裂的力量，又是统一的力量。现代化不等于西方化，它既未产生任何有意义的普世文明，也未产生非西方社会的西方化。建立在具有文化共同性基础上的国际组织，远比那些试图超越文化的国际组织成功。

（2）文明之间的力量对比正在发生变化，以文明为单位的世界秩序正在形成。西方在政治、经济和军事领域的力量在下降，相对于其他文明其实力在走向衰落。随着西方实力的衰退，向其他文明施加其人权、自由、民主等价值观的能力也在降低，西方意识形态主宰的时代已经结束，人类进入一个多种文明相互影响、相互竞争的时代。本土化成为非西方世界发展的潮流，非西方文明正在肯定自身文化的价值，亚洲文明正在崛起，中国正逐渐成为最有可能在全球影响力方面挑战西方的国家。本土化进程还通过世界众多地区的宗教复兴广泛地表现出来。亨廷顿认为，本土化和宗教的复兴在亚洲和伊斯兰国家的表现是他们的文化自我伸张及其文化对西方的挑战。“由于现代化的激励，全球政治正沿着文化的界限重构。文化相似的民族和国家走到一起，文化不同的民族和国家则分道扬镳。以意识形态和超级大国关系确定的结盟让位于以文化和文明确定的结盟。”① 在正在形成的全球政治中，正在形成的文明核心国家是文明秩序的基础，它们吸引文化上相似的国家，排斥没有文化共性的国家。核心国家之间的谈判则成为文明间秩序的源泉。在他看来，亚洲文明和伊斯兰文明是西方文明面临的最大挑战。

（3）文明的冲突是未来国际冲突的主导形式。亨廷顿认为，随着其他文明的崛起，西方国家的所谓民主、自由市场、权力有限政府、人权、个人主义、法治观念等价值观受到非西方国家人民的普遍怀疑，西方的普世

---

① 塞缪尔·亨廷顿. 文明的冲突与世界秩序的重建［M］. 周琪，刘绯，张立平，等译. 北京：新华出版社，2010：105.

主义对他们来说就是帝国主义。随着非西方国家对其本土文化自信心和责任心的增强，未来不同文明之间的关系将会是对抗性的。在不同文明组成的世界里，冷和平、冷战、贸易战、准战争、不稳定的和平、困难的关系、紧张的对抗、竞争互存、军备竞赛等将成为文明间关系的主要形式。文明间的冲突有两种形式：一种是不同文明的邻国或一国内不同文明的集团之间；另一种是不同文明的核心国家之间。“在微观层面，最强烈的断层线是在伊斯兰国家与东正教、印度、非洲和西方基督教邻国之间。在宏观层面，最主要的分裂是在西方和非西方之间；在以穆斯林和亚洲社会为一方，以西方为另一方之间，存在着最为严重的冲突。”① 随着西方文明实力的衰退和其他文明对自身文化的日益伸张，西方和非西方的关系总体上是一种对抗关系。在他看来，伊斯兰是造成许多相对较小的断层线战争的原因，中国的崛起则是核心国家间战争的潜在根源。

（4）文明的前景。在亨廷顿看来，“涉及世界主要文明核心国家的全球战争很可能不会发生，但不是不可能发生。”② “在正在来临的时代，文明的冲突是对世界和平的最大威胁。”③ 一方面，他认为随着亚洲文明和穆斯林文明越来越坚信其文化的价值，西方的普世主义日益把它引向同其他文明的冲突。西方对其他文明事务的干预，是造成多文明世界不稳定和潜在冲突的最危险因素。另一方面，他认为文化和文明的多样性对西方特别是美国的西方文化普世信念构成了挑战。站在西方中心论和美国优越论的立场，他不无忧虑地指出：“摈弃美国信条和西方文明，就意味着我们所认识的美利坚合众国的终结。实际上这也意味着西方文明的终结。如果美国非西方化了，那么西方就缩小到只剩下欧洲和几个欧洲游民人口不多的国家。没有美国，西方便会成为世界人口中的一个微不足道的和衰落的部

① 塞缪尔·亨廷顿. 文明的冲突与世界秩序的重建［M］. 周琪，刘绯，张立平，等译. 北京：新华出版社，2010：161.

② 塞缪尔·亨廷顿. 文明的冲突与世界秩序的重建［M］. 周琪，刘绯，张立平，等译. 北京：新华出版社，2010：288.

③ 塞缪尔·亨廷顿. 文明的冲突与世界秩序的重建［M］. 周琪，刘绯，张立平，等译. 北京：新华出版社，2010：297.

分，居住在欧亚大陆一端的一个小而无关紧要的半岛之上。”① 西方文明和其他文明之间的冲突，是一场“真正的冲突”。要避免文明间的大战，要求各个文明核心国家要坚持以下两个原则：一是避免原则，即核心国家避免干涉其他文明的冲突；二是“共同调解原则”，即核心国家通过谈判阻止这些文明的国家间或集团间的断层线战争。

亨廷顿从文化和文明出发，从文化和文明的差异来分析国际冲突和战争的根源，为人们分析国际政治和国际关系提供了新的视角，也使各国政要和学者更加关注文化、文明在人类社会演进和国际秩序构建中的作用。但把国际冲突的主导形势归为不同文明之间的冲突，否认冲突背后的根源是物质利益的争夺，既无法解释历史上同一文明之间的战争与冲突，也无法解释其他原因导致的不同文明之间的冲突。“当今世界上的局部冲突不是文明本身的相异性导致的，而是由于发展的不平衡、权利的不平等、资源的不对等等复杂原因造成的。文明的不同非但不是冲突或战争的根由，而是各种文明相互借鉴、共同发展的基石”。② 在当今世界，民族国家是基本的构成单位，重大国际问题所涉及的有关各方，均是以国家而非文明来进行划分的，利益冲突是引起各种冲突的根源。同时，文明之间除了差异，还有许多作为人类本性表现的共通的东西，再说差异可以促进不同文明的互补，而不一定必然引起对立和冲突。文明冲突论在逻辑上显然存在着诸多难以自圆之处。

亨廷顿的文明冲突论本质上是西方中心论，是为西方特别是美国的价值观和利益进行辩护的学说，是文化帝国主义的一种新的表现形式。他一方面认为文明的多样性是历史发展的趋势，西方文明并无普世性，现代化并不等于西化；另一方面又认为文明的多样性会对西方文化构成威胁和挑战，伊斯兰文明和儒教文明会联合起来对抗西方文明。他甚至把中国的崛

---

① 塞缪尔·亨廷顿. 文明的冲突与世界秩序的重建［M］. 周琪，刘绯，张立平，等译. 北京：新华出版社，2010：282.

② 张江. 建设新时代社会主义文化强国［M］. 北京：中国社会科学出版社，2019：206.

起作为对美国霸权的最大威胁，认为“中国的崛起和这个‘人类历史上最大角色’的日益自我伸张继续下去，就将在21世纪初给世界的稳定造成巨大的压力。中国作为东亚和东南亚支配力量的出现，与历史已经证明的美国利益相悖。”① 他把保存、维护和复兴西方文化作为美国义不容辞的责任，为此主张西方加强政治、经济、军事的一体化，并拉拢其他靠近西方文明的国家加入，以遏制其他文明的发展，维护西方文明和价值观的独一无二性，其冷战思维和文化霸权的思想昭然若揭。

二、文化霸权主义的根源与形式

英语中霸权（hegemony）一词来源于古希腊，原初含义是“领导权（leadership）”，在其征服马其顿之后，又加上了“支配权（domination）”的意思，一直延续到今天。② 文化霸权，亦称文化强权、文化殖民主义，是国际交往中国家之间、民族之间的文化价值观强加行为。

文化霸权主义是西方中心主义的变种。文化霸权主义是指在国际交往过程中，一些西方发达国家凭借自身经济发展上的优势，基于自身的利益诉求，不顾其他国家的文化传统和现实条件，通过各种途径进行文化输出和文化渗透，推行自己的文化价值观，通过文化这只看不见的手，对其他经济上不发达国家进行主权颠覆与和平演变，其实质是霸权主义和强权政治在文化领域的表现。国际著名政治学家汉斯·摩根索在《国家间的政治——为权力与和平而斗争》一书中，根据帝国主义常用的手法，将帝国主义分为军事帝国主义、经济帝国主义和文化帝国主义，并且直言不讳地指出：“我们建议称之为文化帝国主义的政策是最微妙的，而且如果它能单独取得成功的话，也是最成功的帝国主义政策。它的目的不是征服领土和控制经济生活，而是征服和控制人们的心灵，以此作为改变两国之间权

① 塞缪尔·亨廷顿. 文明的冲突与世界秩序的重建［M］. 周琪，刘绯，张立平，等译. 北京：新华出版社，2010：288.

② 王逸舟. 当代国际政治析论［M］. 上海：上海人民出版社，1995：344.

力关系的手段。"① 不难看出，作为处理国际关系的手段与方式，文化霸权主义表面上看与传统的使用军事武装暴力干涉他国，或者以经济制裁手段引诱胁迫他国屈服不同，但其实质异曲同工，有时还会交互使用，最终达到把自己的政治制度和价值观强加给他国，从而控制和奴役其他国家人民，以实现其在全球范围追求垄断资本最大化利益的目的。

（一）文化霸权主义形成的根源

文化霸权主义兴起于20世纪60年代，与其相似的概念有文化帝国主义、文化殖民主义、后殖民主义、文化全球化等，是以文化为手段或招牌的新型殖民形式。虽然自古以来，不同国家、民族之间的文化交往从未停息，但由于科学技术特别是信息技术的飞速发展，资本、技术、人员、信息的流通从未像今天这样频繁。在这一过程中，西方发达国家凭借其长期以来形成的经济上、技术上的优势，以文化输出这种更隐蔽、更具欺骗性的方式企图延续它们在政治上和经济上的全球统治。文化以经济为推手，愈来愈走向国际舞台的中心，使得文化霸权主义成为理解国际政治关系的一个重要维度。寻求国家利益的最大化，是西方国家实施文化霸权的根本原因。西方发达国家既是经济全球化的始作俑者，也是文化经济全球化规则的制定者和裁判者，作为强势文化的代表，在文化全球化浪潮中，西方国家的文化产品潮水般涌入地球各个角落，对其他地区的文化生态乃至价值观构成强烈冲击。正如西方学者伯努瓦所说："一件有利于理解文化全球化性质的新奇事物，即资本主义卖的不仅仅是商品和货物。它还卖标识、声音、图像和联系。这不仅仅将房间塞满，而且还统治着想象领域，占据着交流空间。"② 文化渗透其实质是争夺话语权，话语占领也就是权力占领，正如福柯所言，"话语就是一种权力"，在现代社会，谁拥有了文化领域的话语权，也就占据了社会生活领域的主动权。这种传播过程中的控

---

① 汉斯·摩根索. 国家间政治：权力斗争与和平［M］. 7版. 徐昕，郝望，李保平，译. 北京：北京大学出版社，2006：98.

② 王列，杨雪冬. 全球化与世界［M］. 北京：中央编译出版社，1998：10.

制与被控制、支配与被支配的关系，本质上是一种霸权主义、文化殖民主义。只不过由于时代背景不同，手段从军事演变为文化。通过这种话语控制，西方文化所隐含的价值观在被输入国得到广泛传播和渗透，对被输入国的传统文化、民族精神构成巨大冲击，影响了他们的思想观念和文化认同，甚至会造成民族文化发展的中断，进而出现意识形态危机。冷战结束后，发达国家尤其是美国制定了新的文化战略，凭借其媒介传播优势把文化作为一种软实力向其他国家渗透，达到不战而屈人之兵的目的，以此颠覆其他国家政权，扩展其在世界上的霸权地位，通过文化渗透达到文化殖民的目的。因此，文化霸权主义主要指美国的文化霸权。对文化霸权主义的理解，不能仅仅停留在文化层面。它的形成有复杂的背景，应当从政治、经济、军事、民族特性、文化传承、国际形势等方面去分析。

1. 国际时局的变化是文化霸权主义形成的时代背景

虽然历史上敌对国家之间的文化争辩、文化渗透、意识形态攻击是常有的事情，但把文化入侵上升为国家战略，试图通过文化渗透达到控制他国之目的，则是当代国际关系呈现出的新特点。冷战结束后，国际形势发生了巨大变化，和平与发展成为国际关系的主流。在这种情况下，如果还沿用传统的军事入侵、经济掠夺、政治压迫手段对其他国家进行干预，已经显得不合时宜，必然会引起国际社会的共同反对和声讨。如何通过一种温和的手法达到同样的目的，一直是他们思考的问题。最终他们选择了文化。在他们看来，如果一个国家的文化，特别是它的政治意识形态和价值观能够征服其他国家决策者的心灵，通过自己优越的文化或更具吸引力的政治哲学实现自己的政治或经济目标，那就能以最低成本赢得比军事征服和经济控制更彻底的胜利，并且建立起比军事征服和经济控制更坚实的基础。东欧剧变和苏联解体，让一些西方国家看到了运用文化渗透进行“和平演变”的巨大力量，进而强化了他们运用文化手段破坏、颠覆、推翻其他非西方国家的信念。

2. 自我中心主义是文化霸权形成的内在根据

美利坚民族主体是 17 世纪以后英国等欧洲国家移民的后代，受其历史传统和宗教教义的影响，其文化带有明显的"盎格鲁—新教"特征。他们深信新教伦理主张的"上帝的选民""因信得救"等观念，认为北美大陆是上帝在冥冥之中指引他们开通殖民的"新的耶路撒冷"，他们是上帝的优等选民。进而认为美国是宇宙的中心，它的未来不仅是自己的未来，也是世界的未来，代表了人类的发展方向，其文化形态充满了扩张的冲动。这种文化扩张的命定责任意识，是其为文化霸权寻找的宗教心理学根据。由此宣称，自己的意识形态、价值观念、政治制度是世界上最优秀的，把其他国家和民族的文化妖魔化为野蛮的、贪婪的、专制的、保守的、愚昧的，一言以蔽之是毫无价值的，从而形成一种自我中心主义的文化情结，并以全球的霸主自居。长期的对外侵略扩张中取得的政治上、经济上的优势地位，强化了他们的这一信念。他们一方面宣称他们是最优秀的民族，拥有最先进的文化价值观和最民主的政治制度；另一方面作为上帝的优秀选民，就义不容辞地肩负着向世界其他地区传播西方民主、自由等西方文化的神圣职责，拯救其他民族于水火的神圣职责。正如J. 斯帕尼尔所说："美国人从其国家一开始就坚信他们的命运是——以身作则地向一切人传播自由和正义，把人类从罪恶之路引导到世间新的耶路撒冷。"① 这种传播也好，引导也罢，无不是以武力开道，通过扩张和征服的手段来实现的，由此必然衍生出扩张主义。

3. 经济军事硬实力是文化霸权主义形成的现实基础

文化作为一种软实力，成为政治学家们分析当代国际关系的一个重要范式。但文化本身并不能称为权力，它只有建立在硬的经济军事权力基础上才能发挥权力的作用。以美国为首的西方文化霸权主义的存在，建立在其长期发展过程中积累的经济、军事、科技、资本等硬实力基础之上，其倡导的文化观念借助这些先发优势而得以传播扩散。我们知道，美国最早是英国的殖民地，其经济发展与宗主国关系密切，它不存在封建的生产关系，其经济发展一开始就建立在资本主义经济基础之上。从内战结束到20

① J. 斯帕尼尔. 第二次世界大战后美国的外交政策［M］. 段若石，译. 北京：商务印书馆，1992：10.

世纪初，其经济发展异常迅速，其工业产值 1890 年已占世界总产值的 31%，超过英国成为世界之首。到 1913 年，所占比重进一步提升到 38%，超过英、德、法、日四国之和。① 凭借其独特的地理位置优势，美国成功避开了两次世界大战所造成的战祸，并乘机大发军火之财，加之罗斯福“新政”的刺激，其经济获得了飞速发展，长期位居世界第一，军事实力也进一步增强，由此变得财大气粗，到处发号施令。在美国看来，只有它才有资格来整顿国际社会形成世界新秩序。这一时期，美国科技也得到迅猛发展，研制成功世界上第一台电子计算机，爆炸了世界上第一颗原子弹，发展了航空航天科技。无论是军事、政治、经济、科技，这时的美国已经登上世界霸主的位置。正是凭借其硬实力的霸主地位，二战结束后，美国通过各种途径竭力把自己的价值观、商业理念、社会制度、意识形态等强加给其他发展中国家，以达到其不可告人的目的。1998 年 12 月美国推出的《新世纪国家安全战略》明确提出，美国的目标是“领导世界”。

（二）文化霸权主义的表现形式

二战以后，随着政治、经济和军事实力的增强，美国成为资本主义世界的霸主，其国家战略开始发生变化，对外扩张野心进一步显现，开始把它的触角拓展到所能延伸到的任何地方，其对外战略的指导思想演变为典型的全球主义，其核心是全面遏制共产主义，建立美国领导下的资本主义一统天下的世界霸权体系。杜鲁门的“遏制战略”是战后美国推出的第一个全球主义战略，其后，无论是艾森豪威尔的“解放战略”、肯尼迪的“和平战略”，拟或是尼克松的“缓和战略”、里根的“重振国威战略”，还是老布什的“超越遏制战略”、奥巴马的“重返亚洲战略”，其宗旨一脉相承，那就是都包含着丰富的文化战略思想，都是以美国的国家理念为指引，操纵和控制盟国，支配和压制亚、非、拉国家，全面遏制共产主义势力，维护和保障美国的全球霸权。在这一过程中，美国非常重视“文化外交”的重要作用，通过诱导、吸引乃至武力干涉，影响“他者”的文化认

---

① 彭树智，施清，刘俊明. 世界近代史教程［M］. 西安：西北大学出版社，1987：93.

同，来保护和扩展自身的国家利益。在美国人心目中，文化就是一种权力、一种资源，是实现国家利益的有效工具。早在1946年，在参议员富布赖特的倡议下，美国政府出台了著名的《79-584号公共法修正案》，第一次以立法的形式为美国的国际文化交流提供保障。紧接着，1948年通过了《史密斯-蒙德特法案》，“文化外交”正式确立为美国的国家战略。1953年，美国政府成立了新闻署，其对外职能就是宣传美国文化、介绍美国的政策。1994年，克林顿政府提出“全面扩展和接触”战略，其目标是向全世界传播西方的民主和自由市场经济理论。1997年，美国又推出了“塑造—反应—准备”三位一体的国家安全战略新构想，所谓塑造就是通过积极的对外文化扩张来改变国际环境。布什2006年在《美国国家安全战略报告》中明确指出，美国要在每一个国家和每一种文化中去支持民主制度与民主运动，最终消除世界上的专制制度。不难看出，把文化输出作为国家安全战略，是美国多年来一以贯之的对外扩张手段。

通观历史，大国的对外扩张必然伴随着文化渗透，只有文化征服才能实现统治稳定。

文化霸权主义既是西方霸权主义的重要表现，也是其重要工具和主要目标。西方国家的文化霸权，主要通过以下路径：

1. 借助经济全球化进行文化渗透

当今时代，随着经济全球化进程的推进，民族国家间的联系日益密切。但对广大发展中国家特别是经济落后国家，全球化是一把双刃剑。它既可能是千载难逢的机遇，也可能带来意想不到的灾难。通过经济援助，向受援助国输入自己的文化意识形态，是当今西方霸权国家推行文化渗透的重要途径。一些经济发达国家在经济全球化进程中，不仅想攫取巨额经济利益，背后往往还隐藏着更大的政治意图，他们要通过经济全球化来实现文化全球化、政治全球化。在西方学者看来，经济全球化背景下，资本的跨国流动成为历史的必然。随着跨地区经济组织的不断出现以及垄断的增强，一种超然于主权国家之上的世界性经济组织便会出现，这一组织随着经济权利的增强会形成一种世界性经济体系，并逐渐瓦解民族国家的政治权力，最终形成世界性文化体系。作为经济强国，美国自然是这个经济体系的中心，并成为世界政治的中心。基于此，美国必然要使自己的文化和价值观，视为评判一切的尺度。

把经贸关系与文化输出相结合，是美国政府的一贯做法。随着现代科技的飞速发展，文化产业因其高附加值愈来愈受到西方国家的重视，美国最大的出口产品已由传统的工农业领域转向文化产业领域。利用其资本和技术优势，通过电影、电视、书籍、流行音乐、广告、电脑软件等文化产品向其他国家的输出，向其他国家传播西方的价值观念、生活方式和思维方式、政治制度，使他国人民潜移默化中认同和接受西方文化，动摇其对民族文化的心理认同。作为文化产业大国，美国的文化产品带有深深的美国烙印，它通过感性、通俗、流行的方式，利用刊物、图书、会议、研讨会、美术展览、音乐会、授奖各种载体，向世界各地传播，成为美国推行其文化理念和生活方式的有效手段。美国的文化输出建立在其强大的经济实力基础上，跨国公司是市场经济的主体，政府通过制定政策、工业化生产及市场化营销，与大型跨国公司构建起了系统的文化产品输出体系。席勒认为，"美国 19 世纪传统的地缘政治帝国主义在 20 世纪已经被一个工业一电子联合体所取代，这个联合体有着极强的扩张性，依靠强大的技术传播能力在全球进行文化操纵和文化渗透，它在空间和意识形态两个方面加强了美国的单极霸权。"① 在美国前总统布什看来，世界上还没有哪个国家，可以既进口世界的产品和技术，同时又能够把国外的思想拒之门外。正是通过文化产品的不断输出，导致了美国文化在世界的流行，对输入国民族文化构成消解，政治安全构成威胁。

2. 通过文化交流传播西方意识形态

作为文化强国，通过对外文化交流达到其政治目的是美国外交政策的重要手法。自古以来，文化交流就是民族交往的重要方式，也是民族间互通有无、取长补短的有效方法，更是加强民族感情的主要路径。对于落后

---

① 张小平. 当代文化帝国主义的新特征及批判［J］. 马克思主义研究，2019（9）：123-132.

民族而言，文化交流是实现少走弯路、快速缩短与发达国家距离、实现跨越式发展的捷径。但对于西方国家而言，文化交流表面看是纯粹的学术交流、相互学习的过程，背后却隐藏着其深刻的政治意图。为了达到其预定的目的，他们在对外文化交流中，对地区的选取、项目的制定、资金的投入、计划的执行乃至人员的配备，都有明确的要求。美国的文化交流，既重视资助把国内教师、学生、学者送到其他国家交流，也注重把其他国家和地区的优秀学者、学生及社会文化界名流邀请到美国进行相关文化交流。这方面最有代表性的例证是富布赖特计划。1946 年 6 月，美国国会通过了参议员威廉·富布赖特提出的《富布赖特法案》，把在国外出售战时剩余物资所得到的钱款作为奖学金，提供给国外优秀学生，吸引他们到美国学习、访问和研究，其资助对象以文化精英为主，包括大学生、教师、作家、学者、学生团体成员。“奖学金的重点应放在青年身上，主要用于人文学科方面……外国留学生在美国机构学习时，应加深对民主制度的认识……这种学习应从属于美国外交政策的总目的。”① 该项目的申请有着严格规范的程序和要求，申请者一般都是各个国家的知识精英，其目标是进行美国国家利益的长远投资，培养具有亲美意识的国家领导人或某一领域的带头人。在他们看来，获得这一奖学金本身，就为其以后成为国际或地区带头人提供了基础。而当这些奖学金资助者成为国家领导人后，自然会成为美国价值观的信奉者、宣传者、践行者。正如美国前国务卿鲍威尔所言：“我们骄傲地看到，美国高质量的高等教育吸引了来自世界各地的学生和学者，这些学生和学者用他们的学术能力和文化多样性丰富了我们社会的同时，他们带着对美国深入的了解回到自己的国家，通常一直保持着对美国的热爱。对于美国来说，没有什么财富能比这些在美国接受教育的未来世界领导人更为珍贵。”② 到 20 世纪 80 年代末，全球已有 140 多个国家和地区的 25 万人获得过资助。曾任负责对外文化关系工作的助理国务卿

---

① 弗兰克·宁柯维奇. 美国对外文化关系的历史轨迹［J］. 钱存学，译. 编译参考，1991（8）：56-64.

② 栗高燕. 中美教育交流的推进［M］. 济南：山东教育出版社，2010：299.

威廉·本顿直言不讳地说："从长远看，培养外国留学生是一种最有前景、一本万利的推销美国思想文化的有效方式。"① 为了使国外更好地了解美国，促进美国文化在世界各地的传播，美国新闻署设立了"国际访问者项目"，每年从世界各地邀请5000名以上知识精英到美国进行学术、思想交流，亲身体验美国的社会制度与思想文化。通过这种活动，强化了这些人的美国意识，培养了一批对美国"亲善""感恩"的政治精英和文化精英，回国后自然成为美国文化信奉者和传播者，使美国的意识形态得以在这些国家生长并蔓延，为美国国家利益的实现寻找到了代言人。美国还在夏威夷大学设立了东西方文化交流中心，通过共同研究和培训的途径来加强美国和亚太国家间的联系。美国福特基金会从1988年1月到2001年9月，在中国资助金额高达1.28亿美元，设立项目包括人权与社会公正、治理和公共政策、教育与文化、国际事务等，其背后的目标是培养为他们服务的"西化精英"，进而影响中国决策。美国还通过"美国国家民主基金会"（NED）频繁资助中国的"民运""藏独""东突"等各种反华势力，控制中国的某些社会活动家，干涉中国内政，在中国制造政治动荡和分裂，其"和平演变"中国的本质昭然若揭。此外，美国还通过"和平志愿者项目"等实施对外文化援助，把本国的传教士、教师、医生等派遣到国外进行志愿服务，还向国外大量捐赠有关美国政治、经济、历史、文化、对外政策等方面的图书。通过这些文化扩张活动，传播和宣扬美国的意识形态。

3. 利用现代传媒传播西方文化和价值观

媒体是文化传播的有效载体，自然是不同意识形态争夺的阵地，也是文化霸权主义的重要工具。在中国近代史上，利用创办报刊、翻译书籍等宣传殖民主义奴化思想、麻痹中国人民斗志，俘获和控制中国官员与知识分子，是西方列强一贯的做法，也是其文化渗透的重要方式。据统计，从19世纪40到90年代，西方列强打着教会或传教士的名义，在中国先后创办了近170种中、外文报刊，占到当时中国报刊总数的95%；以此来宣传西方文化，为其侵略行径进行辩护。美国作为全球传媒最发达的国家，其

① 金元浦. 美国政府的文化外交及其特点［J］. 国外理论动态，2005（4）：33-36.

媒体覆盖了地球的各个角落。美国哥伦比亚广播公司、美国广播公司和美国有线电视新闻网等媒体发布的信息超过世界上其他国家所发布信息总量的100倍，《华盛顿邮报》《时代周刊》《新闻周刊》几乎垄断了国际新闻的来源，成为世界许多国家相关部门的必定报刊，成为美国文化霸权的有力工具。早在1942年2月，美国就开通了“美国之音”广播电台，其后，美国政府先后设立了“自由欧洲电台”“自由电台”，创立了美联社和合众国际社，宣传美国文化和对外政策，扩大美国的影响，帮助各国人民了解美国的价值观，增强其他国家人民对美国文化的了解和认同。自由亚洲电台开设了专门针对中国的栏目，利用人权、环境、腐败等话题抹黑攻击中国，把问题的根源归咎为中国的社会制度，企图从根本上动摇人们对社会主义的信仰，进而颠覆中国政权。

随着信息技术的发展，互联网等新兴媒体成为现代传播的重要方式。目前网络已经渗透到我们生活的方方面面，成为日常生活和工作不可分割的组成部分，极大地改变了人们的生活方式，让不同地域的人民可以随时超越时空进行交流，人类真正进入了“天涯若比邻”时代。互联网的发展不仅是文化传播手段的革命性变革，也开辟了一个全新的文化领域。互联网诞生于美国，美国利用其拥有的互联网先发优势，成为互联网规则的创立者和设计者。美国拥有世界上最先进的互联网技术，互联网自然成为美国对外文化渗透的工具。目前，美国利用其技术优势，把控了国际互联网13台域名根服务器，且不顾世界各国的强烈反对，宣布美国商务部将无限期保留对13台域名根服务器的管理权。这样，全球大部分国家的网络信息传播必须绕道美国，并依赖于美国服务器的正常使用，一旦相应的服务器受到限制或破坏，这些国家的网络就会出现瘫痪。如此就事实上控制了互联网的生杀大权。美国拥有全球3000多家大型数据库的70%，访问量居前的100个网络站点有90多个设在美国。其文化占据了网上信息资源80%以上，也就是说，凭借其经济和科技优势，美国垄断了世界大部分信息的发布权，人们一进入互联网，就进入了美国文化圈的包围之中。正如美国前商务部官员戴维·罗特科普夫所言，对美国来说，信息时代对外政策的一个主要目标必须是在世界的信息传播战中取得胜利，像英国一度在海上居支配地位那样支配电波。“美国人必须向全世界推行其价值观，而利用信息时代的工具可能是扩展美国利益的最和平有效的方式。”① 美国在互联网上牢牢占据着文化输出者位置，这种信息的单向传播不仅破坏了文化生态的多样性，也给发展中国家的政治安全和经济安全构成威胁。阿尔温·托夫勒早就指出：“世界已经离开了暴力和金钱控制的时代，而未来世界政治的魔方将控制在拥有信息强权人的手里，他们会利用手中掌握的网络控制权、信息发布权，利用英语这种强大的文化语言优势，达到暴力金钱无法征服的目的。”②

三、文化霸权主义对高校文化安全的危害

文化是民族的血脉，是人民的精神家园。中华民族在漫长的历史岁月中，创造了灿烂辉煌的中华文化，包括天下兴亡、匹夫有责的家国情怀，仁爱共济、立己达人的社会关爱，正心笃志、崇德弘毅的人格修养，自强不息、厚德载物的入世信念，民胞物与、天下大同的社会理想，这些传统文化的精华构成了民族精神的重要载体和精神源泉，形成了中华民族的精神家园，是中华民族特有的精神标识和符号，也是民族凝聚力的源泉和民族认同的基础。正如学者潘一禾所言，“传统文化资源是一个国家和民族的文化基因库和精神家园，是一个民族进步和发展的物质根据地和创新动力源……一个国家的文化传统如果既强盛又安全，就可能由此形成一个国家和民族的强大的内部凝聚力和文化认同感，由这种认同感和凝聚力所形成的安全屏障也可以促进和提高国家整体的安全度和国际知名度，为国家赢得良好的周边环境和国际舞台发言权。”③ 中华优秀传统文化是中华民族安身立命的精神家园，是民族团结奋进、战胜困难的精神支柱，是民族生

① 罗斯科普夫. 是对文化帝国主义的赞美吗？[J]. 杜丁丁，译. 现代外国哲学社会科学文摘，1999 (4)：41-43.

② 阿尔温·托夫勒. 权力变移 [M]. 周敦仁，等译. 成都：四川人民出版社，1991：105.

③ 潘一禾. 文化安全 [M]. 杭州：浙江大学出版社，2007：85-86.

命力、凝聚力、创造力的源头活水。作为一个拥有56个民族的多民族国家，多民族兄弟为什么能做到肝胆相照、荣辱与共、同舟共济、和谐相处，背后隐性的强大力量就是我们有着强烈的文化认同，我们都是炎黄子孙、我们都是中国人。"在文化软实力中，文化认同最基础、最关键，它直接关系到一个国家的文化安全乃至国家安全。文化认同，尤其是对外来文化的认同，足以瓦解一个国家的政治认同进而瓦解其政治制度，也足以瓦解一个民族的社会认同进而冲淡民族的凝聚力。"① 文化是民族精神的核心，一个民族如果失掉自己独有的文化传统、生活方式和价值体系，其生命必然走向衰竭；一种文化如果失去其民族性，那么就失去了作为独立文化形态的存在。通过文化渗透影响其他国家人民对本民族文化的认同，是文化霸权主义的重要目标。东欧剧变以及拉美国家出现的混乱，与美国等西方国家实施的文化帝国主义策略有不可分割的关系。在亨廷顿看来，由于割断了传统与现代的关系，非欧美国家现代化进程中的全盘西化会导致出现"文化精神分裂症"，使民族国家出现文化认同的危机。"西方文明与其他文明的不同之处，不在于发展方式的不同，而在于它的价值观和体制的独特性。这些特性包括最为显著的基督教、多元主义、个人主义和法制，它们使得西方能够创造现代性，在全球范围内扩张，并成为其他社会羡慕的目标。"②

西方国家推行文化霸权主义的目的就是试图把自己所谓自由、民主、平等、人权等观念推广到全球，把自己的社会制度、价值观强加给发展中国家，通过文化渗透和文化扩张对这些国家的人民进行文化控制，逐步改变这些国家民众的政治信仰和价值观，瓦解这些国家政府的执政基础，促使其向着美国政府希望的方向发展，进而成为美国的附庸，让美国成为世界的老大，充当世界的领导。

大学生是祖国的未来，也是国家希望之所在，肩负着建设社会主义现

① 秦宣. 分化与整合——社会转型期的思想政治教育研究［M］. 北京：中国人民大学出版社，2017：26.

② 塞缪尔·亨廷顿. 文明的冲突与世界秩序的重建［M］. 周琪，刘绯，张立平，等译. 北京：新华出版社，2010：287.

代化强国的神圣使命。青年时期也是世界观、人生观的形成时期，易受周围环境的影响。高校作为中西文化交汇的前沿阵地，自然成为西方进行文化渗透活动的重要场所。具体表现在：

（一）历史虚无主义思潮颠覆了青年大学生对民族精神的认知

民族精神是民族的血脉，是一个民族的精神家园，而民族精神就蕴含在民族的历史文化长河之中，要对当代大学生进行民族精神教育，首要途径就是让他们了解自己民族的历史。历史虚无主义思潮以“学术研究”“重写历史”的面目出现，他们否定近代中国历史上的革命行为，认为每次革命都造成社会生产的大规模破坏，认为改良比革命好，进而抬高洋务运动，贬低戊戌变法，抬高清廷的“新政”，贬抑辛亥革命、五四运动和中国共产党领导的革命运动。这样，从鸦片战争到新中国成立的历史，以及之后因革命而走上社会主义道路并获得伟大成就的历史，就从根本上被否定了。他们打着“还原历史真相”的旗子，借机解构或否定党和国家领袖、中国革命性质及意义、社会发展道路选择等。历史虚无主义思潮不仅以学术研究的面貌出现，而且以文艺作品特别是历史题材影视作品的形式展示给广大受众，在部分青年学生中造成了严重的思想混乱，仿佛过去接受的历史教育是假的，中国人民选择马克思主义、走中国特色社会主义是“历史的误区”。其最终目的是消解主流意识形态，否定中国人民对当代道路的历史选择。

（二）消费主义思潮扭曲了青年大学生的人生追求

消费主义是一种为了消费而消费的文化意识形态，是一种盲目崇拜、过度追求物质占有和消费的思想观念及行为。它颠覆了传统的把消费仅仅理解为满足实际需要的行为，是20世纪二三十年代在美国流行的一种生活方式和价值观念，随着经济全球化渗入世界的各个角落。消费主义实质上是一种利己主义，它主张以自我为中心，追求个人物欲的实现和满足。在消费主义看来，消费的目的不是实际需求的满足，而是不断追求被制造出来、被刺激起来的欲望的满足。市场经济和感性时代的到来，为消费主义在中国的盛行提供了社会基础；网络购物和便利的现代物流，为消费主义的实现提供了技术支持；当今大学生多是独生子女，家庭优越的条件为他们提供了比较坚实的消费基础。消费主义思潮在大学校园的蔓延，会形成消费至上、享乐至上的错误观念，侵蚀青年学子的人生观、价值观，部分学生把追求时尚、前卫、流行、名牌作为自己的人生理想。导致理想信念淡薄，道德素质下滑，享乐主义盛行，相互攀比成风，甚至为了欲望的满足走上犯罪的深渊。

（三）普世价值思潮冲击和挑战我国的主流意识形态安全

普世价值作为一种思潮始于20世纪90年代，缘起于宗教学和伦理学领域倡导的全球伦理、世界伦理、普遍伦理。普世价值思潮鼓吹西方的民主、自由、人权、公平、正义、平等、博爱等是全世界普遍适用的价值观。他们认为，解放思想就是要确立普世价值，我国的改革开放，无论是政治、经济、文化方面的变革，都要以普世价值为尺度，与西方国家所倡导的民主、宪政观念接轨。在普世价值面前，没有必要区分姓资还是姓社。普世价值思潮的哲学基础是抽象的人性论，他们离开人的社会性和阶级性抽象地谈论人的普遍的、共同的本质，进而将西方所谓的民主、自由、人权、爱、理性及相应的制度捧为人类文明的主流和最终成果。其实质是淡化意识形态或去意识形态，以普世为名进行文化扩张，以西方资产阶级价值观消解马克思主义在意识形态领域的指导地位。普世价值论打着普世、人类利益、共同价值这些中立的幌子，披着学术的外衣，通过渗透性的非政府组织潜移默化地影响在校大学生。他们利用现实生活中存在的一些现实问题及群众的不满，竭力向青年学生兜售西方的价值观及政治制度，其蒙蔽性、欺骗性值得高度关注。

（四）民主社会主义思潮误导青年学子对科学社会主义的认知

民主社会主义起源于19世纪初的西欧，是西方国家社会民主党的思想体系和意识形态。在民主社会主义看来，真正的社会主义既不是资本主义，也不是传统的社会主义，而是一种社会公正、生活美好、自由与世界和平的制度。民主社会主义推崇民主的价值，主张用民主而非暴力的方式实现社会主义，希望在不触动现存资本主义统治的条件下通过改良的方式，渐进地、和平地过渡到社会主义，其实质是资产阶级改良主义。在指导思想上，民主社会主义思潮持多元化立场，反对马克思主义一元化领导；在政治上，主张宪政民主和三权分立、多党轮流执政；经济方面，认为所有制不是社会主义的标志，赞成混合所有制经济；社会建设方面，主张完善社会保障和提高社会福利，把这看成是实现社会主义的一个重要内容，也正是在这方面一些西方国家的成功，在20世纪后半叶扩大了民主社会主义的影响，包括在当时的苏联和东欧国家，迷惑了不少信众。民主社会主义反对马克思主义的科学社会主义，主张"第三条道路"，反对根据马克思主义建立起来的社会主义制度，对此必须引起高度警惕。

（五）后现代主义思潮消解了青年大学生的意志品性

后现代主义思潮是指20世纪60年代以来整个西方以反传统为特征的社会思潮和文化思潮，它涉及文学、艺术、语言、历史、哲学等诸多领域，是后现代社会时代的产物，是对现代哲学与精神价值取向进行批判和解构的一套理论，其理论核心是反理性主义。后现代主义在观念上表现为反传统、反权威、反规矩、反理性；在行为特征上表现为追求时髦、玩世不恭、强调自由、不愿拘束；在心理特征方面表现为追求舒适、寻找感觉、内心焦躁、容易发泄。在日常生活中，后现代主义有众多"无厘头"式的表现：喜欢自由自在、天马行空、藐视权威、看淡功利、追求享受；讲派头、打扮怪异、故作幽默、盲目追星、沉湎网络游戏；不在乎别人的看法，没有年龄感，对喜欢的东西不计较价钱，喜欢追新幻想，思维具有跳跃性。由于后现代主义是一种建立在西方工业文明和富裕土壤基础上的衍生物，它不考虑历史，只关注现实，把放纵与享乐作为人生的首要追求，其理论带有强烈的否定主义、虚无主义色彩，对青年大学生的信念、意志和品质会产生严重的负面影响，对高校的民族精神教育形成强烈冲击。

四、高校应对文化霸权主义的对策

习近平总书记指出："贯彻落实总体国家安全观，必须既重视外部安全，又重视内部安全。"① 作为从事文化生产和人才培养的高校，我们提出文化安全面临的外来威胁，并不等于我们思想僵化、故步自封，想回到闭关自守的老路上去。我们主张对文化霸权主义要保持高度警惕，正是为了做到"安而不忘危，存而不忘亡，治而不忘乱"，不断增强中华民族的文化软实力，更好地推进社会主义的先进文化建设，培养更多社会需要的合格接班人。

（一）充分认识文化安全的重要性，加强大学生文化安全教育

习近平总书记2013年8月19日在全国宣传思想工作会议上指出："历史和现实反复证明，能否做好意识形态工作，事关党的前途命运，事关国家长治久安，事关民族凝聚力和向心力。"② 时至今日，许多人依旧认为，文化安全是无关紧要、可有可无的事情，不会影响到日常生活，更不会危及国家安危，淡化意识形态的现象具有一定的普遍性。虽然日常工作中非常强调马克思主义的指导地位，但重视力度不够，满足于做表面文章。这与我国目前面临的文化安全环境和现状极不相称，对此必须有高度的警觉。青年师生是敌对势力对我进行渗透分化的重点人群，高校是意识形态工作的前沿阵地，应坚持课堂讲授有纪律，用马克思主义占领课堂主阵地；打造以马克思主义为指导的教材体系，为壮大主流意识形态提供坚实支撑；不断加强高校哲学社会科学报告会、研讨会、讲座、论坛等宣传阵地管理，不给错误言论以传播渠道。高等院校必须树立文化安全人人有责

---

① 中央党史和文献研究院. 习近平关于总体国家安全观论述摘［M］. 北京：中央文献出版社，2018：4.

② 中央党史和文献研究院. 习近平关于总体国家安全观论述摘［M］. 北京：中央文献出版社，2018：99.

的意识，加强对大学生文化安全意识教育，把文化安全教育贯穿在高等教育的全过程。

（二）加强文化认同教育，培养大学生对民族优秀传统的热爱之情

民族文化传统是一个国家、民族生生不息的精神血脉。西方国家进行文化侵略和文化渗透的常用手法，就是通过各种途径破坏他们的共同理想和精神支柱，使他国人民放弃自己的文化传统和价值观，转而信奉他们所宣扬的价值观。改革开放以来，西方各种文化思潮在中国广泛传播，其中的历史虚无主义思潮对高校师生产生严重影响。它“以否定中国革命史为核心主张，通过多种手法否定和歪曲新民主主义革命史、社会主义发展史和中国共产党的历史，为全盘西化寻找历史依据。”① 它消解主流意识形态建设的历史根基，进而动摇共产党执政的合法性，成为敌对势力瓦解中国的思想武器。因此，加强大学生的民族历史文化教育，培养他们对民族优秀文化的敬仰之心和崇敬之情，增强他们对民族文化的自信心和自豪感，这才是防御外来文化侵入的根本之道。正如列宁所说：“无产阶级文化并不是从天上掉下来的，也不是那些自命为无产阶级文化专家的人杜撰出来的。如果认为是这样，那完全是胡说。无产阶级文化应当是人类在资本主义社会、地主社会和官僚社会压迫下创造出来的全部知识合乎规律的发展。”② 为此，教育部2014年3月26日专门下发了《完善中华优秀传统文化教育指导纲要》，明确提出：“大学阶段以提高学生对中华优秀传统文化的自主学习和探究能力为重点，培养学生的文化创新意识，增强学生传承弘扬中华优秀传统文化的责任感和使命感。深入学习中国古代思想文化的重要典籍，理解中华优秀传统文化的精髓，强化学生文化主体意识和文化创新意识；深刻认识中华优秀传统文化是中国特色社会主义植根的沃土，辩证看待中华优秀传统文化的当代价值，正确把握中华优秀传统文化与中国化马克思主义、社会主义核心价值观的关系。引导学生完善人格修养，

---

① 王燕文. 社会思潮怎么看［M］. 南京：江苏人民出版社，2015：172-173.

② 列宁. 列宁选集：第4卷［M］. 北京：人民出版社，1995：348.

关心国家命运，自觉把个人理想和国家梦想、个人价值与国家发展结合起来，坚定为实现中华民族伟大复兴的中国梦不懈奋斗的理想信念。”“对中国人民和中华民族的优秀文化和光荣历史，要加大正面宣传力度，而且要经常讲、反复讲。要通过学校教育、理论研究、历史研究、影视作品、文学作品等多种形式，加强爱国主义、社会主义、集体主义教育”①。

（三）提高大学生对各种社会思潮的辨析能力

当代社会思潮多种多样，而且随着社会生活的变迁处在不断地演变之中，不断地翻新着花样、变换着手法，以图占领青年大学生这块阵地。当代社会思潮虽与现实生活有着密切关联，但其理论基础大多源自西方，而西方思想学说是西方资产阶级价值观及利益的体现。其中新自由主义作为经济制度在观念层面的反映，对意识形态领域的影响最大。它在经济领域倡导全面私有化及绝对自由化，政治上反对社会主义、集体主义以及公有制。虽然西方资产阶级把他们所主张的自由、民主、平等、公平、正义、博爱宣称为超阶级、超国家、超民族的普世真理，并通过多种途径极力向其他国家兜售，但只要仔细进行辨析，不难发现其背后的险恶用心。以美国为首的西方国家时时处处企图西化、分化、瓦解中国，当代大学生只有不断提高自己对待错综复杂事物的辨别能力，才能增强民族自信心和自豪感，才能在各种思潮冲击面前把民族精神践行落到实处。

（四）培育大学生的责任意识和担当情怀

责任与担当，既是中国传统文化的优秀品质，也是构成中华民族精神的重要元素，是新时期践行民族精神对当代大学生提出的内在要求。青年是祖国的未来，是社会主义现代化建设的接班人。青年兴则国家兴，青年强则国家强。因此当代大学生必须具有责任意识和担当情怀，自觉地将个人追求与国家民族利益结合起来，时时抱有位卑未敢忘忧国的忧患意识，

① 中央党史和文献研究院. 习近平关于总体国家安全观论述摘［M］. 北京：中央文献出版社，2018：107-108.

才能不辜负党和人民的重托。习近平总书记2014年5月4日在北京大学师生座谈会上的讲话中指出："广大青年对五四运动的最好纪念，就是在党的领导下，勇做走在时代前列的奋进者、开拓者、奉献者，以执着的信念、优良的品德、丰富的知识、过硬的本领，同全国各族人民一道，担负起历史重任，让五四精神放射出更加夺目的时代光芒……建设富强民主文明和谐的社会主义现代化国家，是我们的目标，也是我们的责任，是我们对中华民族的责任，对前人的责任，对后人的责任。"① 习近平总书记希望青年学子要在勤学、修德、明辨、笃行方面狠下功夫，这既是对当代大学生的殷切期望，也为新时期大学生的成长指明了路径。这种责任和担当意识，就是源于对自己国家和民族发自内心深深的挚爱，对中国特色社会主义道路的坚强自信，只有如此，才能完成党和人民赋予的历史重托，成为社会主义事业的合格建设者和可靠接班人。

（五）加强文化创新能力培育

随着改革开放的深入，各民族的文化交往和交流会日趋频繁，这是符合历史发展和社会进步潮流的。既然是交流，就是互动的、多维的，总要发生相互作用和相互影响，其间难免产生不同文化的碰撞和交融，这是情理之中的事情，在某种意义上也是必要的和有益的，它是文化发展的内在规律。没有这种交融，就没有中国特色社会主义新文化的健康发展。文化的发展也和其他事物一样，其动力无非是来自内外两个方面。我们之所以在文化交往中始终怀着防御之心、忧虑之情，重要的原因是我们的文化创新力不足，对内不能满足人民群众日益增长的精神文化需要，对外在文化竞争和交流中缺乏自信。缺乏创新力导致民族文化在外来文化侵袭面前抵抗力衰减，对内则表现为缺乏活力，凝聚力和吸引力不足。任何问题的产生和出现，都是内外因交互作用的结果。表面上看，西方国家的文化渗透与和平演变是我国文化安全面临的主要威胁；深层次思考，我们自身文化

① 习近平. 青年要自觉践行社会主义核心价值观——在北京大学师生座谈会上的讲话（2014年5月4日）［N］. 光明日报，2014-05-05，02版.

建设领域存在不足和问题，才是西方西化图谋在某些地方、某些条件下能够得逞的原因。而最根本的，是我们的文化创新力不足、竞争力不强。“文化创新力不仅是国家创新力的重要组成部分，而且是国家创新力的核心和灵魂。”① 文化创新包括文化内容创新、文化形式创新、文化媒介创新、文化生产方式创新、文化体制机制创新等，而其核心是文化内容创新，包括知识创新、理论创新、思想创新、观念创新、审美创新。只有加强文化创新，才能从根本上抵御西方的文化扩张态势，筑牢民族文化安全的堤坝。为此，高校师生必须树立责任意识、战略意识、全局意识、世界意识，把创新思维贯穿在各项工作的始终。

① 杨吉华. 文化的创新［M］. 北京：人民日报出版社，2013：147.

第三章　网络文化与高校文化安全

随着时代发展和科技进步，互联网已经成为人们生活不可分割的组成部分，互联网与人类文化的交融，产生了一种新的文化形态——网络文化，它是以计算机和通信技术的相互融合作为物质基础，以发送和接收信息为核心的一种新的文化形态。“互联网的迅猛发展，深刻改变着舆论生成方式和传播方式，给不同文化和价值观念交流交融交锋带来前所未有的影响。现在，意识形态领域许多新情况新问题往往因网而生、因网而增，许多错误思潮也都以网络为温床生成发酵，互联网已成为意识形态斗争的主战场。”① 习近平总书记 2016 年 4 月 19 日在网络安全和信息化工作座谈会上指出，“网络空间是亿万民众共同的精神家园。网络空间天朗气清、生态良好，符合人民利益。网络空间乌烟瘴气、生态恶化，不符合人民利益。谁都不愿生活在一个充斥着虚假、诈骗、攻击、谩骂、恐怖、色情、暴力的空间。互联网不是法外之地。利用网络鼓吹推翻国家政权，煽动宗教极端主义，宣扬民族分裂思想，教唆暴力恐怖活动，等等，这样的行为要坚决制止和打击，决不能任其大行其道。”② 2019 年 1 月 25 日，中共中央政治局就全媒体时代和媒体融合发展举行第十二次集体学习，习近平总书记在主持学习时强调，推动媒体融合发展、建设全媒体成为我们面临的

---

① 中共中央宣传部. 习近平新时代中国特色社会主义思想学习纲要［M］. 北京：学习出版社，2019：150-151.

② 中央党史和文献研究院. 习近平关于总体国家安全观论述摘编［M］. 北京：中央文献出版社，2018：171.

一项紧迫课题。全程媒体，意思是一个事件从发生到结束，无时无刻不处在传播的链条中，或者说随时都可以变成一个公众信息，以前还可以“捂”，现在根本藏不住；全息媒体，意思是传播的呈现形式愈加多元，图文、视频、游戏、AR 等等，给用户的阅读体验也是各取所需，新闻的呈现更为立体。同时，在物联网、人工智能、云技术等新技术的推动下，万物皆媒的时代到来；全员媒体，意思是人人都有麦克风，一个手机就能构成一个传播平台，看看现在这么多自媒体就知道了；全效媒体，意思是媒体越来越分众化，用户画像越来越清晰，以往新闻传播你只知道播出了、发行了，却不知道谁看了你的报道，反响怎样，这叫非全效传播，现在你可以利用大数据清楚知道谁是你的受众，传播更精准、更有效率。全媒体时代的到来促使我们必须认真对待网络文化对高校文化安全的影响，为高校的文化安全把好方向。现阶段，意识形态领域许多新情况、新问题往往因网而生、因网而增，许多错误思潮也都以网络为温床生成发酵。从“阿拉伯之春”“占领华尔街”到“香港占中运动”等重大国际事件中，不难看出网络媒体对时空屏障的消解，以及对现实生活产生的巨大影响。高校网络文化建设事关大学生思想引领和意识形态安全，事关社会主义办学方向，必须引起我们高度重视。

一、网络文化的内涵与特点

（一）网络文化的内涵

网络文化是在计算机、移动媒体等网络传播和人际双向交流中形成的符号系统，既包括借助网络媒介传输的文化（如新闻、学术、商业、艺术等），也包括在网络传播中生成的文化（如网络文学、网络视频、网络游戏、网络绘画等）。网络文化在当今时代扮演着重要的文化角色，网络文化的影响深刻地展现在社会的各个角落，当今时代的人们，无不处在网络文化的影响和塑造之下。统计数据表明，截至 2020 年 3 月，我国网民规模达 9.04 亿，较 2018 年年底增长 7508 万；互联网普及率达 64.5%，较 2018

年年底提升 4.9 个百分点。截至 2020 年 3 月，我国手机网民规模达 8.97 亿，较 2018 年年底增长 7992 万；我国网民使用手机上网的比例达 99.3%，较 2018 年年底提升 0.7 个百分点。截至 2020 年 3 月，我国网民使用电视上网的比例为 32.0%，使用台式电脑、笔记本电脑、平板电脑上网的比例分别为 42.7%、35.1%和 29.0%。① 青年是网络文化的参与主体和受众主体，是生活在“互联”和“移动”中的网络“原住民”和“常驻民”，青年作家的名字也经常出现在网络作家富豪榜的榜首，网络文化很大程度上就是青年文化。

网络文化产生于特定的网络空间，并以互联网的形式和特定的大众传媒为载体进行传播，这是网络文化产生的根源。从这个角度上来讲，网络文化的产生，不以人的主观意志为转移，而是在互联网上营造一定的文化氛围而产生的。网络文化在其产生的过程中，以虚拟现实性为基础，换言之，网络文化很多时候都不是真实的，而是以一定的虚构或者人们一定的主观意见为基础而产生并不断发展的，这是网络文化的根本特点。网络文化在其产生的过程中，往往以大众的主观价值偏向为基础，人们的主观价值观构成了网络文化的基础。当人们主流的价值观形成一定的文化氛围，网络文化就应运而生了。网络文本的界面形态表现在网络文本具有多媒体共享的动态特点，有着超文本性。“超文本”（hypertext）指的是一种分叉的、允许读者选择的、最好在交互屏幕上阅读的文本。超文本不再遵循纸张赋予文本的整齐划一的形式，而是跳跃着、游动着，像一个幽灵一样穿梭于人的心灵，不断激发网民的行动和参与。更为重要的是，网络界面是一个虚拟化和互动性的言说主体发布信息的传播平台，具有强烈的狂欢化特征。在虚拟化、匿名身份的“面具”的保护下，具有强烈互动性的网络传播将人们带入了一个自由、狂放的虚拟世界，网络世界里只有众神，没有上帝，弥漫着一种类似巴赫金所说的“狂欢式的世界感受”，具有狂欢化色彩。与日常生活不同，狂欢化的网络生活暂时取消了一切等级、权

① CNNIC：2020 年第 45 次中国互联网络发展状况统计报告-城乡网民规模［EB/OL］. 中文互联网数据资讯网，2020-05-11.

力、差别、隔阂和禁锢，其主要特点是无等级性、大众性、宣泄性、颠覆性、坚持对话、崇尚变革。网络的狂欢化意味着自由和平等，拒绝权威，意味着对日常生活的娱乐、冒犯和颠覆。这种虚拟广场在赋予人们权力的同时，也容易赋予个体一种“主人翁”的幻觉，也可能使网民失去理性思考的过程。

（二）网络文化的特点

高校网络文化是校园文化在网络化条件下所形成的一种崭新的文化形态，整体上呈现着多元性、互动性等特点，它以不同形态不断涌现，现已成为当前高校思想政治教育不可或缺的载体和阵地，发挥着思想引导、舆论宣传和氛围营造等功能。① 高校网络文化具有网络文化的一般特点，又不同于一般的网络文化，它主要反映有关高校的各种信息，其文化品位高、学术色彩浓，庸俗低级的东西相对较少。认识高校网络文化，就必须从网络文化的这种虚拟现实性出发，这是网络文化最基本的特点。也是我们分析网络文化对高校文化安全影响的必由途径。此外，网络信息的数字化及其传播的复合性特征，决定高校网络文化具有与其他类型文化所不同的特点，主要体现在四个方面。

1. 网络文化是一种虚拟文化

虚拟性是网络文化的重要特征。在网络空间里，人们可以用文字或图片虚构出一个现实空间，里面有学校、商店、医院、街道、社区以及各色人等。在虚拟空间里，网络技术使人变成电脑上的一个符号，任何人都可以以任意的名字、任意的性别，构造一个匿名的、虚构的身份，甚至一人担任多重的角色来参与到网络文化中来，运用文字来同其他人进行文化交流，开展活动，发生各种关系。虚拟并不等于虚无，它以现实的物理空间为基础，是网络条件下人类主观能动性的表现。高校网络文化的虚拟性就是将大学的教育教学实践活动和大学生的学习、生活、交往等活动转移到

① 冯刚. 新形势下推动高校网络文化建设的思考与实践［J］. 思想教育研究，2015（8）：3-5，29.

以校园网络为基础的“赛博空间”，连接起实体的现实与创造的现实，形成虚拟校园环境下新的交往规则和交往方式，从而改变了大学生的认识与思维方式。值得注意的是，网络文化并没有创造出新的文化，而只是将原文化通过网络途径传播出去，用互不见面通过网络间接的“人机交流”代替了传统面对面的直接的“人际交流”，它是在原有文化的基础上发展演变出的一种文化现象。正因为如此，高校网络文化尽管本质上具有虚拟性，但它是以现实为基础的，是现实世界中校园文化的反映。离开了现实的校园文化，它就不可能存在。①

2. 网络文化是一种交互性文化

一方面，网络用户可以随时随地在网络上获取自己需要的信息；另一方面，又可以随时对各种网络信息做出评价和反馈，网络用户兼具作者与读者双向属性，两者身份随时可以交换。“网络时代的文化核心就是互动”。② 在网络文化中，传播者和受众都是平等的互动的文化参与者，作者与读者的界限不再清晰，大家都在平等地参与文化互动，没有身份和地位的高低之分。网上相互交流是网络文化最基本的活动形式，是利用媒介实现信息的相互传播。通过校园企业微信、微信工作群、BBS、QQ、MSN、聊天室、E-mail 等开放式交互场所，实现网上一对一、一对多的在线即时对话与讨论。网络交流过程中，交流者不再局限于一对一的关系。网上的非实时匿名公共留言区，是自由言论的场所。与传统的社会交往方式不同，网络技术突破了传统意义上的等级观念、时空隔阂和媒体局限，在网络环境中可以不考虑诸如社会地位、经济条件、文化层次等方面的差异性，通过亿计的窗口屏幕同不同国家、不同种族、不同行业的人们自由平等地交流沟通，从而给网络参与者带来了现实生活中难以实现的平等性。同时，网络资源共享的价值理念使进入校园网络系统的任何人都可以超越现实生活中的种种限制而共享丰富多彩的信息资源，从而使高校网络文化

---

① 冯刚、柯文进. 高校校园文化研究［M］. 北京：中国书籍出版社，2011：234-235.

② 唐·泰普斯科特. 数字化成长：网络世代的崛起［M］. 陈晓开，袁世佩，译. 大连：东北财经大学出版社，1999：111.

成为一种大众化的校园文化。① 这使得高校网络文化的交互性无可比拟。

3. 网络文化是一种开放型文化

网络文化是信息时代的特殊文化，是人类社会发展到信息社会的产物。与传统的文化资源相比，网络文化资源具有信息交流的无中心性特征，它给每个参与者提供了自由平等交流的机会，打破了千百年来历史上以不同形式存在的文化资源垄断现象，是人类文化史上的革命性变革。它没有中心，没有任何一个力量可以绝对地统治网络，也没有单一的权力机构对它负责。在网络这个开放的文化空间里，为人们提供了获取和发布信息的广阔空间。各种信息资源可以无限期使用，也可以多人同时使用。只要你懂一点上网技术，有一点文化基础，便能在网络文化的天空里自由遨游。网络文化的开放性使之超越了民族地域的局限，具有全球共享的特质。任何人在任何地方都可以做到网络资源共享，可以在网络上找到自己需要的有用的大量资料。任何一个人在网上都可以随意地点击各种网络信息资源，和世界各地的网友自由交流。网络文化的开放性，注定了任何一件事，只要在网络上已经发布，其影响就超出了个人的控制范围，就可以迅速地在全球传播。网络社会中，人人都能成为信息的生产者、传播者和获取者。到目前为止，没有任何一个媒体可以像互联网一样，不受任何限制地在全世界范围内快速发布信息，把现实世界的东西上传到网络上，也没有任何一种工具像互联网一样，能迅速即时准确传输网络信息到世界各地，成为共享资源，实现了现实世界与虚拟世界的交融。开放型也带来信息本身的数量庞杂、鱼目混珠、良莠不齐、真假难辨，以及信息的可控性差。一些个人或网站出于不可告人的目的，散布他人或社会的不当言论；有的组织或网站出于逐利的不良动机，发布各种暴力、色情图片或信息，从而成为社会的危险因素。

4. 网络文化是一种多元文化

网络是个信息的海洋，呈现出各种文化大交融的形态。在网络社会

① 陆伟华，张社强，陈洪涛. 全球化背景下高校网络文化建设的理论研究［J］. 思想教育研究，2009（2）：48-51.

中，形形色色的文化样式、价值观念随着网络信息的高速传递呈现在受众面前，既有经济、政治、军事、外交以及科教文卫等积极健康、向上向善的网络文化，也充满了灾难、事故、贪腐、丑闻、“人肉搜索”等负面信息的内容。网络文化有如琳琅满目、五彩纷呈的超级市场，可以满足不同品位、不同心理需求网民的需要。作为网络文化和校园文化的整合体，高校网络文化包容着不同的文化形态，且各种文化形式在竞争中多元共存。虚假信息导致的网络谣言问题、网络诈骗问题、淫秽色情信息和迷信信息的泛滥，还会导致网络舆论的“失真”“触法”“越界”和“不美”。大学生可以通过校园网自由选择古今中外的各种文化内容，既然存在着各种各样的文化形态，那么对大学生思想意识的影响也必然有好有坏。随着云计算、人工智能、物联网等新技术形态的发展，互联网在为人们提供共享信息和便利生活的同时，毫无节制的互联网自由会对原来以地缘为基础的文化认同构成冲击，个体的归属与组织方式将会成为一个新的课题。也将使文化安全问题成为关乎人类最基本生活的重要问题。技术发展趋势昭示着无论是个人生活还是社会运转将越来越多地依赖互联网，但同时意味着网络不安全将会对个人和社会带来难以估量的损失。

二、网络文化的社会功能

（一）网络文化具有信息传播功能

文化的价值只有通过传播才会实现，文化的生命力也是在传播过程中不断延续和拓展的。网络文化的出现和发展，突破了各种传统传播形式的局限，拓宽了信息传播的广度、深度和形式，打破了人类传统获取信息的模式，实现了集声音、文字、图像、评论为一体的传播方式。它既可以实现面对面传播，又可以实现点对点传播；既可以一对多，也可以多对多。这种传播将人际传播和大众传播融为一体，融合了单向传播和双向传播的特征，在总体上形成一种散布型网状传播结构。在这种传播结构中，任何一个网结都能够生产、发布信息，所有网结生产、发布的信息都能够以非线性方式流入网络之中。凭借这种技术上的优势，网络文化将信息传播的交互性和个性化特征发挥到了前所未有的程度，把社会、政治、经济、科技、文化、生活、娱乐等信息，通过网络文化传播到社会各个不同的领域，极大丰富了人们的精神世界，改变了人们的生活方式。网络文化具有传输速度快、吞吐量大的特点，由于其自身拥有储备丰富的资源库和浩瀚的信息量，大大提高了网络文化传播的有效性和及时性。

（二）网络文化具有舆论导向功能

网络文化的舆论导向功能是指网络文化通过对新闻等各种信息的选择、解释或评论，把受众的注意力集中到当前环境中最为重要的事件上去，并提出相应的解决方案和策略。网络文化可以给学生提供一个多维的发展平台，学生从中可以获悉最近发生的大事件、大主题，可以在网络上和网友沟通交流，通过吸收别人的意见，优化自己的思想，可以在网络上形成舆论的一致性，真正起到舆论导向作用。大众舆论从其形成过程上看是经过网民发表意见，思想之间相互融合达到统一，最后提出解决问题的方案或者结论的过程。所以，最后呈现出来的观点一般都是积极的、客观的。在这个过程中，可以溶解某些人的偏激思想，避免一些不良意识。另外，通过对舆论的干预和引导，可以形成一个好的社会舆论环境，对维护整个社会的稳定、促进民族团结、深化主体思想等具有重要意义。

（三）网络文化具有文化传承功能

文化传承是文化在时间上的延续、空间上的扩展和代际间的传递。人类文化与动物生存信息的最大区别表现在，文化的所有成分不能靠生物遗传而只能通过后天学习的方式来获取和延续。就每一代人来说，他们首先是文化的继承者，其次才是文化的创造者。网络文化作为新兴的大众文化，在文化传承上发挥了很大的作用。文化的传承是时代传接时一个必不可少的环节，但很多优秀文化在交接时流失。究其原因，在于有的由于没有得到广泛的传播，没有形成足够的影响力；有的缺乏优质的载体，在岁月的冲蚀下销声匿迹；有的因其内容的时代局限性，在传递过程中因为其功用性的弱化而逐渐被人淡忘。不同的历史时代，文化传承的内容、方式和路径有很大差异。从远古时期的口传身授到有不同载体的文字记录，再到今天的网络传播，折射着科学技术对文化传承的深刻影响。而网络文化以其参与者众、信息存储量大、传播便捷、影响久远等超越之前传承方式的特质，可以更好地传承和传播优秀传统文化，使各民族文化精髓得以更好地延续和光大。文化传承实质上是一种文化的再生产，是民族群体的自我完善，是权利和义务的传递，是民族意识的深层次积累。中华民族具有五千多年的文明史，创造了博大精深、辉煌灿烂的中华文明。实现中华民族的伟大复兴，不仅取决于生产力的巨大发展和物质的巨大丰富，更取决于民族文化和文明的传承与发扬。在全球化进程中，保持鲜明的文化个性，延续民族文化传统，既有利于民族国家的完整和独立，也有利于人类文明的未来发展。

（四）网络文化具有教育教化功能

网络文化的教育教化功能是指网络文化通过网络媒介对人们思想道德观念、行为方式进行引导和规范，使人们的心灵情感受到某些有伦理关切的道德规范和价值理念的引导和塑造，潜移默化地获得教化。网络文化的教育教化功能表现在两个方面：一是帮助人们提升个人的精神境界，使人的精神面貌发生深刻的转变；二是可以发挥其得天独厚的优越条件，通过对网络文化的调控和掌握，对民众进行良性的引导，向社会传达最先进的文化与理念，使之积极参与到社会精神文明建设的各项活动中。[①] 网络文化拓展了当代大学生思想政治教育的内容，提升了思想政治教育的实效性。网络承载的海量信息能够使大学生方便地获取各种知识，实现知识育人的目的。网络的虚拟环境可以使大学生体验众多的社会角色，培养他们以后在社会上不同角色应当承担的社会责任。随着大学生群体终生学习观念的形成，网络学习成为日常生活的重要组成部分。网络的开放性、便捷

---

① 冯刚、柯文进. 高校校园文化研究［M］. 北京：中国书籍出版社，2011：234-235.

性使其为大学生了解学习先进文化提供了条件，有利于大学生的自我教育和提升。

三、网络文化对高校文化安全的影响

“网络文化安全是现阶段最为严重的国家文化安全领域，集中表现在意识形态的攻击性和非意识形态的审丑性。在我国，前者主要表现为对中国共产党的领导和社会主义核心价值观的否定与颠覆，后者主要表现为对中华优秀传统文化的解构，共同构成了对我国国家文化安全的现实威胁。”① “在互联网这个战场上，我们能否顶得住、打得赢，直接关系我国意识形态安全和政权安全。”② 实现校园网络文化育人功能是加强高校思想政治工作的重要体现。2021 年 7 月 12 日，在中国共产党成立 100 周年之际，中共中央、国务院印发了《关于新时代加强和改进思想政治工作的意见》（以下简称《意见》）。《意见》指出，“加强网络思想政治工作，深入实施网络内容建设工程，加强网络传播能力建设，依法加强网络社会管理，推动思想政治工作传统优势与信息技术深度融合，使互联网这个最大变量变成事业发展的最大增量。做好各类群体的思想政治工作，开展思想政治引领行动，把广大群众团结凝聚在中国特色社会主义伟大旗帜下。”高校育人工作必须正视网络对师生的影响，主动适应网络的发展要求，积极利用网络带来的机遇，创新人才培养方式，丰富育人内容和形式，发展积极向上的网络文化，改进思想政治工作手段，着力打造一批高校网络传播平台，以内容优势赢得师生，增强高校网络文化的传播力、引导力、影响力、凝聚力和公信力，提高网络育人的成效。

网络文化在其发展的过程中，时刻关注普通大众的文化心理和诉求，并以其作为出发点和落脚点。在网络文化环境下，每一个人都不可能不受到网络文化的影响，这是网络文化带给现代人最大的现实意义。但我们对

---

① 胡惠林. 国家文化安全学［M］. 北京：清华大学出版社，2016：323.

② 中共中央党史和文献研究院. 习近平关于总体国家安全观论述摘编［M］. 北京：中央文献出版社，2018：103.

网络文化的社会价值不能过分乐观，网络文化是一把双刃剑，在带给人们自由、轻松的同时，也会使人沉湎于虚拟时空，变得懒于思考。网络在反映社会现实问题和矛盾时具有极大的催化放大作用，极易使一些简单问题复杂化、局部问题全局化、国内问题国际化，给社会治理带来挑战。网络往往成为负面舆情发酵、错误思想传播的策源地和放大器。一些外部势力通过互联网对我国进行意识形态渗透，鼓吹“网络自由”，攻击我们的社会制度和发展模式，宣传他们的价值理念。作为互联网用户中极为重要的群体，学生网民的思想政治工作是互联网工作中非常重要的组成部分。大学生正处在成长成才的关键时期，辨别是非的能力还有待加强，因此，加强网络文化建设，完善网络信息服务，维护网络意识形态安全，及时清理校园网络可能出现的不良信息，严密防范和抑制网上意识形态渗透，为学生形成正确的世界观、人生观和价值观营造良好的网络育人环境，是当下加强高校思想政治工作的当务之急。

（一）网络文化对高校文化秩序产生的不利影响

高校的文化秩序指的是师生生活于其中的文化环境。高校文化以崇尚理性、追求真理为特征，需要的是团结紧张、严肃活泼的文化环境。网络文化很多都是由网民自发自娱自乐所形成的，带有主观性、随意性、多变性，以其不可预测性、难以判断性、价值观的模糊性等构成了对高校文化安全的挑战。“随着新媒体快速发展，国际国内、线上线下、虚拟现实、体制外体制内等界限愈益模糊，构成了越来越复杂的大舆论场，更具有自发性、突发性、公开性、多元性、冲突性、匿名性、无界性、难控性等特点。”① 网络是一个开放的领域，也是一个虚拟的空间，在这里不存在现实社会中的等级、行业、地域、年龄、性别区别，大家处在一种平等、自由、直接的交流之中。这种环境容易使网民无意间形成对一切权威的藐视和对绝对自由的盲目崇拜，养成无组织无纪律观念乃至极端个人主义思

① 中央党史和文献研究院. 习近平关于总体国家安全观论述摘编［M］. 北京：中央文献出版社，2018：121-122.

想，导致价值观的多元化，淡化人们的政治信仰和追求，对主流意识形态构成冲击和消解。长期沉湎网络也容易使网民摆脱现实社会诸多道德规范、人伦观念的束缚，颠倒自己的真实角色，忘却自己的社会责任，对青年学生的道德行为产生负面影响。网络海量的信息资源使“秀才不出门，便知天下事”成为现实，为大学生提供了方便的信息获取渠道，为他们的学习和生活带来极大便利。但网络的巨大诱惑也容易使大学生沉溺其中不能自拔，长期的“人机对话”形成他们对网络的心理依赖。长期封闭在一台电脑的精神世界，脱离丰富的现实世界人际交往，导致他们的交往方式也变得“异化”，在现实中逐渐变成沉默寡言和封闭的人，进而导致“网络迷恋症”“网络孤独症”等心理健康问题的出现，轻则导致焦虑、抑郁苦闷情绪的出现，重则会导致个别学生走上轻生的不归路。大学生思想活跃、个性独立、有主见，但遇到校园中常见的学业压力、人际交往压力、就业压力等时，少数学生便选择通过网络宣泄情绪。他们正是看中网络本身的隐匿性和虚拟性，在网络发言时无所顾忌，甚至会毫无理性地谩骂和诋毁。虚拟的网络空间产生的是真实的网络行为，长期的失范行为必然使大学生的道德责任感和诚信缺失。不少学生迷恋网络并非利用网络查找相关资料、进行网络学习，而是吹牛聊天，甚至迷恋以战争、暴力、色情、凶杀为题材的网络游戏，极易导致形成冷漠、自私、无情、贪婪的性格，严重影响了他们道德行为的养成。

（二）网络文化对高校意识形态构成冲击

“网络已是当前意识形态斗争的最前沿。掌握网络意识形态主导权，就是守护国家的主权和政权。”① 以互联网为基础的新型社交媒体的出现使高校意识形态领域的工作更加复杂化。美国著名未来学家阿尔温·托夫勒曾说：谁掌握了信息，控制了网络，谁就拥有整个世界。以美国为首的西方国家从来没有放弃对我国的文化渗透，它们利用自己在信息资源上的垄

① 中央党史和文献研究院. 习近平关于总体国家安全观论述摘编［M］. 北京：中央文献出版社，2018：117.

断优势，利用网络通过多种形式对涉世不深的中国青年进行世界观、人生观、价值观渗透，灌输西方的思想观念和思维方式。他们打着“自由”“民主”“人权”等旗号，标榜西方政治制度和政治体制的合理性和优越性，借经济全球化进行政治全球化、文化全球化，妄图使社会主义中国重蹈苏联、东欧的覆辙。美国相继被曝出的“斯诺登事件”“维基解密”等网络安全事件，还从事类似“棱镜门”“方程式组织”“梯队系统”等网络监听监视行为，应该引起我们高度重视。社交媒体的多样化也使社会主义意识形态的教育环境变得更加复杂，一些网络推手为了一己之利把一些虚假、低级的事件通过夸张、编造来吸引眼球，误导了部分大学生的判断，使他们面临网络舆情时有时会做出错误的判断和选择。少数大学生在离开父母约束后，正值青春期的他们为追求刺激，通过网络找网友谈恋爱、交朋友，还有极个别学生将网络当成感情游戏的工具。更有甚者为了达到某种目的，随意进行网络伪装，甚至欺骗网友；有的还利用网络黑客技术窃取密码、机密等构成违法犯罪。随着媒体融合的发展，网络已经渗透于社会、政治、经济、文化各个领域之中。网络信息安全主体的多元化以及网络核心技术的缺乏，导致我国网络空间漏洞频发，个人信息安全风险偏高，网络舆情管控难度增加。

（三）网络文化消解了高校德育教育的系统性

在传统的“思想教育”过程中，“教育知识资源—教育主体—教育介体—教育客体”往往是一个完整的整体，整个教育闭环显得具有明显的“教育共同体”特点。网络文化颠覆了这种完整的叙事结构，带来了典型的“碎片化”问题。网络文化的发展改变了传统信息质量的标准，一些炒作者的言论被无限放大，文化权威专家的观点被削弱甚至边缘化，网络谣言和虚假、淫秽色情信息满天飞，造成真假信息甄别的困难，部分学生被一些错误信息误导，形成扭曲的人生观价值观，甚至走上违法犯罪的道路。在网络空间中，师生主体由于“身份虚拟”而呈现角色意识淡化、群体去中心化和交往去边界化特征。网络将全球资讯互联互通，互联网体现出隐匿虚无、开放包容、自由度高的根本属性，决定了网络道德失范问题必将层出不穷。其中部分涉世未深、明辨力弱的大学生网民道德素养水平令人担忧，他们突破道德规约，通过网络交友等移动社交平台实施新型犯罪，实现犯罪的空间转移，衍生出新科技下的虚拟犯罪模式。以近年来网络谣言传播最快的微博、微信等自媒体渠道为例，部分大学生因网络道德素养缺失，无视道德规约，充当了谣言传播手。其结果是，网络文化影响和冲击的过程中导致高校的文化教育者很多时候不能够以一种主体性的地位开展精神文化、育人文化和学术文化活动，这对高校坚持把中国特色社会主义文化作为文化育人的底色，构建“是非明、方向清、路子正”的文化育人内容体系构成前所未有的挑战。从这个角度上来说，网络文化对高校教育者来说，构成了严重的挑战。

（四）网络文化导致高校泛娱乐化思潮泛滥

很多网络文化都是以网民的某种娱乐价值取向为发展基础的，在网民的娱乐精神的推动之下，网络文化日益兴盛，这是网络文化重要的组成部分之一。网络文化的泛娱乐化特征对原有的知识教育提出了“娱乐化”的要求，教育过程中带有娱乐至死性质的学生的“娱乐狂欢”更在意的是娱乐主义、消费主义、享乐主义，丧失了传统高等教育严肃性等特点；在知识获取方面，精于“碎片化阅读”和“碎片化的心灵鸡汤”而不愿对思想政治教育进行整体性的掌握等，这就从教育过程上破坏了原有的知识体系的完整性。尽管这种泛娱乐化思潮不一定对思想政治教育提出负面挑战，但是它所具有的思想政治教育话语权弱化功能是毋庸置疑的。高校的以文化人、以文育人工作本身就是一种严肃和严谨的教育，但是近年来，随着现代科学技术的发展，教育教学领域大量引进现代网络技术的手段，逐渐呈现出科技化的工具主义态势。越来越多的教育者为了让学生更轻易地读懂书本的内容，结合现代传播技术，过量地运用多媒体技术教学，将教学内容简单化、搞笑化，教学内容逐渐娱乐化，推崇娱乐至上、娱乐至死。2021 年 10 月 29 日，中共中央宣传部、国家广电总局就电视节目存在的过度娱乐化问题，对上海、江苏、浙江、湖南四省市广播电视台进行约谈，指出这些卫视频道不同程度地存在过度娱乐化、追星炒星等问题，必须坚决整改。希望各卫视频道在弘扬主流价值观、传播正能量方面作出积极贡献。说明中央已经看到泛娱乐化思潮的危害特别是对社会主义核心价值观构成的冲击。从这个角度上来说，网络文化的娱乐性也必然会对高校文化安全产生消极的影响。美国著名传播学者尼尔·波兹曼在其名著《娱乐至死》中指出，“我们的政治、宗教、新闻、体育和商业都心甘情愿地成为娱乐的附庸，毫无怨言，甚至无声无息，其结果是我们成了一个娱乐至死的物种”。① 尼尔·波兹曼还提出如下观点：“教学是一种娱乐活动”，他详细地剖析了教育与娱乐的关系，在他看来，现代教学成了一种娱乐活动。一个慈爱的老师会使学习成为一件轻松的事情，但是从没有人说过或暗示过，只有当教育成为娱乐时，学习才能最有效、最持久、最真实。教育哲学家们认为获得知识是一件很困难的事情，因为其中必然有各种约束的介入，他们认为学习是要付出代价的，耐力和汗水必不可少。他鲜明地提出，过度娱乐化的教学方式是错误的。曾任北京大学校长的学者蔡元培指出：“大学者，研究高深学问者也。”高校不是娱乐场所，而是传承知识、创造知识、崇尚科学和追求学术卓越的神圣殿堂。即使在高等教育大众化的趋势下，其基本功能依旧是人才培养、科学研究、服务社会、文化传承创新和国际交流与合作。② 高校课堂内外的一切活动都只能围绕大学的使命开展。在我国的2700所高等院校里，没有哪一所高校会把“娱乐”二字写入自己的校训。显然，课堂娱乐化正在腐蚀大学之精神。学习是一个理性思辨的过程。我们主张快乐地学习，但这种快乐只能在刻苦钻研之后才能体会。今天的高校大学生都是在泛娱乐化时代成长起来的。他们喜欢娱乐，习惯于视觉文化和娱乐文化，习惯于所谓的“后现代阅读”（如互联网阅读、手机阅读、电子书阅读、电子词典阅读、光盘阅读等），习

① 尼尔·波兹曼. 娱乐至死［M］. 章艳，译. 桂林：广西师范大学出版社，2004：35.

② 中共中央，国务院. 关于加强和改进新形势下高校思想政治工作的意见［EB/OL］. 新华网，2017-02-27.

惯于表面的、肤浅的、浮光掠影式的、娱乐性的“快餐阅读”。他们本来就不肯阅读经典，不肯细读文本，更不肯（甚至不会）“咬文嚼字”。如果我们在课堂上还助长他们的娱乐情趣，其恶果是不难设想的。高尔基说过：书籍是人类进步的阶梯。我们鼓励学生在一种快乐的情绪下主动去阅读书籍、获取知识，这样才能推动青少年乃至整个社会的进步。教学是一门艺术，但它绝不是什么“表演的艺术”。我们并不是反对课堂教学使用多媒体技术，而是反对过度使用多媒体技术，我们应该警惕课堂娱乐化，切莫让我们的课堂教学改革在娱乐化中窒息，切莫让我们的教师和学生在课堂娱乐化中“死去”。

四、加强高校网络文化安全监管

2014 年 2 月 27 日，习近平总书记在中央网络安全和信息化委员会第一次会议上指出，“没有网络安全就没有国家安全，没有信息化就没有现代化。建设网络强国，要有自己的技术，有过硬的技术；要有丰富全面的信息服务，繁荣发展的网络文化；要有良好的信息基础设施，形成实力雄厚的信息经济；要有高素质的网络安全和信息化人才队伍；要积极开展双边、多边的互联网国际交流合作。”网络是大学生学习和生活的重要场所，既是高校意识形态工作的重要宣传载体，又是争夺高校意识形态主导权的“主战场”。2016 年 4 月 19 日，习近平总书记在网络安全和信息化工作座谈会上发表重要讲话，为加快推进网络强国建设指明了前进方向、提供了根本遵循。近年来，网信事业蓬勃发展，网信工作取得重要突破，广大人民群众在共享互联网发展成果上拥有了更多获得感。高校网络文化建设在网信事业发展的春风中也蓬勃推进，高校网络文化建设沿着正确方向不断前进，形成了良好的发展态势。总体看来，校园网络正能量不断壮大，师生网络文明素养日益提高，原创网络文化产品更加丰富，校园网络空间持续保持清朗。网络信息技术还在快速发展，网络文化建设的任务还在不断增加，“不日新者必日退。”面对舆论生态、媒体格局、传播方式发生的深刻变化，习近平总书记强调，要因势而谋、应势而动、顺势而为，加快推动媒体融合发展，使主流媒体具有强大传播力、引导力、影响力、公信力，形成网上网下同心圆，使全体人民在理想信念、价值理念、道德观念上紧紧团结在一起，让正能量更强劲、主旋律更高昂。高校师生既是网络新媒体的受众，也是改善网络生态的重要力量，当前，网络在高校广大师生的学习、工作、生活中扮演着重要角色。在信息化社会中，高校作为最能接受新鲜事物的文化机构，也必将向信息化高校转变，网络文化的价值必然会大大提高，从而使网络文化的特殊性融合到高校文化当中，形成特殊的校园网络文化。

"在互联网这个战场上，能否顶得住、打得赢，直接关系国家政治安全、文化安全、意识形态安全"①。高校要充分认识到校园网络文化建设的重要性，扎实推进其蓬勃健康发展。要着眼提升网上育人质量，加强网下能力建设，着眼增强网上传播实效，改进网下工作方法；要把握发展规律，加强理论创新、应用创新、产品创新和制度创新，创造性开展高校网络文化建设工作；要深化育人成效，加强网络素养教育，积极培育校园好网民；要强化资源统筹与配置，激发网络工作队伍的动力与合力，共建清朗网络空间。

（一）思想上要高度重视校园网络文化建设

高校师生要深入学习贯彻习近平新时代中国特色社会主义思想，特别是关于网络强国战略思想，学习贯彻党的十九大精神，推动思想政治工作传统优势同信息技术高度融合，推动社会主义核心价值观的网络传播与弘扬，增强时代感和吸引力，让高校网络文化成为网络空间正能量的强大发动机和不竭源泉。加强和改进大学生思想政治教育要坚持"传统方法与现代手段相结合"，校园网络文化建设是高等教育深化改革，大学是实现人类文化、知识传承和发展的基本基地之一。在信息化时代，加强加快以网络化、数字化为主要支撑的信息化校园建设，是大学走上可持续发展的一

① 中共中央宣传部. 习近平新时代中国特色社会主义思想学习纲要［M］. 北京：学习出版社，2019：151.

种可行方式。校园网络使校园内部的各种信息资源得到共享，并不失时机地增加各种新的信息资源，开拓高校更为广阔的办学空间，将会成为推动远程教育和终生学习体系发展的核心动力。因此校园网络文化的建设不仅仅是“网络文明工程”建设和社会主义先进思想文化建设的需要，而且还是高等教育大众化的需要，更是大学可持续发展的需要。因此，加强校园网络文化建设，让校园网络文化进入积极健康的发展车道，是校园精神文明建设的当务之急，应当高度重视。

在网络时代开展意识形态建设工作，需要高度重视网络的传播作用，主动出击，抢占传播阵地，牢牢把握网络舆论主动权。习近平总书记指出，意识形态工作是党的一项极端重要的工作，事关党的前途命运，事关国家长治久安，事关民族凝聚力和向心力。巩固党的群众基础和执政基础，不能说只要群众物质生活好就可以了，精神上失去群众基础，最后也要出问题；一个政权的瓦解往往是从思想领域开始的，思想防线被攻破了，其他防线就很难守住。我们必须牢牢掌握意识形态工作的领导权、管理权和话语权，一刻也不能放松和削弱意识形态工作。确保高校文化安全的根本任务就是要巩固马克思主义在意识形态领域的指导地位，高校文化安全工作一定要增强阵地意识，宣传思想阵地，我们不去占领，人家就会占领；需要建立专门的马克思主义理论网站和红色网站，打造成人们学习政治理论的服务平台，提供丰富的网络意识形态理论学习资源，拓展多样化的理论学习方式。互联网已成为舆论斗争的主战场，在互联网这个战场上，我们能否顶得住、打得赢，直接关系我国意识形态安全和政权安全。要把网上舆论工作作为宣传思想工作的重中之重来抓；要敢抓敢管，敢于亮剑，敢于站在风口浪尖上进行斗争，不能搞“爱惜羽毛”那一套。要提高新闻舆论传播力、引导力、影响力、公信力，坚持营造风清气正的网络空间，坚持讲好中国故事、传播好中国声音等。这些重要思想，指明了宣传思想工作的地位作用、目标任务、基本要求和主体责任，形成了相对完整的理论体系。互联网已经成为舆论斗争的主战场、主阵地、最前沿，是我们面临的“最大变量”，甚至是“心头之患”。面对复杂严峻的网络安全形势，尤其是意识形态安全形势，必须首先树立牢固的安全意识，随时警惕境内外敌对势力借网络安全、网络自由之名，利用各种敏感时间节点对我进行的意识形态渗透。党的十九大报告强调要“加强互联网内容建设，建立网络综合治理体系，营造清朗的网络空间”。通过加强论坛、校园网等阵地建设，积极营造清朗、绿色、文明的网络空间，从源头上阻断非主流意识形态信息的不良传播。利用网络新媒体掌握舆情动态，及时发现广大师生关注的热点、焦点和难点问题，构建畅通的沟通渠道，给予师生充分表达和发声的机会，引导高校师生客观、理性、平和地看待各种问题，统一思想认识，努力形成网上正面舆论导向，为高校意识形态工作健康发展营造良好的舆论环境。让更多正面的声音和优秀传统文化、革命文化、先进的文化占领网络空间，避免大学生的思想混乱。把校园网建设成为交流思想的园地，党建、团建宣传的窗口。以正确、理智、积极的引导，使大学生认识到哪些是好的，是符合国情校情的，是可以借鉴吸收的，哪些是糟粕，是应该予以摒弃的，消除东西方文化冲突的困惑，确立科学的思维方式，进一步提高抵御落后文化乃至西方腐朽文化渗透的自觉性。目前，校园网络文化建设中利用网络进行学生思想政治工作还处于摸索和探讨阶段，效果也不是很明显。所以要针对学生建立与日常生活息息相关的网络文化，如物质层面高校需要着力做好基础保障工作。学校和学院层面的高校网络文化平台应配备网络基础设施和上网设备等具有实体性的物质产品，提供校园网络资源系统以及工作场地，做好基础保障工作。加设重要新闻、论文资料、娱乐休闲等板块，推进校园网络文化的特色化与个性化发展，吸引学生参与到校园网络的使用中来，加强学生们对校园网的信赖，从而进一步推动校园网络舆论导航阵地建设，提升舆论引导的效果。

（二）加强网络空间治理，构建良好网络秩序

2021 年 11 月 19 日，习近平总书记在致首届中国网络文明大会的贺信中指出：“网络文明是新形势下社会文明的重要内容，是建设网络强国的重要领域。……各级党委和政府要担当责任，网络平台、社会组织、广大

网民等要发挥积极作用，共同推进文明办网、文明用网、文明上网，以时代新风塑造和净化网络空间，共建网上美好精神家园。”高等院校要依法依规加强网络空间治理，推动依法管网、依法办网、依法上网，确保互联网在法治轨道上运行。要充分发挥校党委的领导核心作用，坚持以社会主义核心价值观引领校园网络文化建设，成立校级网络文化建设管理领导小组，分管校领导担任组长，党委宣传部部长兼任校园网络文化建设领导小组办公室主任，具体落实领导小组工作部署，宣传部、学生工作部、校团委、信息技术中心等多个职能部门及新闻传播学院、计算机学院等相关院系共同参与，努力打造网络文化建设的大格局。高校在学校中长期发展规划和年度建设规划中要将网络文化建设写进规划，在人、财、物等方面大力支持网络建设，为网络文化建设提供强有力的保障。健全网络文化建设相关规章制度，为打造健康清朗的校园网络空间提供制度保障。建立网站备案制度，加强对新开网站的审批，加强对现有网络的管理、监督和维护。健全网络发布的审查制度，按照“谁发布、谁管理、谁负责”的原则，对部门、职工及学生的网络信息发布实行责任追责。加强对网络舆情的监控，及时关注、积极应对、主动作为，做好舆情监控、分析、研判与应对工作。高校应出台网络信息发布与舆情管理的相关管理办法和条例，对舆情管理工作内容、工作制度、监测制度、上报制度、舆情事件处理、突发事件的信息发布、舆论引导、校内网络阵地管控、校外媒体支持等进行明确规定。

建设一支强有力的网络文化队伍，是校园网络文化向深层次发展、向高品位发展的重要保障。要搞好校园网络文化的建设与管理，必须加强校园网络文化的队伍建设。这支队伍的构成应该是多层面的：既要有专家教授及时传播学科前沿信息，又要有院领导实时进行正确舆论引导；既要有职能部门管理的规章制度及对政策的解释，又要有骨干教师的答疑解惑等。其中，网络思想政治工作队伍尤为重要。加强对领导干部和思想政治工作人员的网络技术培训，培养他们的信息意识、网络文化意识、网络管理能力等是网络文化队伍建设的当务之急。高校要凭这支“可信、可敬、可靠，乐为、敢为、有为”的网络思想政治工作队伍，① 努力实践并着力打造绿色网络校园，营造良好的网络行为氛围。高校应确保思想政治教育工作者能够占领网络阵地，传播正能量，弘扬主旋律。要发挥好高校人才优势，凝聚一批勇于发声又善于发声的优秀人才，建成一支政治素质强、业务水平精、工作作风好的网络队伍。要高度重视网络环境在大学生教育中所起的重要作用，建设健康、清朗、有序的校园网络文化环境，加强当代大学生网络安全、网络法律法规等方面的教育，让他们意识到网络不是法外之地。要以社会主义核心价值观引领网络知识传播，用优秀文化滋养网络环境，使网络真正成为传播先进思想、文化的坚强阵地。要充分发挥网络思想政治教育环境的渗透功能，让大学生在网络空间获取知识的同时提升素养，坚定文化自信，激发奋发有为的精神面貌。②

（三）抢占网络舆论主导阵地，加强网上正面引导

2018 年，习近平总书记在全国宣传思想工作会议上强调，要加强传播手段和话语方式创新，让党的创新理论“飞入寻常百姓家”。互联网作为一种新型技术手段，为新的时代条件下继续保持党同人民群众的血肉联系提供了新的途径。为了让党的理论“飞入寻常百姓家”，必须加强网络话语权建设，提升网络舆论引导有效性，牢牢把握网络舆论引导权。建设网络话语传播平台，加强网络话语传播平台的建设和管理，有助于扩展主流意识形态话语传播范围，为赢得网络话语权奠定基础。这就需要加强主流意识形态网络话语阵地建设。信息网络时代维护国家意识形态安全，必须加强对网络话语的引导。“要牢牢把握正确舆论导向，唱响主旋律，壮大正能量，做大做强主流思想舆论”，有效构建用于展现社会主义主流意识形态的编码方式、解释框架以及传播模式，发挥主流意识形态网络话语对高校网络文化的正向引领作用。

---

① 习近平. 思政课是落实立德树人根本任务的关键课程［J］. 求是，2020（17）：4-16.

② 张羽程. 融合视阈下网络文化育人研究［M］. 南京：江苏人民出版社，2019：48.

校园网络文化建设必须坚持导向性，引领网络文化主旋律。《中华人民共和国网络安全法》强调，任何人、任何机构都应该对自己在网上的言行负责，个人的自由不应以损害他人的自由和社会公共利益为代价，任何人和机构都有义务自觉维护网络秩序，自觉维护网络安全。特别应充分发挥调动大学生自身的积极性和主动性，引导他们主动加强自我约束，提升网络文明素养。习近平总书记指出，青年的价值取向决定了未来整个社会的价值取向，而青年又处在价值观形成和确立的时期，抓好这一时期的价值观养成十分重要。这就像穿衣服扣扣子一样，如果第一粒扣子扣错了，剩余的扣子都会扣错。面对西方强势的网络文化冲击，在校园网络文化建设中，我们要强化阵地意识、增强现代意识，彰显文化时代特色，旗帜鲜明地传播先进文化，并且坚持以科学的理论武装人，在世界观、人生观、价值观等方面给大学生以引领和指导。为此，我们要营造先进的网络文化氛围，成功占领网络文化的主阵地，以正确的舆论引导人，以高尚的精神塑造人，从而影响学生们的思想意识，改变他们的关注点，使他们远离网络文化的负面内容，接触更多有益于其精神生活健康发展的网络文化。

首先，引导大学生树立科学的网络价值观。当前，互联网是大学生无法离开的生活学习环境，大学生对社会现实热点问题呈现出极高的关注度，与此同时，他们又缺乏必要的理论基础和辨别能力，很容易被互联网上形形色色的观点和碎片化的信息所困惑。而政治热点问题往往是互联网上信息传播的聚焦点和催生大学生网络政治参与的诱发点。在这种情况下，仅仅靠“防、堵、管”的手段“治标”是无济于事的。要在高校思想政治理论课堂上加强对政治热点问题的理论阐释，大力提升大学生的马克思主义理论素养，以“六个下功夫”为着力点，进一步增强“四个自信”和“四个正确认识”，帮助大学生树立坚定的政治立场和正确的政治参与意识。加强社会主义核心价值观教育，引导学生树立正确的文化价值观，提高大学生的文化免疫力和判断力，把握正确的政治方向。正向的网络道德观正如扣好人生的第一粒扣子一样，不负青春、不负韶华。因此，要引导大学生在虚拟的网络空间中树立科学的网络利益观、消费观、娱乐观，传播大众喜闻乐见的网络文化，敢于对消极落后、反动的网络信息说“不”。引导大学生理性认识网络游戏、网络直播等，对其采取适度原则，不应沉溺其中不能自拔，进而荒废学业、浪费青春，要自觉提升自身网络道德素养和法律意识。

其次，引导大学生树立全面的网络学习观。网络学习应是全方位的、持续不断的，它不仅包括网络最新技术的学习，还包括通过互联网媒介进行选择性学习。通过各种教育手段、教育活动，创设积极健康的校园文化，正确引导学生接触网络，提高学生的网络甄别能力和自我约束能力。网络学习是现实课堂教学的有效补充，同时又能极大地满足大学生对未知事物的好奇心和求知欲，更好地培养大学生的创新能力，以及网络认知和辨别能力。

最后，引导大学生培养正确的网络道德观。网络道德规范需要每一位大学生在网络生活中不断提升道德修养，注重道德实践。引导大学生慎独自律，尤其是在网络世界里，更应将网络道德规范内化于心、外化于行，严格要求自己、科学管理自己、合理约束自己。① 因此，把大学生作为网络文明素养提升的主体，充分发挥大学生自身的积极主动性，要在校园网络文化建设的实践活动中，培养大学生的网络安全意识，是开展网络文化建设的底线思维，必须打牢这个基础，加强开展防网络诈骗、网络犯罪等主题教育活动，提升大学生自我保护意识，养成健康文明的网络行为习惯。要把网络安全教育纳入国家安全教育中统筹推进，加强理想信仰教育，培养坚定的爱国主义情怀，让大学生在网上网下始终旗帜鲜明维护国家利益。加强大学生对自我网络行为的约束，提高他们的网络文明素养，才能将现实生活中的道德要求内化为网络世界中自身的道德行为，进而引导他们成为具有“明大德、守公德和严私德”等网络文明素养的时代新人。

---

① 张羽程. 融合视阈下网络文化育人研究［M］. 南京：江苏人民出版社，2019：42.

（四）坚持以人为本，提供优质网络文化资源

高校网络文化建设的首要任务是要明确完善高校网络文化的建设理念，这就需要高校要有高瞻远瞩的大局意识和立足实际的实践精神；同时，还要充分调动学生的积极性、主动性和创造性，重视其主体性。高校网络文化建设在精神层面的主要目的在于通过高校网络文化平台的建设以重新建构大学生的主观世界，注重大学生人文精神的培养，把人文精神融入高校网络文化平台建设。高校网络文化建设既要坚持传播中华优秀传统文化、革命文化和社会主义先进文化，也要充分利用微动漫、微视频、微电影、微课堂、微公益、微广告等广大师生喜闻乐见的“微”作品形式，利用移动互联网时代碎片化传播和浅阅读的特点，注重标题的凝练性、内容的故事性、语言的感染性、阅读的便捷性，切实提高广大师生点击的愉悦感和接受度，并通过多形式加工、多终端适配、多形态传播，持续占据网络影响力的制高点。最终，强化大学生的民族文化意识，提高他们的道德境界。在人文精神培养过程中让人的本性、人的尊严、人的潜质得到最大的实现和发展。在校园网络文化建设中，要坚持以人为本，始终把学生的需要和学生的发展放在第一位，把学生的成长、成才作为校园网络文化建设的价值标准和最终目标，努力提升校园网络文化的科学水平、技术层次、教育功能和信息交互作用。校园网络文化以在校学生为主要受众，要把校园网络文化建设成为大学生向往的精神家园，得到学生广泛认同和欢迎，使校园网络成为学习的平台、生活的平台、心理健康服务的平台、就业指导的平台、文艺娱乐的平台，促进大学生正确处理人与人之间的矛盾，用理性战胜情绪的盲动。

网络文化建设必须着眼于高校实际，精心策划和设置，既要确保网上内容正确，又要使内容丰富，贴近实际、贴近生活、贴近学生。网络内容建设是网络文化建设的重要组成部分，而能否创作出优秀的网络产品，则关系到网络内容建设的成败。互联网和新媒体改变了文化形态，催生了一大批新的文化类型，要适应新形势发展，就必须抓好网络文化作品的创

新，而在内容创新、形式创新、手段创新等诸方面中，内容创新是最根本的。要想赢得广大网民，最关键的还是创作出在内容上有深度、感情上有温度的网络名篇佳作，讲好中国故事，讲好百姓故事，讲好身边故事，弘扬网络正能量。重点要讲清楚中国共产党为什么“能”、马克思主义为什么“行”、中国特色社会主义为什么“好”。当代大学生基本上是“95后”“00后”，其成长历程和互联网进入我国的发展历程大致重合，可以算作是典型的“数字时代原住民”。他们更习惯于可视化、图解、动漫等传播形式，因此，要想在信息爆炸的网络中赢得主动，就需要使得我们创作的网络产品更加贴合新时代大学生的接受特点和需要。

网络文明是社会文明的重要体现，而广大高校师生则是网民中的精英群体，理应在网络文明建设中起到示范作用，理应成为有理性、守法纪的网络公民，理应构建和谐、文明的网络人文社区。当前，网络氛围总体上看积极健康、向上向好，主要表现在“围观吐槽”的少了，“暖心点赞”的多了；传播谣言的少了，崇德向善的多了。但我们也应看到，“人肉搜索”“恶言攻击”等网络暴力行为时有发生，低俗媚俗、拜金主义的网络恶瘤还沉渣泛起。当前高校网络环境中还存在着一些情绪发泄和非理性声音。高校网络文化建设要继续大兴网络文明之风，以构建多样性绿色网络文化为抓手长期开展下去，结合文明校园建设，不断挖掘和培育好办法，形成网络文明教育长效机制。高校网络空间“多样性”指的是只有当更多的主体参与到网络空间中来，才能形成良好的网络空间新生态。“绿色”指的是网络空间的健康有序可持续发展。只有更多的师生平等参与、自律参与到高校网络空间，并且明确自身的行为边界，才能促进网络空间的健康有序、可持续发展。在当前激烈的文化竞争态势下，高校管理者更要认识到校园网络文化建设的重要性和紧迫性，要加强校园网络制度文化建设，把社会主义核心价值观教育融入校园网络文化建设的全过程，通过网络文化建设实现优秀文化的传承、主流思想的传播和正能量的传递。推动制度文化建设，完善高校网络管理制度，加强校园网络文明建设，提升高校网络管理水平。只有通过合理制度的制定和实施，方能不断提高校园网络文明程度，有效遏制负文化乃至反文化的渗透、传播和散布，亚文化色彩网络话语的蔓延，将遵章守法、维系文明的网络秩序内化为大学生网络学习、生活的自觉行为，为大学生社会主义核心价值观的培育和践行提供良性保障。高校在制度层面要明晰高校网络平台发展定位，规范运营人员管理体系，完善监管奖惩一体化。要建立健全师生网上言行“一票否决”制，鼓励师生自觉养成文明的网络行为，使用文明的网络语言，遵守基本的网络规范，主动倡导真善美，抵制假恶丑，传播正能量，弘扬主旋律，为形成向上向善的网络文明氛围贡献自己的力量。要建立功能全面、多级防范的网络管理体系，对校园网络资源进行净化和规范，及时过滤各类虚假信息、非法信息，处理垃圾信息，对网上出现的苗头性、倾向性问题加强教育疏导，把握正确导向，确保学生们不受恶性言论、歪风邪气的影响。努力建立健全校园网络管理规范和制度，加强技术监控和网络安全工作的力度，使师生形成自觉约束和相互监督的网络行为意识。同时，要努力培养青年学生的道德自律意识，提高网络道德素质，使学生把网络道德和网络技术置于同样重要的地位，提高对网络信息的识别能力以及面对不良信息时的自控、自律能力和自我调节能力，无论在何种情况下，都能自觉抵御有害信息的干扰和侵蚀，遵守合乎时代要求的信息道德。通过加强网络监管，进而营造健康的绿色校园网络文化，使校园网络成为弘扬主流文化、优化校园环境、塑造校园精神、培养合格人才的有效载体。

第四章　思政课主渠道与高校文化安全

2016 年 12 月，中共中央总书记习近平在全国高校思想政治工作会议上发表重要讲话时指出，高校思想政治工作关系培养什么样的人、如何培养人以及为谁培养人这个根本问题。要坚持把立德树人作为中心环节，把思想政治工作贯穿教育教学全过程，实现全程育人、全方位育人，努力开创我国高等教育事业发展新局面。习近平指出，做好高校思想政治工作，要因事而化、因时而进、因势而新。要遵循思想政治工作规律，遵循教书育人规律，遵循学生成长规律，不断提高工作能力和水平。要用好课堂教学这个主渠道，思想政治理论课要坚持在改进中加强，提升思想政治教育亲和力与针对性，满足学生成长发展需求和期待，其他各门课都要守好一段渠、种好责任田，使各类课程与思想政治理论课同向同行，形成协同效应。习近平总书记在全国高校思想政治工作会议上的讲话为办好中国特色社会主义大学、做好新形势下高校思想政治工作指明了方向。

一、准确把握主渠道的科学内涵

习近平总书记在新时期提出用好课堂教学主渠道，是对新形势下高校思想政治工作提出的新要求，是以习近平同志为核心的党中央治国理政新理念、新思想、新战略的重要实践，是做好高校思想政治工作的新论断、新命题。需要从历史和现实的结合上准确把握主渠道的科学内涵。

(一)主渠道内涵的语义学分析

渠道是一个很形象的概念,它与“路径”“途径”同属于一种类型,但又凸显了“水路”的特点。2019 年 5 月 14 日,习近平在欢迎出席亚洲文明对话大会的外方领导人夫妇及嘉宾时发表的致辞中指出,“文明如水,润物无声。”历史的发展、社会的繁盛、人类的进步,都离不开文明的滋养和引领。渠道非常契合思想政治工作“软实力”的特征,向教育对象传递或传达相应的思想政治信息;同时又借鉴了用于农业灌溉的“水渠”概念。水利是传统农业中国的命脉,农业灌溉离不开“水渠”,当然,水渠不止一条两条,它有自己的网络,但显然主渠道起着举足轻重的作用。思想政治工作是做人的工作,因此,我们经常运用“主渠道”来描述思想政治工作的重要地位。与此同时,对主渠道的理解不能停留在途径、载体这一片面的认知上。渠道本身还有方法论意味,也有目标达成的意思。单就“主渠道”三个字而言,“主、渠、道”就是内容、方法和目标。“主”是马克思主义理论,是社会主义核心价值观;“渠”是路径、方法和过程;“道”是规律,是要求,是必然性。对于高校课堂而言,就是“教师提升什么”“课堂聚焦什么”“授课目标是什么”“过程呈现什么”“学生收获什么”等若干环节和要素,实现为中国特色社会主义培养合格建设者和可靠接班人的预期目标。在高校思想政治工作中,“主渠道”事关培养什么样的人、如何培养人和为谁培养人的根本问题。离开了“主渠道”,立德树人工作将会枯萎,就无法培养出德、智、体、美、劳全面发展的社会主义事业建设者和接班人。

(二)思想政治工作主渠道内涵的历史演变

在革命、建设、改革各个历史时期,我们党对思政课建设一直非常重视,并作出过重要部署。新民主主义革命时期,我们党在红军大学、苏维埃大学、抗日军政大学、陕北公学等高校开设“党的建设”“中国革命运动史”“马列主义”“辩证唯物主义”“科学社会主义”等课程,在列宁小学开设“社会工作”课程，在解放区的小学、陕甘宁边区的中学开设“政治常识”课程。新中国成立后，我们党就把“中国革命常识”“共同纲领”列入中学教学计划，在高校开设“中国革命史”“马列主义基础”“政治经济学”“辩证唯物论与历史唯物论”等课程，强调中高等学校政治理论课的任务是用马克思列宁主义、毛泽东思想武装青年，培养坚强的革命接班人。改革开放以来，党中央先后出台10多个关于学校思想政治工作的文件，对思政课建设提出明确要求，不断推动思政课改革。① 从历史发展过程来看，“主渠道”提法的侧重点有所不同。由于各个时期的形势不同，我们党关于高校思想政治工作中的“主渠道”的提法有一个变化过程，大致可以分为三个阶段。

第一，思想政治工作是理论武装群众、指导革命的主渠道。在革命战争年代，我们党正是通过革命理论以宣传动员为主的思想政治教育，让广大党员、干部、群众认识真理，跟着共产党闹革命，推翻了旧制度，建立了新中国，取得了中国新民主主义革命的伟大胜利。作为最早有着共产主义觉悟的知识分子，率先在高校成立马克思主义研究团体，通过高校课堂，不断唤醒民众，唤醒青年人。参加到轰轰烈烈的革命斗争中去，取得了革命的伟大胜利。在革命战争复杂的工作环境中，没有正确的政治观点，就等于没有灵魂；没有正确的办学方针，就不能办好大学。1937年3月5日，毛泽东为抗日军政大学亲笔题词：“坚定正确的政治方向，艰苦奋斗的工作作风，加上机动灵活的战略战术。”第一条强调的就是坚定正确的政治方向。实践证明，抗日军政大学、陕北公学、延安女子学院、鲁迅艺术学院等高等学府的作用，就是培养合格的革命者，培养了一批思想政治工作过硬的革命干部、革命人才。可以说，思想政治教育作为中国共产党贯穿始终的优良传统和巨大政治优势，是我们党进行理论指导和革命实践的主渠道，发挥着不可代替的重要作用，并在长期的斗争实践中，积累了丰富的经验，取得了伟大的成就。这一阶段的重点是解决“培养什么

① 习近平．思政课是落实立德树人根本任务的关键课程［J］．求是，2020（17）：4-16.

样的人”的问题。

第二，思想政治理论课是高校思想政治教育的主渠道和主阵地。新中国成立初期，在建设发展过程中出现了许多困难，多种社会思潮不同程度地干扰了高校，使高校师生在思想文化上出现了一定程度的偏差和混乱。中国共产党在总结解放区政治教育经验的基础上，学习苏联的高等教育模式，创建了新中国的思想政治理论课。在“文化大革命”期间，由于种种原因，思想政治理论课的教学受到了严重的影响。为了充分发挥思想政治理论课对学生思想的作用，培养又红又专的人才，1978 年 4 月，教育部办公厅印发了《关于加强高等学校马列主义理论教育的意见》，从而在高校中恢复了马列主义理论课。邓小平同志正是从培养接班人的高度强调高校要把青年、把后代教育好，使他们成为“有理想、有道德、有文化、有纪律”的“四有新人”。在此基础之上，1994 年 8 月，中共中央印发的《关于进一步加强和改进学校德育工作的若干意见》中，第一次提出了“学校政治理论课和思想品德课是系统地对学生进行马克思主义理论教育和品德教育的主渠道和基本环节”。可以说，在思想政治教育这个主渠道的使用上，我党积累了十分丰富的经验。这一阶段的重点是解决“培养什么样的人和如何培养人”的问题。

第三，充分发挥课堂教学在大学生思想政治教育中的主导作用。随着互联网时代的到来和“碎片化”信息的涌动，各种信息狂轰滥炸，新媒体传播手段层出不穷，各种虚假、有害信息、有毒思潮充斥网络，不断冲击正常的社会生活，部分不明真相、“碎片化”认知的群众乃至高校大学生在某些思想认识上重新进入了“误区”。这些都为新时期高校思想政治工作敲响了警钟。面对新形势，江泽民同志说：“思想政治教育，在各级各类学校都要摆在重要地位，任何时候都不能放松和削弱。”胡锦涛同志也说过，要“切实加强和改进大学生思想政治教育工作，培养造就千千万万具有高尚思想品质和良好道德修养、掌握现代化建设所需要的丰富知识和扎实本领的优秀人才，使大学生们能够与时代同步伐、与祖国共命运、与人民齐奋斗”。2004 年 8 月印发的中共中央、国务院《关于进一步加强和改进大学生思想政治教育的意见》指出，要“充分发挥课堂教学在大学生思想政治教育中的主导作用”。实践证明，高校思想政治工作抓住了、抓好了，就能沿着正确方向前进；放松了、丢弃了，就会迷失方向。青少年要成为担当民族复兴重任的时代新人，成就出彩人生，就要始终与历史同向、与祖国同行、与人民同在。2016 年 12 月，习近平总书记在全国高校思想政治工作会议上明确指出，要用好课堂教学这个主渠道，要回归课堂，要用足用好课堂。这一阶段的重点变成了“培养什么样的人、如何培养人以及为谁培养人”的根本问题。2017 年 2 月 27 日，中共中央、国务院印发了《关于加强和改进新形势下高校思想政治工作的意见》。《意见》指出，加强和改进高校思想政治工作的指导思想是：高举中国特色社会主义伟大旗帜，全面贯彻党的十八大和十八届三中、四中、五中、六中全会精神，以马克思列宁主义、毛泽东思想、邓小平理论、“三个代表”重要思想、科学发展观为指导，深入学习贯彻习近平总书记系列重要讲话精神和治国理政新理念新思想新战略，全面贯彻党的教育方针，坚持社会主义办学方向，扎根中国大地办大学，以立德树人为根本，以理想信念教育为核心，以社会主义核心价值观为引领，切实抓好各方面基础性建设和基础性工作，切实加强和改善党的领导，全面提升思想政治工作水平，紧密团结在以习近平同志为核心的党中央周围，牢固树立政治意识、大局意识、核心意识、看齐意识，坚定不移维护党中央权威和党中央集中统一领导，为实现“两个一百年”奋斗目标、实现中华民族伟大复兴的中国梦，培养又红又专、德才兼备、全面发展的中国特色社会主义合格建设者和可靠接班人。2018 年 5 月 2 日，习近平总书记在北京大学师生座谈会上的重要讲话中强调，“古今中外，每个国家都是按照自己的政治要求来培养人的，世界一流大学都是在服务自己国家发展中成长起来的。我国社会主义教育就是要培养社会主义建设者和接班人。”① 这深刻揭示了“教育为政治服务”的本质。正如习近平总书记在 2018 年 9 月召开的全国教育大会重要讲

---

① 习近平. 在北京大学师生座谈会上的讲话（2018 年 5 月 2 日）[EB/OL]. 新华网，2018-05-03.

话中所强调的，“我国是中国共产党领导的社会主义国家，这就决定了我们的教育必须把培养社会主义建设者和接班人作为根本任务，培养一代又一代拥护中国共产党领导和我国社会主义制度、立志为中国特色社会主义奋斗终身的有用人才。”① 推进教育现代化不能忘记初心，必须坚持教育为人民服务、为中国共产党治国理政服务、为巩固和发展中国特色社会主义制度服务、为改革开放和社会主义现代化建设服务，健全全员育人、全过程育人、全方位育人的体制机制，不断培养一代又一代社会主义建设者和接班人。不管什么时候，为党育人的初心不能忘，为国育才的立场不能改。2021 年 4 月 19 日，习近平总书记在清华大学考察时强调，“当代中国青年是与新时代同向同行、共同前进的一代，生逢盛世，肩负重任。”② 高校学子应肩负起当代青年的历史重任，努力学习，掌握本领，做时代新人。2021 年 7 月 12 日，在中国共产党成立 100 周年之际，中共中央、国务院印发了《关于新时代加强和改进思想政治工作的意见》（以下简称《意见》）。《意见》指出，思想政治工作是党的优良传统、鲜明特色和突出政治优势，是一切工作的生命线。加强和改进思想政治工作，事关党的前途命运，事关国家长治久安，事关民族凝聚力和向心力。《意见》包括总体要求、把思想政治工作作为治党治国的重要方式、深入开展思想政治教育、提升基层思想政治工作质量和水平、推动新时代思想政治工作守正创新发展、构建共同推进思想政治工作的大格局六个部分。《意见》指出，党的十八大以来，以习近平同志为核心的党中央高度重视思想政治工作，采取一系列重大举措切实加以推进，思想政治工作有效发挥了统一思想、凝聚共识、鼓舞斗志、团结奋斗的重要作用，全党全社会思想上的团结统一更加巩固，我国意识形态领域形势发生了全局性、根本性的转变。《意见》明确，新时代加强和改进思想政治工作的指导思想是：以习近平新时代中国特色社会主义思想为指导，全面贯彻党的十九大和十九届二中、三

① 习近平. 坚持中国特色社会主义教育发展道路，培养德智体美劳全面发展的社会主义建设者和接班人（2018 年 9 月 10 日）[N]. 人民日报，2018-09-11.

② 叶雨婷. 与新时代同向同行 在盛世中肩负重任 [N]. 中国青年报，2021-04-21.

中、四中、五中全会精神，增强“四个意识”、坚定“四个自信”、做到“两个维护”，紧紧围绕统筹推进“五位一体”总体布局和协调推进“四个全面”战略布局，坚持稳中求进工作总基调，围绕巩固马克思主义在意识形态领域的指导地位、巩固全党全国人民团结奋斗的共同思想基础这一根本任务，自觉承担起举旗帜、聚民心、育新人、兴文化、展形象的职责使命，把思想政治工作作为治党治国的重要方式，着力固根基、扬优势、补短板、强弱项，提高科学化、规范化、制度化水平，充分调动一切积极因素，广泛团结一切可以团结的力量，为人民服务，为中国共产党治国理政服务，为巩固和发展中国特色社会主义制度服务，为改革开放和社会主义现代化建设服务。《意见》指出，新时代加强和改进思想政治工作的方针原则是：坚持和加强党的全面领导，把思想政治工作贯穿党的建设和国家治理各领域、各方面、各环节，牢牢掌握工作的领导权和主动权。坚持以人民为中心，践行党的群众路线，把人民对美好生活的向往作为奋斗目标，组织群众、宣传群众、教育群众、服务群众，强信心、聚民心、暖人心、筑同心。坚持服务党和国家工作大局，全面贯彻党的基本理论、基本路线、基本方略，坚持系统观念，把思想政治工作与经济建设和其他各项工作结合起来，为党和国家中心工作提供有力政治和思想保障。坚持遵循思想政治工作规律，把显性教育与隐性教育、解决思想问题与解决实际问题、广泛覆盖与分类指导结合起来，因地、因人、因事、因时制宜开展工作。坚持守正创新，推进理念创新、手段创新、基层工作创新，使新时代思想政治工作始终保持生机活力。

总之，教育具有鲜明的政治属性，这一点，古今中外，概莫能外。可以说，随着时代发展、社会进步，思想政治教育需要从思想政治工作高度进行系统设计和安排，从解决“培养什么样的人和如何培养人”的问题到“为谁培养人”的问题。

二、高校文化安全与思想政治教育的融合

大学文化建设是思想政治工作的重要途径和有效载体，思想政治工作

是大学文化建设的重要渠道和主要手段，思想政治教育与大学文化建设统一于“办好人民满意的教育，培养德智体美劳全面发展的社会主义建设者和接班人”的人才培养战略。教育是国之大计、党之大计。思想政治工作与大学文化建设都事关我国教育举什么旗、走什么路、育什么人的根本问题，彰显着我们党在发展社会主义教育问题上的根本立场，指明了新时代建设教育强国必须牢牢把握的前进方向。

（一）高校校园文化建设与思想政治教育具有同质性

高校校园文化建设与思想政治教育之间关系的“同质性”体现在两者的目标任务、工作对象、引导效果、研究领域等方面具有相似或相同的特征。这种“同质性”又恰是高校校园文化建设与思想政治教育互动的理论基础。

1. 目标任务的同质性

在特定的历史条件下，文化是一个时代精神的集中体现，而思想政治教育工作就是让每一个人领悟和掌握这种时代精神。从这个意义上来说，思想政治教育工作是一种自觉的、有目的的、高层次的文化实践活动。具体到校园文化的层面上，校园文化发展的最终目标就是为了促进校园人（主要是广大青年大学生）的个性丰富，实现人的全面发展，培养优秀人才。思想政治教育工作的最高宗旨正是为了提高人的思想道德文化素质，培养健康完美的人格，促进人的全面发展。从这个意义上说，思想政治教育工作的目标任务与校园文化发展的目标相一致，都是力图最大限度地调动人的积极性和创造性，从而促进人的全面发展。

2. 工作对象的同质性

围绕最大限度地调动人的积极性和创造性以此促进人的全面发展这一思想政治教育和校园文化建设的共同目标，思想政治教育工作需要摸索对人们开展思想政治教育工作的规律，着力研究思想政治品德形成、发展以及变化的规律。而“以人为本”的特征，即“人本化”原则是校园文化的基本特征之一，诸如“文以载道”“以文化人”“以文育人”等，因此二者的工作对象都是“人”，工作主旨都在于“人心”，具有工作对象的同质性。

3. 引导效果的同质性

政治引导是思政课的基本功能。思政课的政治引导功能，并不是要把课讲成简单的政治宣传，而要以透彻的学理分析回应学生，以彻底的思想理论说服学生，用真理的强大力量引导学生。马克思说：“理论只要彻底，就能说服人。”马克思主义理论就是彻底的理论。思政课教师所讲的理论、观点、结论要经得起学生各种“为什么”的追问，这样效果才能好。需要注意的是，不能用学理性弱化政治性，在大中小学的不同学段，无论是通过讲故事、讲历史还是讲理论的方式讲思政课，都要体现思政课的政治引导功能。文化是指一个国家或民族的历史、地理、风土人情、传统习俗、生活方式、文学艺术、行为规范、思维方式、价值观念等。文化，毋庸置疑对于人们精神世界的取向和价值观的形成，乃至于对凝聚民心提升一个民族的文化素养与道德素质，对促进经济社会的全面发展与进步，都起着至关重要与举足轻重的作用。之所以如此，是因为文化是人的思想集合，社会是人的互动场所；而人的行为总是由思想支配的，所以文化必然引领社会。近一个世纪来，中国之所以能够从受人压迫和欺侮的半殖民地半封建社会发展成为自立于世界民族之林、快速发展的社会主义社会，先进文化的引领至关重要。从五四新文化运动到我们党领导的民族的、大众的、反帝反封建的新民主主义文化兴起，从真理标准问题讨论引发的新时期思想解放到中国特色社会主义文化建设，每一次文化的觉醒和繁荣总是引领社会向更高水平发展。如今，文化越来越成为民族凝聚力和创造力的重要源泉，越来越成为综合国力竞争的重要因素，越来越成为经济社会发展的重要支撑。尽管高校校园文化建设与思想政治教育在人才培养方面作用的方式方法不同，但在同质的工作目标和任务之下，二者都是通过引导广大青年学生学会如何看待和处理事物，从而帮助其树立正确的世界观、人生观和价值观，即引导的效果是相同的。

4. 研究领域的同质性

文化建设和思想政治教育工作的研究领域同属于意识形态范畴。文化安全与政治安全及宗教安全一样，都是意识形态安全的重要方面。其中思想政治教育工作是研究如何运用马克思主义理论体系去改造人们的世界观、人生观和价值观，以期建立起适应社会主义发展的道德规范和思想境界。校园文化则是研究按照人类意识形态的认知规律，如何将校园物质文化、精神文化和制度文化在人的意识形态中形成的理念内化于人们的思想观念之中，从而形成广大师生员工都接受认同的具有本校特点的共同价值观念、文化观念以及生活观念。

（二）高校校园文化建设与思想政治教育的融合与转化

校园文化建设与思想政治教育共存于校园之中，它们彼此独立又相互联系，既相互制约又相互促进。正确认识和处理好两者之间的辩证关系，则会使校园文化建设与思想政治教育相互强化、共同发展，在高等教育完成人才培养目标过程中起到巨大的推动作用。

1. 作为意识形态的文化在现代政治中功能进一步提升

文化具有政治功能是由文化的本质决定的。作为社会的生产方式和生活方式的观念再造，文化是阶级社会现实的反映。当我们谈到文化的时候，首先要知道文化的主体是谁，是为谁服务的文化，也就是说，文化必然带有主体的阶级属性、民族归属和国家意志。正是在这个意义上，后殖民主义理论家赛义德指出，“文化绝非什么心平气和、彬彬有礼、息事宁人的存在，文化是一个战场，里面有各种力量崭露头角、针锋相对，文化也是一种舞台，上面有各种各样的政治和意识形态势力彼此交锋。”文化的资本化和全球化让文化所承载的价值理念等内容能够在被人们消费的过程中移植进人的头脑，甚至置换了个体原有的价值理念。这就使得文化本身具有的政治功能在现代政治的运行中进一步提升。这种提升首先是文化和政治的相互渗透日益加强，衍生出了新的政治参与形式——文化政治。文化政治就是把文化研究和政治研究结合在一起，从文化的角度来确定政治的目标，于是文化直接构成政治斗争的场所，文化本身就意味着政治冲突，各种文化都可以打上政治的标签；政治也变得多元化和语境化，增加了随意和多变的特性。当我们谈到文化的政治性的时候，必须要与文化的意识形态功能联系在一起。实质上，前者就是从后者中衍生出来的。①

2. 工作内容的相互融合

一方面，校园文化作为学校精神、传统和作风的综合体现，客观地营造了一个育人的环境和氛围，它对思想政治教育工作具有很大的推动力、感染力和制约力。通过建设优秀的校园文化，使学生生活在一个融洽和谐的校园氛围中，思想政治教育的内容和要求就容易被其接受；同样，学校的思想政治教育工作开展得坚实有力，会使大学生更好地认同社会的主流价值观和主导文化，必然有利于营造良好的校园文化氛围和精神环境。另一方面，校园文化建设把思想政治教育的内容渗透到各种生动活泼、形式多样的活动中，能使学生在快乐中接受教育，在教育中体会快乐，达成思想政治教育的目的。同时，高校的校园文化活动形式日趋多样、内容不断丰富，学生可以依其个性选择不同的活动，在活动中寻找自己的闪光点，通过参加活动锻炼自己、提高自己的政治思想素质，校园文化活动弥补了传统思想政治教育方式的不足。

3. 工作效果的相互转化

一方面，如果高校校园文化建设成效明显，就可以使受教育者在自尊自爱、健康向上、融洽和谐的校园气氛中自觉接受真理，思想政治教育的内容和要求就能最大限度地被接受。校园文化活动内容的统一、方法和手段的灵活同样也能够最大限度地缩短思想政治教育工作的施教者和受教者之间的距离，找到共鸣点，为改进和加强思想政治教育提供条件和手段。反过来，当校园文化建设与思想政治教育的任何一方出现问题或发展不顺利时，将会削弱甚至阻碍另一方的发展。譬如，当校园文化建设受挫时，思想教育如逆水行舟，难以达到预期效果。同样，当思想政治教育软弱无力时，往往会使教育对象判别是非的能力降低。②

---

① 李江涛. 当代文化发展新趋势研究［M］. 北京：中央编译出版社，2009：195.

② 潘强，许钟元，邵光辉. 多元文化背景下大学生思想政治教育的挑战与创新［M］. 北京：中国纺织出版社，2018：336-339.

（三）思想政治教育是大学文化建设的重要渠道

现代大学文化建设是建设中国特色社会主义理论体系中的一个重大内容，时代赋予思想政治教育工作新的任务与新的内涵，要求思想政治教育工作适应新形势的需要，为时代发展和文化繁荣提供强大的精神动力。思想政治教育是一种教育实践活动，它对人的思想观念、政治观点、道德规范进行有目的、有计划、有组织的影响，从而使其形成符合特定社会和时代需要的思想观点和行为品格。因此，思想政治教育与大学文化有着密不可分的关系。思想政治教育工作是为培养社会主义现代化建设合格接班人和建设大学文化而进行的社会教育的一个重要方面，加强思想政治教育工作是大学文化建设的内在需要。发挥思想政治教育在大学文化建设中的目标导向功能已成为时代趋势，建设以“先进文化”为导向的大学文化，必须加强思想政治教育。把思想政治教育的内容渗透到各种生动活泼、形式多样的大学文化活动之中，使大学生在快乐中接受教育，在教育中体会和享受快乐。思想政治教育融入大学文化建设，有利于形成由“理论”到“实践”、由“内化”到“外化”的转化，为思想政治教育提供更为广阔的实践空间。优秀的大学文化对于思想政治教育的“环绕力”深刻而持久。思想政治教育则有利于使大学生在思想上获得认同，营造优良的文化氛围和精神环境，提升大学文化品位，在思想政治教育过程中，实现二者相互强化、相得益彰。

在大学文化建设过程中，思想政治教育将外在社会要求转化为大学师生内在的个人意识，然后由大学师生将个人意识、思想动机转化为外在行为和行为习惯。实现两个转化是思想政治教育促进大学师生人格发展的具体表现。思想政治教育是丰富大学师生精神世界的重要方式，旨在培养其高度的政治自觉和正确的道德观，提升和丰富大学师生的精神世界，寻求大学文化发展的需求体系和正确方式，帮助大学师生形成坚定的信念和崇高的理想。

思想政治教育为大学文化建设提供精神动力。先进意识对大学的存在和发展起着巨大的推动作用，大学文化发展是一个长期的、艰巨的、复杂的建设过程，在这个过程中大学师生参与热情高低、参与能力强弱都会对其发展产生不同程度的影响。思想政治教育能激发和调动广大师生的参与热情，帮助他们认识大学文化建设的意义和作用，帮助他们实现自我提高和自我完善，提高自身素质，丰富精神生活，培养具有时代创造精神的复合型人才。党的十八大以来，我们把文化建设提升到一个新的历史高度，把文化自信和道路自信、理论自信、制度自信并列为中国特色社会主义“四个自信”，把坚持马克思主义在意识形态领域指导地位的制度确立为中国特色社会主义制度体系的一项根本制度，把坚持社会主义核心价值体系纳入新时代坚持和发展中国特色社会主义的基本方略。习近平总书记多次强调，要坚定文化自信，推动中华优秀传统文化创造性转化、创新性发展，继承革命文化，发展社会主义先进文化，不断铸就中华文化新辉煌，建设社会主义文化强国。统筹推进“五位一体”总体布局、协调推进“四个全面”战略布局，文化是重要内容；推动高质量发展，文化是重要支点；满足人民日益增长的美好生活需要，文化是重要因素；战胜前进道路上各种风险挑战，文化是重要力量源泉。先进文化要对社会发展起促进作用就必须进行广泛的传播，而思想政治教育是传播大学先进文化的有效手段。通过开展有效的思想政治教育，使先进文化迸发出参与社会生活的巨大力量。

三、高校思政课教学面临的挑战

高校思想政治理论课的主旨是帮助大学生树立正确的世界观、人生观、价值观。新中国成立后，我党高度重视高校思想政治理论课教学，高校思想政治理论课先后使用过“公共必修课”“政治理论课”“共同政治理论课”“马克思主义理论课”“共产主义思想品德课”“两课”等不同名称。随着时代的发展变化，思想政治理论课的课程设置也在不断调整。在提高学生思想素质、政治素质方面发挥了重要作用。进入新世纪新阶段，随着国际国内形势的变化，高校思想政治教育面临着新的挑战。从国际形势看，20世纪80年代末90年代初，苏联解体和东欧剧变，使当代世界社会主义发展陷入低潮。当前，除了中国特色社会主义一枝独秀外，其他为数不多的社会主义国家都面临着发展上的困境。西方敌对势力从未放弃对我国实施“西化”“分化”的和平演变战略图谋。随着经济全球化进程的推进，当代大学生面临着各种西方文化思潮和价值观念的冲击与影响。从国内形势看，随着改革开放的深入和社会主义市场经济的推进，必然会引起人们思维方式、价值观念、人生态度、生活方式的不断变化，市场经济的负面效应必然会影响到涉世未深的在校大学生，使一些人程度不同地出现理想信念迷茫、价值观念扭曲、社会责任感淡薄、艰苦奋斗精神缺失、追求感官享乐等问题。这些新情况、新问题，说明大学生思想政治工作还处在许多薄弱环节，思想政治理论课教学还面临着诸多严峻挑战。

（一）社会转型中的现实矛盾对思想政治理论课教学的冲击

思想政治理论课的教学内容能否掌握话语权，与多个因素有关，其中一个重要因素就是当今中国正在进行的社会体制转型对教学主体的影响。课堂教学主体包括教师与学生。思想政治理论课的重要特点之一是其具有鲜明的政治性，换言之，思想政治理论课必须讲清楚当今中国社会体制转型中指导思想的基本内涵及其发展历程。随着马克思主义中国化进程的发展，我们党的指导思想不断丰富和发展。倘若教师在课堂教学之前没有深入的探讨和研究，不能从理论上给求知欲强且充满思想困惑的学生一个令人信服的讲解，思想政治理论课必将逐渐失去其在教学中曾占主导地位的话语权。因此，这就需要思想政治理论课教师将教材语言转换成教学语言：梳理每一阶段具体指导思想的历史背景，讲清楚马克思主义中国化的来龙去脉和内在逻辑，说明白中国化马克思主义之间的一脉相承和与时俱进。特别是改革开放已进行40多年的历程，这其中经历了一系列深刻的社会转变，这些转变无不给思想政治理论课带来了严峻的挑战。比如，在社会主义社会中市场和政府到底是什么关系？如何实现“有效的市场”与“有为的政府”之间的良性运转？新时期是否还存在着阶级斗争？当代中国马克思主义政治经济学与资本主义市场经济的本质区别是什么？这些问题都是学生十分关心的，也是他们感到困惑的，同时也是教师必须面对而且需认真思考并应在课堂上解答的，对这些问题的深入讲解是思想政治理论课话语权的一种表现。这里面，会讲故事、讲好故事十分重要，思政课就要讲好中华民族的故事、中国共产党的故事、中华人民共和国的故事、中国特色社会主义的故事、改革开放的故事，特别是要讲好新时代的故事。讲故事，不仅老师讲，而且要组织学生自己讲。只有如此，思想政治理论课的话语权才有坚实的基础。巨大社会变迁的过程要求思想政治理论课教师正视现实中的矛盾并予以分析，否则就很难成为现实的力量。思政课上学生会提一些尖锐敏感的问题，往往涉及深层次理论和实践问题，把这些问题讲清楚讲透彻并不容易。思政课的任务是传导主流意识形态，建设性是其根本。同时，彻底的批判精神是马克思主义本质特征，马克思主义就是在同各种错误思潮的不断斗争中开辟前进道路的。思政课要在传播马克思主义立场、观点、方法的基础上用好批判的武器，直面各种错误观点和思潮，旗帜鲜明进行剖析和批判。任何社会任何时期都会有各种问题存在，要教育引导学生正确看待、辩证认识、理性分析现实问题，辨明大是大非、真假黑白，在对社会假恶丑现象的批判中弘扬真善美。要坚持问题导向，学生关注的、有疑惑的问题其实也就几大类，要把这些问题掰开了、揉碎了，深入研究解答，把事实和道理一条条讲清楚。实际上，有时候不一定讲得那么高大全，从一个问题切入，把一个问题讲深，最后触类旁通，可以带动很多关联问题，有可能是一通百通、提纲挈领。要练就不怕问、怕不问、见问则喜的真本领，不能见学生提问就发怵。真理从来是在诘问和辩难中发展起来的，如果一问就问倒了，那就说明所讲的不是真理或者自己还没有掌握真理。在这种深入研究和回应现实问题中，思想政治理论课会赢得话语权，学生会领略理论的力量和教学的魅力。

话语权意味着言说者在一定的关系或范围中具有一定的影响力和控制力。高校思想政治理论课的话语权是指教师的教学内容、教学方法对思想活跃的大学生具有一定的吸引力和影响力，从而使思想处于困惑中的大学生系统地接受马克思主义理论教育，从而形成对中国特色社会主义理论的深入理解。对于普通高校大学生来说，理论传播的政治话语、学术话语意味较浓，亟须转化为大学生听得懂、能接受的话语，即大众话语。当前，政治理论教育都是采用高度凝练规范的政治文本和讲话精神，难以被青年学生接受和认同。有些思政课老师缺乏调查研究，没有学懂弄通理论，讲课时局限于报告和讲话本本，不敢与时代实践紧密结合，没有与学生熟悉的生活经验结合，不会用青年学生熟悉的故事和话语讲理论，难以激发青年学生的心理共鸣。甚至一些老师习惯用西方话语体系，习惯用精英话术逻辑推理，生涩难懂不接地气。导致理论虽然进课堂进教材，却难以进头脑，难以入脑入心。

（二）各种社会思潮对思想政治理论课话语权阵地的侵占

随着改革开放的深入和市场经济的发展，社会经济成分、组织形式、就业方式、分配方式和利益格局发生了巨大变化，人们思想的独立性、选择性、多变性和差异性进一步彰显。在这个过程中，资本主义腐朽文化乘虚而入，封建主义腐朽文化沉渣泛起，导致多样化社会思潮在高校铺展开来，对思想政治理论课话语权产生了强烈的冲击。从经济上看，我国经济发展进入新常态，市场经济逐利性的特点、等价交换原则的观念，必然会反映到人们的精神生活中。拜金主义、享乐主义、极端个人主义在一定范围内滋长蔓延，唯利是图、道德失范的现象屡见不鲜，爱国主义、集体主义、社会主义面临各种新的挑战。不少人动摇甚至质疑马克思主义的信仰，轻视甚至抵制马克思主义，导致理想信念的动摇和不坚定，对主流意识形态和主流价值观构成冲击。有的人心为物役，成为“单向度的人”，信奉金钱至上、名利至上、享乐至上，心里没有任何敬畏，行为没有任何底线。如果任由这些错误思想滋生蔓延，不用外部敌对势力的颠覆和破坏，我们自己就会逐步走向堕落和灭亡。从政治上看，改革进入攻坚期和深水区，各种深层次矛盾和问题不断呈现，各类风险和挑战增多。从我们党自身的发展来看，全面从严治党进入重要阶段，党面临的风险和考验集中显现，主要表现为执政考验、改革开放考验、市场经济考验、外部环境考验和精神懈怠的危险、能力不足的危险、脱离群众的危险、消极腐败的危险。“官本位”意识、特权思想、潜规则问题的危害性在一些人的意识里没有引起足够重视。在社会主义市场经济条件下，既要尊重和保护人们追求合法利益的积极性，同时又要防止利益矛盾和冲突对经济发展、社会稳定、政权安全带来的消极影响，就必须大力发展社会主义民主法治。而“官本位”意识、特权思想和潜规则恰恰是发展社会主义民主法治的思想大敌。对此，一些人显然没有给予应有的重视。无论是教师还是学生，都在一定程度上受到了当今各种思潮特别是西方价值观的影响，从而使思想政治理论课话语权的课堂教学阵地被某些专业课教学、网络热议事件和部分舆论所侵占，丧失了一部分话语权。

社会思潮对课堂教学阵地有重要的影响。在高校课堂上，极少数专业课教师在讲授专业课时，不自觉地对思想政治理论课教学内容或质疑、或批判、或挑战，致使部分学生思想陷入困惑。比如有些教师在讲到新自由主义时，指出他们主张建立市场经济体制、发展私营经济、提倡个人自由时，往往伴随着鼓吹私有化，甚至否定共产党的领导、背离社会主义原则。有些社会思潮会动摇大学生走中国特色社会主义道路的决心，如社会体制转型期出现的贫富差距、贪污腐败及住房医疗等个别问题会给新自由主义、民主社会主义等思潮找到切入口。新自由主义思潮不仅影响了学生对社会主义的认识，而且影响到部分教师对社会主义的信心，这给思想政治理论课宣传正能量带来一定的压力。面对此问题，单纯理论上的说教和美化无法回应学生的质疑，思想政治理论课教师必须引领学生分析为什么“社会主义没有辜负中国”“中国没有辜负社会主义”，为什么历经百年风雨，历史和人民选择了中国共产党。从历史和现实出发，不回避社会问题，深入剖析新自由主义的实质，认识到其局限和动机，从而帮助学生正确理解和深刻认识中国特色社会主义道路的必然性和正确性。

形形色色的社会思潮对网络阵地的占领影响了思想政治理论课话语体系。网络最大的贡献在于话语权的解放，视野开阔、思维和情感都十分活跃的大学生自然成为这个阵地的重要参与者。一个时期以来，诸多抹黑英雄的帖子出现在网络上，如《焦裕禄的事迹是两个人拼凑起来的》《经不起推敲的邱少云》以及《“狼牙山五壮士”的细节分歧》等。还有部分势力极力贬低毛泽东的哲学著作，说《矛盾论》是哲学的“算术”，否定毛泽东的历史功绩，有人借深化改革之机企图否定毛泽东思想的指导地位和历史功绩。面对历史虚无主义对英雄、领袖、中共近代史甚至中国历史的丑化、妖魔化等，大学生很难有分辨能力，于是他们的内心深处出现了混乱，对某些事情也失去了判断。互联网对大学生思想观念所造成的冲击不仅限于某一阵地，很多时候它还设置论题的优先权。美国学者约翰·奈斯比特指出：“失去控制和无组织的信息在信息社会里并不构成资源，相反，它成为信息工作者的敌人。”①

总体上看，大学生群体接受新事物的能力较强，但他们的情绪波动大，世界观也较脆弱，非常容易受到外界的影响和干扰。因此，思想政治理论课应积极地运用社会热点等开展教学，引导大学生合理关注社会热点问题，通过增强理论说服力帮助大学生掌握科学的思维方法和辨析社会问题的能力，通过回答大学生的日常生活和关心的社会问题提高思想政治理论课的话语权。高校思想政治理论课教学应该重点研究对大学生思想政治产生严重干扰的社会思潮，如新自由主义、民主社会主义、历史虚无主义、伪科学等思潮。只有在具体的思想政治理论课教学中针对性地穿插对各种错误社会思潮的评析，才能更有效地应对来自社会思潮的挑战。各种错误的社会思潮对舆论阵地的抢占极大地威胁着思想政治理论课的话语权。每当社会发生重大事件时，都会有知名专家、学者在各大媒体上就党的政策、社会事件及改革的理论问题予以解读，理论研讨会、学术交流会、党校培训、电视访谈、专家讲座、杂志专刊等成为当下社会舆论宣传的重要途径，学生也成为这些学术报告的参与者和聆听者，在此过程中他们不仅形成了问题意识，也提高了分析问题和解决问题的能力。但是，不

① 约翰·奈斯比特. 大趋势——改变我们生活的十个新方向［M］. 梅艳，译. 北京：中国社会科学出版社，1984：23.

可否认的是，部分学术精英、商业巨头或者由于自身的理论局限，或者受其所代表的利益左右，或者被西方势力控制，发表了一些污蔑党、攻击社会主义、丑化领袖的言论，在公共舆论中，背离了最基本的政治方向，致使不明真相的学生信以为真，由此产生了对社会的不满、对思想政治理论课的质疑，极大地影响了思想政治理论课的课堂教学效果和话语权的失效。高校是意识形态领域斗争的前沿阵地，马克思主义必须占领这个阵地，否则各种非马克思主义甚至反马克思主义的社会思潮就会侵占社会主义意识形态的阵地。面对各种舆论阵地中纷繁复杂的意识形态论争，思想政治理论课教师掌握话语权的最好方式是深入分析部分专家错误言论的实质和动机，增强教育的说理性和战斗性，牢牢坚守马克思主义阵地，不断增强马克思主义理论的穿透力和影响力，用马克思主义引领社会思潮。

（三）复杂的国际环境对思想政治理论课话语权的挑战

国际上西强我弱的总体态势尚未根本改变，某些国家长期对我国实施西化分化战略，各种敌对势力通过各种途径加紧对我国进行意识形态渗透。东欧剧变，苏联解体，社会主义阵营不复存在，冷战随着柏林墙的倒塌而宣告东西方的意识形态战争的结束。“历史的终结”成为西方欢呼胜利的旗帜与口号。然而，冷战结束后的美国国家安全战略取向却并没有在这一欢呼声中失去方向，真正的美国战略家是极其冷静和理性的，“文明的冲突”迅速成为美国国家安全战略制定的新的理论工具和价值导向。一方面是“历史的终结”，另一方面又是“文明的冲突”。“历史的终结”遭遇“文明的冲突”，历史是否已经“终结”？面对“历史的终结”，“文明的冲突”何以成为可能？随着“9·11”事件的发生，阿富汗战争的爆发，到拜登政府宣布从阿富汗撤军，“文明冲突”的战略预言被证实了。世界由此从传统安全时代进入了非传统安全时代。于是，结合“硬实力”与“软实力”的“巧实力”成为新的美国安全战略的核心理论。一方面，意识形态冲突并没有随着柏林墙的倒塌而宣告“终结”，只要社会主义没有完全被推翻，只要社会主义国家和制度还依然存在，关于资本主义和社会主义制度的意识形态之争就不会“结束”。“文明冲突”掩盖不了“意识形态冲突”，这就是西方的“普世价值”，对象就是中国。今天的中国具有比昔日的苏联更为巨大的“中国威胁”。中国特色社会主义道路既体现和反映着社会主义制度的成功，而且也印证着中国社会主义意识形态的成功。所谓“中国威胁”并不是亨廷顿意义上的东方的“儒教文明”和西方的“基督教文明”的冲突，而是中国价值观和西方价值观之间的冲突。冲突的实质是：中国要不要遵守西方社会指定的价值秩序和制度选择。只要中国坚持走自己的发展道路和坚持自己的价值理念，“中国威胁论”就始终存在。因此，如何既要坚持意识形态冲突又要充分享受中国经济发展带来的全球化红利，便成为西方战略安全的困境、西方文化安全的困境。西方安全与战略理论界为此而东冲西突寻找应对中国崛起的战略突破点。于是出现了“巧实力”理论、网络自由理论等等。虽然“历史终结论”的提出者福山已经修改了“历史终结论”，但是，作为一种乌托邦想象，“历史终结”仍将继续挑战“文明冲突”，或者说“文明冲突”将继续解构“历史终结”。无论这个结果会是怎样，它都将深刻地影响着西方安全战略理论的发展，并且在西方安全战略理论中深刻地表现出来，对全球文化安全产生深刻的影响。一些西方国家把我国发展壮大视为对其价值观念和制度模式的挑战，想方设法对我国进行意识形态渗透和围堵，并且我们离民族复兴的目标越近、离世界舞台的中央越近，西方对中国特色社会主义道路、理论、制度、文化的攻击也就越猛烈。因此，维护我国意识形态安全的任务十分艰巨。再加上我国国内出现了利益多样化，一些错误观点时有出现，有的宣扬西方价值观，有的专拿党史国史说事，有的以“反思改革”为名否定改革开放，有的否定四项基本原则。有的人奉西方理论、西方话语为金科玉律，不知不觉成了西方资本主义意识形态的吹鼓手。对上述问题作出马克思主义的回答，提出解决问题的“中国方案”，是发展马克思主义、实现当代中国哲学社会科学创新的根本和关键。

理论发展首先要立足社会现实，思想政治理论课要牢牢掌握话语权也必须关注并回应现实。当今国际社会的变化可谓一日千里，发达资本主义和社会主义国家都发生了巨大的变化，这使思想政治理论课面临着复杂的国际环境。面对此环境，学生会反思，资本主义是否如马克思所言，它必然会走向灭亡的命运，社会主义国家又如何克服自身存在的问题？对于这些困惑，不得不承认，马克思主义理论教学所描绘的世界与学生所关心的现实世界存在距离。所以，提高马克思主义理论解释现实世界和改变世界的能力，是掌握思想政治理论课话语权的基本方式和重要途径。

思想政治理论课面临着西方意识形态话语权的挑战。作为当今世界大国的美国，在企图全面遏制中国的过程中，意识形态一直是其非常重视的领域，正如杜勒斯所指出的那样：人的脑子、人的意识是会改变的。只要把脑子弄乱，我们就能不知不觉改变人们的价值观念，并迫使他们相信一种经过偷换的价值观念。杜勒斯的观点代表了美国对中国的意识形态战略，《十条诫令》更是这种战略的具体化。面对如此鲜明的针对中国的文化战略，思想政治理论课一方面要勇于揭露美国的意识形态阴谋，识破其颜色革命的深层用意；另一方面要用马克思主义理论武装和引导大学生，避免学生陷入西方意识形态“糖衣炮弹”的包围，特别是在进行教学内容设计时，要预留一定的教学空间，让学生来演绎与诠释他们对美国的认识与理解，比如说让学生探讨，美国《十条诫令》的真实意图是什么？作为当代大学生，可以为我们的国家做些什么？通过透彻的学术分析和强烈的现实关照，学生会明白自己所面临的危险和应担负的使命，从而成为马克思主义理论的接受者和坚守者，成为社会主义合格的建设者和可靠的接班人。

资本主义出现的一些新变化对思想政治理论课话语权构成了一定的冲击。当今资本主义社会出现了很多新的变化，按照马尔库塞的观点，由于资本主义社会中技术的快速发展，这不仅降低了工人的劳动强度，带来了人们物质生活的极大改善，而且改变了社会的结构，加剧了社会同化的趋势，蓝领工人朝着白领工人的方向转化，由此资本主义统治获得了更多的合法性。对此，学生不禁要问，资本主义真如所呈现的如此这般吗？作为曾经起过进步作用的资本主义是否具有永恒的合理性？在表面上繁荣的背后存在着什么样的危机？对此马尔库塞给予了明确的回答，“在使西方文明不断提高其效益的生产性压抑的高潮中，人所取得的成就就像滚雪球式的迅速增长，从而掩盖了主人与奴隶、统治者与被统治者的区分。但是效益的日益提高却导致了生命本能的日渐衰微，导致了人的退化。”① 作为思想政治理论课教师，没有理由不对这一现象做深入思考并向学生解答。我们知道，思想政治理论课的重要内容之一就是讲清楚人类社会发展的基本规律，认识社会主义最终取代资本主义的必然性。那么，当今资本主义制度遇到的根本问题是什么呢？从总体上来讲，资本主义的本性是逐利的，而且追求利润最大化，这一方面会导致资本垄断，并致使两极分化严重；另一方面资本的本性及其短期效益与生态构成了严重的对抗，它的逐利本性意味着对自然的最大索取和垃圾的最大排放，同时让欠发达国家吃下污染。正如福斯特所言，“资本主义经济把追求利润增长作为首要目的，所以不惜任何代价追求经济增长，包括剥削和牺牲世界上绝大多数人的利益。这种迅猛增长通常意味着迅速消耗能源和材料，同时向环境倾倒越来越多的废物，导致环境急剧恶化。”② 由此可以看出，提升思想政治理论课教师话语权的当务之急是深入研究当今资本主义的新变化并分析其存在的各种危机，从而以理服人，促使大学生认识到资本主义的局限和社会主义的前景。

思想政治理论课话语权面临着社会主义国家命运的严峻考验。以苏联解体为标志的东欧剧变是20世纪的大事变，它对整个世界特别是社会主义国家人们的心灵产生巨大震撼和冲击。资本主义国家长期实行的军事包围、政治干预、经济封锁甚至武装干涉，都没能消灭苏东社会主义，反而利用社会主义国家改革发展过程中遇到的困难，用和平演变手法达到其颠覆社会主义国家政权的目的。这当中原因是复杂的，而苏联社会主义模式长期存在的诸多弊端无疑是其中的重要原因。这样的环境和氛围不能不使

① 马尔库塞．爱欲与文明：对弗洛伊德思想的哲学探讨［M］．黄勇，薛民，译．上海：上海译文出版社，2005：92．

② 福斯特．生态危机与资本主义［M］．耿建新，宋兴无，译．上海：上海译文出版社，2006：2-3．

当代大学生对社会主义的前途、命运产生极大的困惑。在这种大的背景下，思想政治理论课教师掌握话语权的关键在于：帮助学生分析社会主义的发展历程，了解并理解中国社会主义发展的特殊性和艰难性，指出中国走中国特色社会主义道路的必然性。20 世纪 80 年代末，美籍日裔学者弗朗西斯·福山提出了所谓“历史终结论”，把冷战结束看作“历史终结”。在福山宣布人类历史“终结”以后，中国并未按照其思路发展。而在进入 21 世纪以后，当西方经济陷入停滞之际，却唯有中国“一枝独秀”。这一事实提醒更多人去思考：如果中国的管理模式、政治模式乃至国家治理不具备优越性，这种发展的成就如何实现？中国的飞速发展已经证明，源于西方中心主义的“历史终结论”存在严重误判。2014 年 2 月 17 日，习近平总书记在省部级主要领导干部学习贯彻党的十八届三中全会精神全面深化改革专题研讨班上的讲话指出，我国的实践向世界说明了一个道理：治理一个国家，推动一个国家实现现代化，并不只有西方制度模式这一条道，各国完全可以走出自己的道路来。正如习近平总书记在 2018 年 12 月 12 日举行的庆祝改革开放 40 周年大会上的讲话所说：“必须坚持走中国特色社会主义道路，不断坚持和发展中国特色社会主义。改革开放 40 年的实践启示我们：方向决定前途，道路决定命运。我们要把命运掌握在自己手中，就要有志不改、道不变的坚定。”① 可以说，中国用事实宣告了“历史终结论”的终结，宣告了各国最终都要以西方制度模式为归宿的单线式历史观的破产。正如习近平所指出的，“中国特色社会主义，承载着几代中国共产党人的理想和探索，寄托着无数仁人志士的夙愿和期盼，凝聚着亿万人民的奋斗和牺牲，是近代以来中国社会发展的必然选择，是发展中国、稳定中国的必由之路。”② 思想政治理论课教师只有深刻认识社会主义产生的历史背景和现实必然性，了解资本主义在经济、政治、文化和生态方面陷入的总体危机，深入把握中国特色社会主义的历史选择和内在逻

---

① 习近平. 在庆祝改革开放 40 周年大会上的讲话（2018 年 12 月 18 日）［EB/OL］. 新华网，2018-12-18.

② 习近平. 习近平谈治国理政［M］. 北京：外文出版社，2014：8.

辑，才能在课堂上有话语权、在学生心目中有影响力，从而在纷繁多变的环境中把握历史发展的社会主义趋势。

总之，面对挑战，思想政治理论课教师必须加强对教学内容的深入研究，同时不断深化教学改革创新，不断提升思政课的思想性、理论性和亲和力、针对性，真正做到政治性和学理性相统一、价值性和知识性相统一、建设性和批判性相统一、理论性和实践性相统一、统一性和多样性相统一、主导性和主体性相统一、灌输性和启发性相统一、显性教育和隐性教育相统一。如此，思想政治理论课就会有话语权。

四、牢牢把握高校意识形态工作的领导权

（一）理直气壮讲好思政课

高校历来是各种不同学术观点、政治观点交汇、斗争的前沿阵地，也是敌我双方争斗的一个没有硝烟的战场。能否坚持社会主义办学方向，能否坚持用马克思主义理论培养中国特色社会主义事业的建设者和接班人，关系着中国社会发展的前途命运。近年来，受各种因素的影响，出现了许多质疑高校思政课正当性和必要性的杂音和谬论，比如“思政课取消论”“思政课非意识形态化”“思政课自由选择论”“思政课无用论”等，严重干扰了高校育人工作。从理论上深入剖析上述种种观点的谬误，揭示其实践危害，对于理直气壮地在高校开好思政课，加强高校思想宣传工作具有重要意义。习近平总书记在 2019 年 3 月 18 日召开的学校思想政治理论课教师座谈会上强调，青少年是祖国的未来、民族的希望。青少年阶段是人生的“拔节孕穗期”，这一时期心智逐渐健全，思维进入最活跃状态，最需要精心引导和栽培。思政课是落实立德树人根本任务的关键课程，思政课作用不可替代，思政课教师队伍责任重大。① 高校大学生是 21 世纪中国特色社会主义事业的建设者和接班人，培养什么样的接班人，以什么样的

① 习近平. 思政课是落实立德树人根本任务的关键课程［J］. 求是，2020（17）：4-16.

理论武装接班人的头脑问题，是关系坚守中国特色社会主义道路的重大问题，绝对不能掉以轻心。高校思想政治理论课（以下简称“思政课”）作为对当代大学生进行思想意识形态教育的主渠道，在培养接班人问题上扮演着十分重要的角色。正因为如此，党历来极其重视高校思政课建设，为此投入了大量的人力、物力和财力。然而，近些年来，由于受各种错误价值观、思潮和理论的影响，“思政课取消论”“思政课非意识形态化”“意识形态多元化”以及“思政课自由选择论”“思政课无用论”等观点甚嚣尘上，对高校思想政治教育工作带来不小的冲击。发挥高校思政课在高校意识形态建设中的功能，必须首先肃清上述错误思潮的消极影响。

有一种流行的观点认为，思政课是务虚的，当代青年大学生学习思政课没有多大的用处。有人质疑说，学好思政课，对提高学生的专业技术水平有帮助吗？对大学生找工作有用吗？学好思政课，能给国家带来实实在在的国内生产总值（GDP）的增长吗？能创造就业机会吗？能带来科技发明和创新吗？既然不会提高学生的专业水平和技术能力，也不能给个人和国家带来直接的效用，那么，与其在思政课上花大量时间，不如把这些时间节省下来，用在专业课的学习上，练好专业技术本领。正所谓学习思政课，不如学好数理化，走遍天下都不怕。这种观点也是经不起推敲的，其主要错误在于片面强调科学技术的作用，忽视“理论”“思想”“制度”对科学技术的引领，更没有看到“以什么理论为指导、走什么路”对国家和民族发展的决定性意义。我们不否认科学技术对一个国家、民族发展的重要性，作为华夏子孙，对这个问题有着更为深刻的体验。近代中国正是由于科学技术落后，才被西方列强用坚船利炮打开大门，导致中华民族陷入长达百年的半殖民地半封建社会的深渊。近代中国的仁人志士，为了求救国救民之真理，曾经提出“师夷长技以制夷”的口号，实施过科学救国、技术救国和实业救国，然而这些努力都以失败而告终。失败的教训告诉中国人，要想实现中华民族的复兴，不从制度上、思想文化观念上入手进行彻底的变革是不能最终成功的。一开始，部分中国人把目光投向了资本主义，试图用西方资本主义制度、资产阶级思想理论来解决中国问题，但最终都遭到了失败。只有在马克思主义传入中国，一部分先进的中国知识分子开始尝试以马克思主义为指导来解决中国的问题，中国革命的面貌才焕然一新。近代中国历史证明，没有制度的彻底变革与科学理论的指导，只靠技术强国，只能是天真的幻想。

从世界视野来看，所谓技术决定论、技术万能论，也是没有依据的。我们承认科学技术对经济社会进步的革命性作用，但是认为只要解决了科学技术问题，所有的社会问题都能迎刃而解，这又是一种无知的幻想。当代西方发达资本主义国家的科学技术达到前所未有的水平，可是资本主义所固有的矛盾解决了吗？周期性的经济危机问题、贫富分化问题、环境资源问题、跨国性毒品犯罪问题、局部战争问题等，不但一个都没有得到最终解决，反而变得更加糟糕。就拿贫富分化来说，根据法国学者皮凯蒂在《21 世纪资本论》中的研究，第二次世界大战以后，科学技术得到突飞猛进的发展，不但没有缩小贫富差距，反而有扩大的趋势，甚至已经接近 20 世纪资本主义大萧条时期的水平。由此可见，根本制度问题不解决，科学技术的发展也不能解决资本主义的根本矛盾。此外，技术万能论、技术决定论的错误，在于没有看到科技进步与制度、理论之间的辩证统一关系。近代伟大的工业革命之所以肇始于英国，不仅在于英国较早地完成了资产阶级革命，走上了资本主义道路，建立了君主立宪制度，为工业革命的发展扫清了障碍，还在于近代英国涌现出一大批对人类社会发展产生深刻影响的伟大的思想家、理论家，正是这些思想理论，成为英国资产阶级战胜封建主义的重要理论武器。总之，大量的事实证明，科学技术水平固然重要，但是制度问题，走什么道路问题，以什么理论为指导的问题，则是一个国家、一个民族发展的根本性问题。科学技术固然重要，但还有一个掌握在哪个阶级手中、为哪个阶级服务的问题。在阶级社会中，统治阶级把科学技术作为实现自己利益的、巩固统治阶级地位、压迫和镇压被统治阶级的工具。两次世界大战中，最先进的科学技术都首先运用于帝国主义国家为争取霸权地位、统治全世界的战争之中，科学技术没有成为造福人类的工具，反而成为涂炭生灵的凶器。在当下，美国斯诺登揭露的美国中情局利用信息技术优势，监听和窃取世界各国包括其盟国领导人信息的丑闻，尖端的信息技术成为美国为了维护其全球霸权地位、实行技术恐怖统治的工具，完全有悖于国际政治道义和他们所标榜的自由人权。科学技术固然重要，但掌握在具有什么样的政治思想素质和道德品质的人手中，也至关重要。许多网络天才，运用其专业知识，利用网络漏洞，制造、编辑和传播病毒，骗取他人财物，科学技术在他们手中成为谋财害命的工具。学习和培养专业技能，与培养和造就崇高的思想政治道德品质，是并行不悖的。我国杰出的科学家钱学森，不但在专业技术上学有所长，而且具备优秀的思想道德品质。在新中国成立后急需大批科技人才的时候，钱学森毅然选择放弃美国优厚的待遇，回归故乡，报效祖国。钱学森认为，崇高的理想信念，是激励人进行科技创新的精神动力。

以“对我是否有用”“能否满足我的需要”为标准，来衡量思政课的意义，是一种实用主义的表现。而不讲政治、不讲理想信念的实用主义正是东欧剧变的重要原因之一。毕生以反共为职志的尼克松认为，实用主义是打开东欧社会主义国家通向和平演变之路的缺口。当他看到“正在崛起的一代东欧人不是思想家，而是实干家”的时候，当他看到“共产主义作为激发人们的力量”在东欧国家已经死亡的时候，当他看到东欧共产党人已经“完全丧失了信仰”“意志和信心已经破灭”的时候，他就预言“和平演变的时机已经成熟”。尼克松的预言不幸成了事实。东欧剧变，已是前车之鉴，不从中吸取经验教训，把理想信念教育作为高校思政课的重中之重，引导学生深知“只有社会主义才能救中国，只有中国特色社会主义才能发展中国”的道理，而是向学生灌输实用主义观点、宣扬“思政课无用”显然是不行的。

如果说高校是意识形态工作的主要战场，那么思政课则是高校意识形态工作的前沿阵地。正是由于思政课在高校思想意识形态建设中的特殊地位，因此，肃清对思政课的种种误解、歪曲甚至抹黑的观点，对于理直气壮地开好思政课，发挥其在高校思想意识形态建设中的主渠道作用，具有重要意义。

(二) 警惕教育、教材的西化现象

2014年9月9日，习近平总书记在考察北京师范大学期间指出，“我很不希望把古代经典的诗词和散文从课本中去掉，加入一堆什么西方的东西，我觉得‘去中国化’是很悲哀的。应该把这些经典嵌在学生的脑子里，成为中华民族的文化基因。”① 教育是有阶级性的，教材也是有阶级性的，要警惕教材的西化现象。教育无小事，教材是大事。教材建设是国家事权，要体现国家意志，教材作为知识合法化的文本，作为下一代个体社会化进程的基本载体，其意识形态“守门人”、国家长治久安“把关人”的关键定位绝不能含糊。正如顾海良所言：“思政课涉及的主要是哲学社会科学的内容，然而在我国当前的哲学社会科学学科体系和教材体系中，一些学科存在着‘当西方理论搬运工’的现象。”② 2020年11月29日，习近平总书记给人民教育出版社部分离退休老同志回信，向人教社的全体同志致以问候，对教材编研出版工作提出殷切期望。习近平在回信中说，百年大计，教育为本。希望人民教育出版社紧紧围绕立德树人根本任务，坚持正确政治方向，弘扬优良传统，推进改革创新，用心打造培根铸魂、启智增慧的精品教材，为培养德智体美劳全面发展的社会主义建设者和接班人、建设教育强国作出新的更大贡献。③ 立德树人是教育的根本任务和灵魂，培养堪当民族复兴大任的时代新人是中国特色社会主义进入新时代的要求。高校教材首先要把握好政治方向、价值导向，培养认同自己国家、认同自己文化的可靠接班人和合格建设者。教材建设是事关未来的战略工程、基础工程，高质量的教材建设是我们实现根本任务的重要条件。高校要认真落实好习近平新时代中国特色社会主义思想进教材、进课堂、进头脑的中心工作，全面加强教材研究平台建设、教材体系建设、教材评

---

① 郭莹，潘珊菊．习近平：“很不赞成从课本中去掉古代经典诗词”［EB/OL］．人民网，2014-09-10．

② 顾海良．学科和教材不能当西方理论的“搬运工”［N］．光明日报，2017-02-14（06）．

③ 习近平．习近平给人民教育出版社老同志的回信［EB/OL］．新华社，2020-11-30．

价机制建设和教材管理工作。如同政党、国家、法律一样，教育是有阶级性的，而教材作为教育和学习活动的载体，也是如此。近40年来，我国教材的西化现象严重，从小学到中学再到大学，西方的普世价值观念已深入教材、课堂。主要体现在政治、经济、历史、文学、语文包括大学语文等人文社会学科上。去政治化、去阶级化、去意识形态化是教材中存在的乱象，应该引起我们高度重视。

鉴于教材建设是一项战略工程、基础工程、系统工程，要持之以恒，久久为功。2021年4月1日教育部出台了《中小学生课外读物进校园管理办法》，并列出不得推荐或选用为中小学生课外读物的12条负面清单，其中就包括戏说党史、国史、军史，以及存在科学性错误、违规植入商业广告、有违公序良俗等内容的课外读物。相应地，高校也要认真学习贯彻习近平总书记关于教育的重要论述，切实落实好教材建设，推进新时代教材建设，全面提升教材质量，发挥教材育人作用，为培养德智体美劳全面发展的社会主义建设者和接班人作出新的更大贡献。

（三）做好新形势下高校思想政治工作

2019年3月18日上午，习近平在京主持召开学校思想政治理论课教师座谈会并发表重要讲话。他强调，办好思想政治理论课，最根本的是要全面贯彻党的教育方针，解决好培养什么人、怎样培养人、为谁培养人这个根本问题。在学校思想政治理论课教师座谈会上，习近平总书记从党和国家事业发展的全局出发，深刻阐述了办好思政课的重大意义，深入分析了教师的关键作用，明确了坚持和加强党的全面领导是保证思想政治理论课建设健康科学发展的根本。习近平总书记的讲话充分说明了新时代办好思想政治理论课的重要性、紧迫性以及党中央的高度重视。讲话深刻回答了高校培养什么样的人、如何培养人以及为谁培养人这一根本问题，为做好新形势下高校思想政治工作、发展高等教育事业指明了前进方向。习近平总书记在讲话中指出，用新时代中国特色社会主义思想铸魂育人，贯彻党的教育方针落实立德树人根本任务。“我们办中国特色社会主义教育，就是要理直气壮开好思政课，用新时代中国特色社会主义思想铸魂育人，引导学生增强中国特色社会主义道路自信、理论自信、制度自信、文化自信，厚植爱国主义情怀，把爱国情、强国志、报国行自觉融入坚持和发展中国特色社会主义事业、建设社会主义现代化强国、实现中华民族伟大复兴的奋斗之中。"① 党的十八大以来，以习近平同志为核心的党中央对加强高校思想政治工作作出一系列重大部署。对如何用好课堂教学这个主渠道，习近平总书记提出，"思维要新，学会辩证唯物主义和历史唯物主义"②。思想政治理论课要坚持在改进中加强，提升思想政治教育亲和力与针对性，满足学生成长发展需求和期待，为思政课教学改革提供总遵循。习近平总书记在讲话中充满感情地说，"有了我们这支可信、可敬、可靠，乐为、敢为、有为的思政课教师队伍，我们完全有信心有能力把思政课办得越来越好。③"思政课建设长期以来形成的一系列规律性认识和成功经验，为思政课建设守正创新提供了重要的基础。

首先，要坚持以马克思主义为指导，加强哲学社会科学工作的领导。学术机构的领导权要牢牢掌握在"真学、真懂、真信、真用"马克思主义的学者手中；相关部门应对学术评估体系和评估标准进行对照检查，抵制西化倾向，保证学科发展的社会主义方向；对掌握学术权力的杂志编辑队伍、评奖委员会、教学指导委员会等进行整改，以确立和加强马克思主义的指导地位。如果由于实行市场经济而在思想和教育领域也以经济利益为导向，让经济利益成为我们高校各个专业导向的指挥棒，成为我们思想领域的指挥棒，成为学习动力的指挥棒，成为报刊、出版社的指挥棒，那么在这种弥漫着拜金主义的社会氛围里，马克思主义怎么可能不被边缘化呢？因为马克思主义不是关于发财致富的科学，而是关于人类解放的科

---

① 习近平. 用新时代中国特色社会主义思想铸魂育人［N］. 人民日报海外版，2019-03-18（01）.

② 习近平. 思政课是落实立德树人根本任务的关键课程［J］. 求是，2020（17）：4-16.

③ 习近平. 思政课是落实立德树人根本任务的关键课程［J］. 求是，2020（17）：4-16.

学。因此，必须在对思想意识形态领域依法实行有效管理的同时，切实提高马克思主义理论研究水平和宣传水平，切实提高马克思主义理论工作者的政治地位，培养他们的光荣感和使命感。改变当前高校中马克思主义在一些学科中“失语”、论坛上“失声”的现象，需要马克思主义理论工作者成为理论战线的战士，成为既有高水平的马克思主义理论学养又有战斗意志的理论战士，做到守土有责、守土负责、守土尽责。

其次，要高度重视思政课教师队伍建设。习近平总书记强调，办好思想政治理论课关键在教师，关键在发挥教师的积极性、主动性、创造性。这是基于新中国成立70多年来高校思政课建设实践得出的宝贵认识。2019年8月14日，中共中央办公厅、国务院办公厅印发《关于深化新时代学校思想政治理论课改革创新的若干意见》，明确提出，“教育是国之大计、党之大计，承担着立德树人的根本任务。思政课是落实立德树人根本任务的关键课程，发挥着不可替代的作用”，并就建设一支“政治强、情怀深、思维新、视野广、自律严、人格正的思政课教师队伍”提出了明确要求。以培育一大批优秀马克思主义理论教育家为目标，制定思政课教师队伍培养培训规划，在中央党校（国家行政学院）及地方党校（行政学院）面向思政课教师举办学习习近平新时代中国特色社会主义思想专题研修班，办好“周末理论大讲堂”、骨干教师研修班，实施好思政课教师在职攻读马克思主义理论博士学位专项计划。建强高校思政课教师研修基地，依托首批全国重点马克思主义学院所在高校重点开展理论研修，依托高水平师范类院校重点开展教学研修，全面提升每一位思政课教师的理论功底、知识素养。严把政治关、师德关、业务关，明确与思政课教师教学科研特点相匹配的评价标准，进一步提高评价中教学和教学研究占比。增强教师的职业认同感、荣誉感、责任感，把思政课教师和辅导员中的优秀分子纳入各类高层次人才项目。哲学社会科学的大部分学科都具有鲜明的意识形态属性，对于大学生坚定正确的政治方向，正确认识和分析社会现象、提高自身的精神境界具有十分重要的作用。高校从事哲学社会科学教学的教师要充分认识哲学社会科学在大学生思想政治教育中的地位和作用，在教育过程的各个环节融入思想政治教育内容，以良好的思想、道德、品质和人格影响大学生，使学生在学习专业课程的过程中，提高自身的思想觉悟和政治素质。高校各门课程的教师都肩负育人之责，都要把对大学生进行思想政治教育作为自己义不容辞的责任，把思想政治教育渗透到教学、科研、社会服务的各个环节，自觉做课程思政的引路人。

最后，牢牢掌握意识形态工作主动权和领导权，坚持马克思主义在我国意识形态领域的指导地位，准确把握新时代文化建设的前进方向和发展道路。作为思政课教学主要内容的哲学社会科学，对学生世界观、人生观、价值观的形成有着重要影响，发挥着思想理论引导、核心价值培育、精神品格铸就和人文素质滋养的重要作用。作为传道者，高校教师自己首先要明道、信道，才能担得起学生健康成长指导者和引路人的责任。在传道过程中，则要多多创设关于理论热点、焦点事件的讨论机会和平台，衔接好线上与线下，通过理性的论辩、争鸣，引导学生正确认识中国特色和国际比较，全面客观认识当代中国、看待外部世界。对于青年大学生的价值观教育，决定了国家和民族的未来。如果我们的大学只注重知识教育，不能解决好青年的世界观、人生观、价值观这个“总开关”问题，不让他们人生的扣子从一开始就扣好，就有可能在人才培养目标上出现偏差。从长远来看，坚持社会主义办学方向，把社会主义核心价值观贯穿于人才培养全过程，引导广大青年大学生勤学、修德、明辨、笃实，使他们明大德、知大义，自觉做社会主义核心价值观的践行者，这是中国特色社会主义大学最重要的使命所系、职责所在。

第五章　师德师风与高校文化安全

振兴民族的希望在教育，而振兴教育的希望在教师。高校教师是先进科学文化知识的传播者、文化安全的守护者和引路人。不仅要向学生传播文化知识、从事科学研究，还要通过自己的言行影响他们的理想、情感、意志、兴趣，帮助他们树立正确的世界观、人生观、价值观。加强和改进高校师德师风建设，对于全面提高高等教育质量、推进高等教育事业科学发展，培养中国特色社会主义事业的建设者和接班人，实现中华民族伟大复兴的中国梦，具有重大而深远的意义。2018 年 11 月 8 日，教育部印发《新时代高校教师职业行为十项准则》，明确提出高校教师要：坚定政治方向，自觉爱国守法，传播优秀文化，潜心教书育人，关心爱护学生，坚持言行雅正，遵守学术规范，秉持公平诚信，坚守廉洁自律，积极奉献社会。高校教师是高等教育改革的主体和办学的依靠力量，师德师风决定了一所高校的办学质量和办学方向。

“师者，人之模范也。”人才培养，关键在教师。教师队伍素质直接决定着大学办学能力和水平。如何做一名好老师？习近平多次强调了他 2014 年教师节时提出的四点要求，即：要有理想信念、有道德情操、有扎实学识、有仁爱之心。在学生眼里，老师“吐辞为经、举足为法”，一言一行都给学生以极大影响。要坚持教育者先受教育，让教师更好担当起学生健康成长指导者和引路人的责任。习近平总书记指出，“评价教师队伍素质的第一标准应该是师德师风。师德师风建设应该是每一所学校常抓不懈的工作，既要有严格制度规定，也要有日常教育督导。我们的教师队伍师德师风总体是好的，绝大多数老师都敬重学问、关爱学生、严于律己、为人师表，受到学生尊敬和爱戴。同时，也要看到教师队伍中存在的一些问题。对出现的问题，我们要高度重视，认真解决。要引导教师把教书育人和自我修养结合起来，做到以德立身、以德立学、以德施教。”①

一、高校师德师风的文化意蕴

党的十九大报告中提出了“培养担当民族复兴大任的时代新人”，这一重要思想为新时代教育培养什么人、怎样培养人、为谁培养人指明了方向。在全国教育大会上，习近平总书记再次强调，我国是中国共产党领导的社会主义国家，这就决定了我们的教育必须把培养社会主义建设者和接班人作为根本任务，培养一代又一代拥护中国共产党领导和我国社会主义制度、立志为中国特色社会主义奋斗终身的有用人才。他提出，培养人要在坚定理想信念上下功夫，要在厚植爱国主义情怀上下功夫，要在加强品德修养上下功夫，要在增长知识见识上下功夫，要在培养奋斗精神上下功夫，要在增强综合素质上下功夫。可以说，六个“下功夫”进一步明确了培养担当民族复兴大任的时代新人的基本要求。其中，在加强品德修养，以培养担当民族复兴大任的时代新人方面，必须把坚持立德树人作为根本任务，坚持以社会主义核心价值观为核心引领时代新人的培养，把社会主义核心价值观融入时代新人培养的各方面。坚持以社会主义核心价值观为核心，引领时代新人的理想信念、爱国情感、法治意识、道德修养、知识见识、综合素质等方面，培养有理想、有担当、有责任、有学识、重实干、靠奋斗、讲奉献的时代新人。要把立德树人融入思想道德教育、文化知识教育、社会实践教育各环节，贯穿基础教育、职业教育、高等教育各领域，渗透到学科、教学、教材、管理各方面，实现课程育人、教材育人、课堂育人、管理育人；融入社会实践，实现活动育人；融入学校文

① 习近平. 在北京大学师生座谈会上的讲话（2018 年 5 月 2 日）［N］. 人民日报，2018-05-03.

化，实现文化育人；融入制度建设，实现制度育人；要融入青少年日常生活的各方面，实现生活育人、环境育人。要在全面融入上下功夫，在落细落小落实上下功夫，使社会主义核心价值观日常化、具体化、形象化、生活化，成为青少年日常生活场景，成为每个人做事的基本遵循。①

（一）师德师风的文化解读

教育大计，教师为本；教师大计，师德为本。文化的基础是道德。大学之所以受人尊重，原因之一是大学之中有大德、有大道、有大爱、有大师、有大精神。大学里的师生构成了道德的共同体。师德师风是一个人文概念，有其特定的文化意蕴。师德师风是教师在长期教育实践活动中形成的，是教师的道德品质、行为风尚、教育理念、治学态度、学识涵养等方面的综合表现，是高校内部教师进行价值选择的结果。师德师风的文化性源于高校教师的文化性。优秀的高校教师文化性表现在职业上追求自我实现、学术上崇尚宁静致远、教学上体现精耕细作、人际交往追求和谐共生，对引领和示范学校的精神文化有着更为突出的作用，是构建和谐校园文化的重要保证。因此，开展师德师风建设，必须坚持以人为本，把人放在最重要的位置上，尊重人的生命价值、人的生存尊严、人的理想追求，给人以一种普遍的人类自我关怀和完美人格的自我塑造。师德是深厚的知识修养和文化品位的体现。师德需要教育培养，更需要老师自我修养。做一个高尚的人、纯粹的人、脱离了低级趣味的人，应该是每一个老师的不懈追求和行为常态。好老师要有“捧着一颗心来，不带半根草去”的奉献精神，自觉坚守精神家园、坚守人格底线，带头弘扬社会主义道德和中华传统美德，以自己的模范行为影响和带动学生。好老师的道德情操最终要体现到对所从事职业的忠诚和热爱上来。好老师应该执着于教书育人。我们常说干一行爱一行，做老师就要热爱教育工作，不能把教育岗位仅仅作为一个养家糊口的职业。有了为事业奋斗的志向，才能在老师这个岗位上干得有滋有味，干出好成绩。如果身在学校却心在商场或心在官场，在金

---

① 冯建军. 六个“下功夫”培养时代新人［N］. 光明日报，2018-09-18（13）.

钱、物欲、名利同人格的较量中把握不住自己，那是当不好老师的。老师要有“衣带渐宽终不悔，为伊消得人憔悴”的精神，兢兢业业做好工作。做老师，最好的回报是学生成人成才，桃李满天下。想想无数孩子在自己的教育下学到知识、学会做人、事业有成、生活幸福，那是何等让人舒心、让人骄傲的成就。①

（二）师德师风是高校教师的职业操守

教师的职业特性决定了教师必须是道德高尚的人群。合格的老师首先应该是道德上的合格者，好老师首先应该是以德施教、以德立身的楷模。师者为师亦为范，学高为师，德高为范。老师是学生道德修养的镜子。好老师应该取法乎上、见贤思齐，不断提高道德修养，提升人格品质，并把正确的道德观传授给学生。② 教师承担着最庄严、最神圣的使命。梅贻琦先生说：“所谓大学者，非谓有大楼之谓也，有大师之谓也。”这样的大师，既是学问之师，又是品行之师。教师要时刻铭记教书育人的使命，甘当人梯，甘当铺路石，以人格魅力引导学生心灵，以学术造诣开启学生的智慧之门。

2019 年 3 月 18 日，习近平总书记在学校思想政治理论课教师座谈会上提出，办好高校“关键课程”，关键在教师。打造高素质的高校思政课队伍，必须牢记习近平总书记政治要强、情怀要深、思维要新、视野要广、自律要严、人格要正的“六要”嘱托，坚持“六要”标准，做好思政课教师。其中，“人格要正”，即老师要以高尚情操感染青年学生。有人格，才有吸引力。亲其师，才能信其道。思政课教师要有堂堂正正的人格，用高尚的人格感染学生、赢得学生。要有学识魅力，用真理的力量感召学生，以深厚的理论功底赢得学生。思想要有境界，语言也要有魅力，从教师的话语中，学生能够感受到教师的人格和学识。要自觉做到修身修

① 习近平. 做党和人民满意的好老师——同北京师范大学师生代表座谈时的讲话（2014 年 9 月 9 日）[N]. 人民日报，2014-09-10.

② 习近平. 青年要自觉践行社会主义核心价值观——在北京大学师生座谈会上的讲话（2014 年 5 月 4 日）[EB/OL]. 中国政府网，2014-05-05.

为，像曾子那样“吾日三省吾身”，像王阳明那样“诚意正心”“知行合一”，自觉做为学为人的表率，做让学生喜爱的人。孔子曾说过，“其身正，不令而行；其身不正，虽令不从。”为政者如此，为师者亦如此。总书记对思政课教师的要求，何尝不是对所有教师的要求！

所谓“人格”，是指一个人的道德品质、性情、气质和能力等内在特征的总和，由此展现出的人格形象也就成为一个人总体的内在品格的外在表达。因此，属于“职业品格”的师德也是教师“人格”的一部分，即教师有宽宏的理论视野和深厚的知识底蕴为基础，有严谨的逻辑思维和高超的语言技巧做保障，再加上鲜活的实践案例和创新的教学思路，其所承载的理想信念就会最大限度地触发学生的注意力和参与度，让真理的种子润物细无声般地嵌入心灵深处，在青年学子的心中不断生根、发芽、成长、壮大。老师的人格力量和人格魅力是成功教育的重要条件。“师也者，教之以事而喻诸德者也。”老师对学生的影响，离不开老师的学识和能力，更离不开老师为人处世所持的价值观。一个老师如果在是非、曲直、善恶、义利、得失等方面老出问题，怎么能担起立德树人的责任？广大教师必须率先垂范、以身作则，引导和帮助学生把握好人生方向，特别是引导和帮助青少年学生扣好人生的第一粒扣子。

人格要正，应从四个角度来把握。站在讲台上的教师所呈现的鲜活的人格形象，将直接影响到整个教育行为的全过程。这也是教育心理学所揭示的一个基本规律。概略说来，教师的“人格”构成主要是指教师的政治人格、道德人格、情感人格和智能人格，并由此塑造出教师整体的人格形象。

其一，健全的政治人格是“人格要正”的首关。教师的政治人格，即教师在教学过程中所体现出的政治立场、政治态度、政治方向、政治价值观等的总体表现。这是“人格要正”的首要标准，也是高校教师人格构成的核心内容。

其二，高尚的道德品质是“人格要正”的重要基础。教师的道德人格，即教师在教学活动中所呈现的整体道德风貌。高校教师应具有良好的思想品行、高尚的道德情操，以德立身、以德兴学、以德育人，才会以人格魅力去感染和影响学生。教师在工作中无比敬业的精神追求，严谨求实的治学态度，认真负责的教学行为，严于律己的个人风范，正派庄重的职业形象，等等，都是教师道德人格的具体体现，也是影响和引导学生的重要因素。

其三，情感人格是关键要素。教师的情感人格，是指教师在教学过程中所呈现的情感态度的总体印象。高校课堂本身应该是有温度的，一堂“好”的课，绝不是干巴巴的说教，更不是让人昏昏欲睡的抽象表达，而应当是充满真情、热情、激情的真理之花的光荣绽放，直抵人心灵的深处，使人产生巨大的理论认同和情感共鸣。

其四，智能人格是必备本领。教师的智能人格，是指教师在教学中表现出的整体综合能力。高等教育课程都具有很强的理论性，这就对教师的自身能力提出了很高的要求。用真理的力量感召人，用坚定的信仰引领人，用高尚的人格感染人，用真挚的情感打动人，用生动的形式吸引人，这就是高校教师“人格要正”的不懈追求。

二、师德师风与大学文化建设

（一）师德师风是大学文化的灵魂

大学文化是组织文化在高校运行中的体现，是高校全体员工共同拥有的态度、信仰和作风等在文化上的反映，是一所高校长期以来形成的教育传统、理念和风格等在文化上的积淀。一般认为大学文化分为四个层次，即物质文化、制度文化、行为文化和精神文化，其中精神文化居于核心地位。文化的建设成效在一定程度上直接影响到现代大学制度的建立，影响到高校的发展。大学教师作为校园里知识、文化和真理的传播者，是物质文化的主人，是制度文化的执行者和实践者，必定成为大学文化的创造者、体现者和守卫者。优秀的师德师风对大学文化的构建起到引领、创新、继承的作用，是大学文化的最好体现，是大学文化构建的重要基础。

优秀的师德涵盖了大学文化中的精神文化，同时也辐射到大学文化中的制度文化和物质文化。

优秀的师德师风主要包含以下几个方面：①科学精神。主要指教师在教育教学实践中对真理的不懈追求的品格和精神，是尊重规律、坚持真理、勇于创新的集中表现。②人文精神。要求教师要确立正确的价值信仰目标、教育教学观念、人生处世哲学，在教育教学实践中不断完善自身德性，引导学生健康成长。③敬业精神。集中表现为教师要热爱教育、献身教育，忠诚人民的教育事业。④自律精神。指教师依据教育信念和教育理性，依靠教师的自省和自觉，进行自我调节、自我警策，从而实现自我完善的自我修炼。⑤协作精神。是以教育事业发展为核心，以和谐相处为基础，以共同合作为方式的一种思想观念和优良品质。因此，师德师风建设在大学的文化建设中具有举足轻重的作用，是大学文化的重要组成部分。

（二）大学文化对师德师风的濡化效应

大学文化通过无形的精神感化对师德师风的形成施加影响。对内对高校教师具有导向、凝聚、激励、控制（以内化控制为主）、协调、传播功能，这就是典型的濡化效应。其作用机理是以人为本，以文化为手段使高校教师在教育教学活动中逐渐具备共同信仰、共同的价值观、共同伦理道德观念和共同的教育精神，把大学文化内化为自身的内心体验，外化为自身的师德师风建设实践。

1. 价值导向功能

文化的核心是价值，优秀的大学文化体现了大学精神，是大学日常工作的精神追求和价值导向，容易引起教师的心理共鸣与行为反应。一旦被教师认同后，就会产生强烈的认同感、归属感和自豪感，从而产生无形的导向作用和凝聚作用，使个人不断调整自己的行为，使之与组织的目标日趋一致，形成稳定的文化氛围。

2. 激励熏陶功能

优秀的大学文化崇尚进步追求卓越，推动学校不断向高水平大学迈进。作为大学文化的传承者和创新者，教师身处这样的文化氛围，会自觉产生一种责任感和使命感，严格要求自己，促使自身的行为符合大学主流文化，以满足自我价值的实现，从而自觉形成高尚的师德师风。

3. 约束协调功能

大学文化具有很强的稳定性，大学里提倡什么、抵制什么在其价值观中得到充分的体现，并通过制度文化直接体现出来，产生强烈的纠偏与约束功能，使个体行为与文化倡导相一致。例如，师德规范就能对教师产生积极影响，使教师知道什么是应该做的，什么是不应该做的，在潜意识里便形成一种恰当的行为模式，对他们师德践行的自觉性起到“柔性”的约束和积极的促进作用。在这样的文化氛围中，当教师之间产生冲突时，大学文化中共同的价值观在一定程度上能起到协调作用，消解矛盾和冲突。

（三）师德师风建设与大学文化建设相得益彰

师德师风建设与大学文化建设都要坚持以人为本，师德师风建设要求坚持以人为本思想，培养高尚的教师道德人格，提高教师职业道德水准，实现教师个性发展、全面发展和综合发展。大学文化同样要坚持以人为本思想，形成优良的育人环境，使大学生树立正确的理想信念，激励大学生勤奋好学，促进大学生健康成长。师德师风建设与大学文化建设相辅相成、相得益彰、相互依存、相互促进。文化建设是和谐校园建设的重点，精神文化是大学文化的灵魂。师德师风建设与大学文化建设在价值理念和价值目标上相一致，是和谐校园建设的重要内容，高度统一于和谐校园建设。因此，我们在加强师德建设的同时，应该积极探索校园文化建设的规律，为师德建设提供文化层面的支撑；在进行校园文化建设的同时，应该突出师德建设，把握校园文化建设的重点和方向。

（四）高校教师要做“四有好老师”“四个引路人”

2014 年 9 月 9 日，习近平总书记在考察北京师范大学时提出“有理想信念、有道德情操、有扎实学识、有仁爱之心”的“四有”好老师标准，号召全国广大教师要做人民满意的“四有”好老师。2016年9月9日习近平总书记到北京市八一学校考察时，要求广大教师做“四个引路人”，即做学生锤炼品格的引路人，做学生学习知识的引路人，做学生创新思维的引路人，做学生奉献祖国的引路人。习近平总书记的重要论述是对广大教师的普遍要求，是广大教师以德立身、以德立学、以德施教的基本功，是教师完成塑造灵魂、塑造生命、塑造新人时代重任的基本素质，更是每一名教育工作者都应对照努力的“穿衣镜”。习近平总书记2016年12月在全国高校思想政治工作会议上提出“四个相统一”要求，即坚持教书和育人相统一，坚持言传和身教相统一，坚持潜心问道和关注社会相统一，坚持学术自由和学术规范相统一。“四个相统一”是广大教师完成人才培养使命必须遵循和坚守的行为规范与基本准则，也是完成铸魂育人、立德树人时代重任的基本素质和基本能力。

高校要把《新时代高校教师职业行为十项准则》与高校师德手册作为教师开学教育第一课、教师培训开训第一课、新教师入职第一课的重要内容，作为师德师风论坛、师德师风宣传、师德师风研究的重要内容。把准则要求落实到教师管理具体工作中，要把好教师入口关，在教师招聘、引进时组织开展准则的宣讲，确保每位新入职教师知准则、守底线。要将准则要求体现在教师聘用、聘任合同中，明确有关责任。要强化考核，在教师年度考核、职称评聘、推优评先、表彰奖励等工作中必须进行师德考核，实行师德失范“一票否决”。改进师德考核方式方法，避免形式化、随意化。完善师德考核指标体系，提高科学性、实效性。让“十项准则”入脑入心，引导广大教师全面理解和准确把握具体内容，真正把教书育人和自我修养结合起来，时刻自重、自省、自警、自励，努力达到理性认知、情感认同、专业敬畏与行动自觉的融会贯通，做到全员全覆盖、应知应会、必会必做。

三、以大学精神引领师德师风建设

师德师风建设应该是每一所学校常抓不懈的工作，既要有严格制度规定，也要有日常教育督导。我们的教师队伍师德师风总体是好的，绝大多数老师都敬重学问、关爱学生、严于律己、为人师表，受到学生尊敬和爱戴。同时，也要看到教师队伍中存在的一些问题。对出现的问题，我们要高度重视，认真解决。要引导教师把教书育人和自我修养结合起来，做到以德立身、以德立学、以德施教。

（一）重视师德师风建设的文化环境

教师是大学精神的主要依托和载体，大学精神是高校师德师风建设的内核，大学精神反映了大学教师的价值准则、心理状况和行为方式，精神文化散发出的文化底蕴和精神气质对师德师风建设有决定性的作用，因此必须充分挖掘大学精神的引领作用。大学精神的传承与弘扬是一种非正式学习渠道，为提高高校师德师风建设的效果，就应该从非正式学习的角度重新审视、构建师德师风建设文化环境。

（1）充分发挥老教师对青年教师的“传、帮、带”作用。“建设高素质教师队伍。人才培养，关键在教师。教师队伍素质直接决定着大学办学能力和水平。建设社会主义现代化强国，需要一大批各方面各领域的优秀人才。这对我们教师队伍能力和水平提出了新的更高的要求。同样，随着信息化不断发展，知识获取方式和传授方式、教和学关系都发生了革命性变化。这也对教师队伍能力和水平提出了新的更高的要求。建设政治素质过硬、业务能力精湛、育人水平高超的高素质教师队伍是大学建设的基础性工作。要从培养社会主义建设者和接班人的高度，考虑大学师资队伍的素质要求、人员构成、培训体系等。高素质教师队伍是由一个一个好老师组成的，也是由一个一个好老师带出来的。”① 高校青年教师不同于中学教师，在走上工作岗位前，大多没有经过系统的教师职业训练和师德养成实践。因此，近年来很多高校都大力推行青年教师导师制，通过新老结对的方式，由遴选的优秀教师将师德文化和良好风尚传授给青年教师，帮助他

① 习近平．在北京大学师生座谈会上的讲话（2018 年 5 月 2 日）［N］．人民日报，2018-05-03.

们尽快进行角色转变，为人师表，站好高校的讲坛，进而完成新老教师的传承与超越。

（2）建立扁平化的交流沟通方式，充分激发民主和科学精神。崇尚民主的人文精神与追求真理的科学精神可以说是大学精神的核心要素。有许多人际矛盾和工作冲突就是起源于沟通障碍，教师与教师之间、教师与学校管理者之间的交流沟通应该打破科层化的行政模式，建立更加开放、平等、公开的“扁平化”模式。可以通过各种途径交流学术思想，扩大信息公开，吸纳意见和建议。

（3）重视教师组织文化建设。通过加强各类教学科研团队、学术组织、文体协会等组织建设，发挥教师组织贴近教师实际的优势，积极反映教师的实际需求，维护他们的合法权益，为教师工作、学习、生活和事业发展提供支持和服务。使广大教师在各类组织中结交朋友，相互学习、相互影响、相互促进，积极开展教学研讨、学术交流、科研合作、文化生活，由个体层面的师德素养促进群体层面师德水平的提高。

（二）建立中国特色的现代大学制度

大学是一种特殊的文化组织。亨廷顿认为，作为一种规范性文化，制度“不过是稳定的受到尊重的和不断重复的行为模式”，“社会规范和制度对人们行为指出一定的方法，形成一定的样式”。大学制度就是大学的“制度性文化”，也就是说大学必须遵循这样的规范体系及其组织文化制度，组织成员自觉地按照组织的价值理念与制度文化来规范自己行为的力量。大学制度主要包括大学的组织结构和各种管理制度。大学章程作为大学的“基本法”，是彰显大学办学理念、引领大学组织文化、凝聚大学组织力量的基本保障，也是大学依法治校、理顺内外关系、建立现代大学制度的法律依据。不同的组织结构和管理制度、管理方式会带来不同的管理效果。加强与校风建设相关的制度建设关系到高校教师良好师德素养的形成。

首先，营造优良校风，要有先进理念作为引领，否则将茫然不知所归。办好中国特色社会主义大学，就要坚持社会主义办学方向。理念是一所大学格局与情怀的体现，其载体可以具象为章程、校训、校规等。如北京大学的“爱国、进步、民主、科学”，清华大学的“自强不息，厚德载物”，北京师范大学的“学为人师，行为世范”，南开大学的“允公允能，日新月异”，中山大学的“博学、审问、慎思、明辨、笃行”，都凝练地表达了大学的核心价值理念，为校风的营造定下基调。

其次，明晰了理念，还要不断践行，用行动诠释校风的丰富内涵。校风是一所大学总体之“风”，分而言之，包括教师的教风、学生的学风以及管理服务人员的作风。只有教师学识渊博、师德高尚，学生朝气蓬勃、勤奋好学，职员恪尽职守、做好服务，三者相互促进，才能营造出良好的校风。相反，如果关系错位、行为失范，教师师德败坏，学生浮躁不安，管理服务人员“官本位”思想严重，即使有好的理念与传统，校风也会日益衰颓。

最后，一所学校校风的形成，师生员工人人有责。一方面，作为高校领导者，不仅要为青年学生做表率，而且要对其行动进行引导。在 1934 年的华北运动会上，面对霸占东北、觊觎华北的日本侵略者，南开啦啦队在看台上打出“毋忘国耻”“收复失地”等标语，引发日本总领事“抗议”。南京国民政府要求学校对学生的行动进行约束，南开大学校长张伯苓找到啦啦队代表说：“你们讨厌，讨厌得好，下回还讨厌，要更巧妙的讨厌。”校长的表态支持了学生的爱国意志，一时传为佳话。抗战胜利后，有人告诉张伯苓，被立案惩处的汉奸之中没有一个南开毕业生。① 这是一个关于校风营造的生动例子。好的学校领导者要让维护优秀校风的师生获得尊严及尊重，这是学校治理水平的体现，也是学校底蕴的体现。另一方面，高校教师在工作态度上表现为自觉和主动；在工作方式上表现为有主见、有想法，不愿意受到较多的控制与约束。因此，高校在制度设计、机构设置及管理实践中都要注意高校教师群体的特点。要充分体现以人为本的原则，使广大教师体会到制定各种制度的目的是促进他们发展，而不是束

① 陈鑫. 大学底蕴在校风 [N]. 光明日报，2017-07-02 (07).

缚、限制他们发展。在各种制度建立之前，要充分征求广大教师的意见，保证给广大教师参与权。尤其是科学设定教师评价，制定出科学、全面、与时俱进的评价标准，避免功利性的、仅以量化为标准的评价体系，改变以往的单一化、约束式、命令型的管理方式，要按照教师成长性的发展需求和个性特点，不断完善高校内部管理体制，结合校情实际，建立健全符合大学精神和中国特色的现代大学制度。

（三）为师德师风建设提供良好的物质文化基础

文化建设非空中楼阁，需要物质为载体。大学物质文化环境是教师在日常工作中直接接触到的各类有形载体，包括校园建筑、绿化环境、雕塑小品、活动中心等。这些载体凸显着高等学府独特的文化品位和人文精神。“它们能够迅速为人们提供感觉刺激，给人一种有意义的感情熏陶和启迪，是一种以物质形态为主要研究对象的表层学校文化。”例如，武汉大学在师德师风建设过程中不断创新工作载体，推出了“师德铭”。“铭”是我国的一种传统文体，多刻于金石、器物、碑碣之上，其主要作用是警戒自勉和记颂功德。武汉大学的“师德铭”昭示了人民教师的崇高品格和师德师风的行为规范，有力助推了广大教师自觉提高思想道德素质，履行教书育人的神圣职责，该活动荣获了2008年全国高校校园文化建设优秀成果奖，成为师德师风建设与校园文化建设相结合的成功典范。在物质文化建设中，可以遵循以下思路：首先，建设一个格调高雅，人文美、科学美与自然美和谐发展的校园环境。在建设布局上要以人为本，突出人性的真善美，突出浓郁的学术气息。高校的物质文化环境中所蕴含的精神和内涵对教师品格的塑造和熏陶是最直接和最真切的。它会潜移默化地影响教师，使教师的审美观受到润物细无声的启发和感染，激发其产生一种自觉的内在驱动力，主动完善自我，由外而内塑造自己的完美人格，使教师的言行与优美的环境和谐统一。其次，要充分利用好校歌、校旗、校训、校徽、校标等学校精神文化的显性载体和识别系统。注重将这些代表学校精神的重要载体推广使用，尤其是要在广大教师中产生高度认可，使广大教师产生朴素深刻的爱校情怀，对学校、对教师职业产生强烈的归属感、自豪感和成就感。最后，要提供满足教师基础需要的物质环境。主要包括：充分尊重和肯定教师的劳动，改善教师工作、教学和研究的条件，特别是要积极创造条件提高教师的生活待遇、福利保障；尊重教师的社会政治地位，关心教师的身心健康，等等。2018 年 9 月 10 日，全国教育大会在北京召开。习近平总书记在会上强调，建设社会主义现代化强国，对教师队伍建设提出新的更高要求，也对全党全社会尊师重教提出新的更高要求。习近平总书记指出："人民教师无上光荣，每个教师都要珍惜这份光荣，爱惜这份职业，严格要求自己，不断完善自己。做老师就要执着于教书育人，有热爱教育的定力、淡泊名利的坚守。随着办学条件不断改善，教育投入要更多向教师倾斜，不断提高教师待遇，让广大教师安心从教、热心从教。"总之，要最大限度地解除教师生活方面的后顾之忧，使他们能够安心地进行教学研究工作。

（四）以优秀教师文化推动高尚师德师风的形成

师德师风建设与大学文化的有效融合必须从实践上下大气力，良好的师德必须通过教师行为体现出来，所谓"行为示范"。高校教师文化是指长期处于一定高校文化氛围中的高校教师群体在长期的教育教学实践中形成的教育思想、教学观念、价值理念、角色认同等精神因素以及在这种精神因素长期支配下形成的行为模式。高校教师文化一定程度上决定着大学文化，并集中体现在师德师风建设中。高校优秀教师文化的形成和发展对推进大学可持续发展、推动大学精神的培育和传承具有重要影响。优秀的教师文化培育主要体现在以下几个方面：①在职业追求上应体现强烈的自我超越的需求。高校教师要具备坚定的教书育人的职业信念，由职业行为体现出对教育的爱、对学生的爱，并在教书育人的过程中实现个人的价值，升华教师职业的成就感和幸福感。②在学术追求上要做到追求真理、潜心学术。优秀的学术文化应该具有学术至上、宁静致远、团结协作和民主自由等特点。③在教学上应表现为全心投入、细心耕耘。在全面提升高等教育质量的大背景下，高校教师应以高度的社会责任感担当起教书育人的重任，创立新型的师生关系，平等对话、共同成长，努力提升个人的文化气度和人格境界，不断提高教学水平，创新教学模式。④人际交往上要体现相互尊重、和谐共生。要为高校教师提供一个有利于团结协作、公平竞争的工作环境，重视教师的生存和发展问题，尊重教师的办学主体地位，在相互信任和自律中化解矛盾、推动工作。

四、加强师德师风管理

高素质的教师队伍，是高质量教育的一个基本条件。有了高素质的教师队伍，才能培养出社会主义现代化建设需要的合格人才。在高校被赋予的众多功能中，人才培养是根本。高等学校各门课程都具有育人功能，所有教师都具有育人职责。立德树人是高等教育的根本任务，也是师德师风建设的方向指引。要落实好立德树人的根本任务，关键还是要靠一支可信、可敬、可靠，乐为、敢为、有为的教师队伍。加强师德师风建设，提升教师队伍素质，是新时代高校实现立德树人任务的关键。高校要严格招聘引进，把好教师队伍入口关；要严格考评体系，落实师德第一标准；要严格师德督导，建立多元监督体系；要严格违规惩处，治理师德突出问题。

（一）加强思想政治教育

坚持以社会主义核心价值观为统领是高校师德师风建设的首要要求。高校要深入学习贯彻习近平总书记关于教育的重要论述和教师队伍建设的重要指示精神，把师德师风教育作为教师开学教育第一课，在新学期报到当天开展师德专题教育；作为教师培训开训第一课，融入教师各类专题培训；作为新教师入职第一课，邀请专家学者或相关职能部门负责人做专题报告，强化师德师风教育。坚持把政治建设作为教师队伍建设的首要任务，在教师培训中实施开展“一专题三建设”课程（习近平新时代中国特色社会主义思想的专题培训和师德师风建设、基层党组织建设、行风建设专项培训），推进教师理想信念教育常态化、制度化。加强教师队伍党的建设，把政治建设摆在首位，充分发挥教师党支部的战斗堡垒作用和党员教师的先锋模范作用。聚焦中青年教师、新进教师，发挥高校党组织政治把关、政治引领和政治吸纳作用，形成"先进带后进、党内带党外、党员带全员"的良好氛围，增强教师思想政治工作的针对性和实效性。在高校教师队伍特别是党员教师中深入开展特色鲜明、形式多样的以党史为重点的"四史"学习教育，深入学习领会习近平总书记在党史学习教育动员大会上的重要讲话精神。高校要组织全体教师认真学习《中华人民共和国教师法》《新时代高校教师职业行为十项准则》等文件，提高全体教师的法治素养、规则意识，提升依法执教、规范执教能力，将法治教育纳入各级各类教师培训体系，引导广大教师时刻自重、自省、自警、自励，坚守师德底线。

（二）突出典型示范引领

加大先进典型宣传力度，多渠道讲好师德师风故事。大力宣传新时代广大教师不计名利、爱岗敬业、甘于奉献、锐意创新的新形象，充分发挥典型引领示范和辐射带动作用。例如，以全国优秀共产党员黄大年同志为例，2017 年 5 月 24 日，习近平总书记对吉林大学地球探测科学与技术学院原教授黄大年同志先进事迹作出重要指示强调，黄大年同志秉持科技报国理想，把为祖国富强、民族振兴、人民幸福贡献力量作为毕生追求，为我国教育科研事业作出了突出贡献，他的先进事迹感人肺腑。"我们要以黄大年同志为榜样，学习他心有大我、至诚报国的爱国情怀，学习他教书育人、敢为人先的敬业精神，学习他淡泊名利、甘于奉献的高尚情操，把爱国之情、报国之志融入祖国改革发展的伟大事业之中、融入人民创造历史的伟大奋斗之中，从自己做起，从本职岗位做起，为实现'两个一百年'奋斗目标、实现中华民族伟大复兴的中国梦贡献智慧和力量。"截至 2020 年，经中宣部同意并报中央领导批准的"寻找最美教师"活动作为每年教师节宣传庆祝活动的一项重要内容，迄今已连续开展 10 届，面向全国所有教师群体展开，先后表彰宣传了 101 位“最美教师”，同时宣传了数十位“特别关注教师”和凉山支教帮扶团队、援藏援疆万名支教计划团队等一批“最美团队”，对集中彰显广大教师立德树人时代风采，倡导全社会尊师重教发挥了重要作用。高校要结合各种节日的庆祝活动和学校具体工作安排，积极开展各类师德教育活动，为弘扬高尚师德、践行师德规范、创新师德教育，进一步加强高校教师师德师风建设。通过网上网下媒体，营造师德师风建设良好舆论氛围，使教师在浓厚的氛围中强化坚定理想、塑造心灵、传承文明的使命感和提升自身道德水平的自觉性，坚持教书与育人相统一、言传与身教相统一、潜心问道与关注社会相统一、学术自由与学术规范相统一，争做“四有”好老师。

（三）坚决查处师德师风失范行为

2014 年 9 月 9 日，习近平总书记同北京师范大学师生代表座谈时表示，这些年，媒体报道了个别老师道德败坏、贪赃枉法的事，对这些害群之马要清除出教师队伍，并依法进行惩处，对侵害学生的行为必须零容忍。教育部关于印发《新时代高校教师职业行为十项准则》的通知明确指出：“对于发生准则中禁止行为的，要态度坚决，一查到底，依法依规严肃惩处，绝不姑息。对于有虐待、猥亵、性骚扰等严重侵害学生行为的，一经查实，要撤销其所获荣誉、称号，追回相关奖金，依法依规撤销教师资格、解除教师职务、清除出教师队伍，同时还要录入全国教师管理信息系统，任何学校不得再聘任其从事教学、科研及管理等工作。涉嫌违法犯罪的要及时移送司法机关依法处理。要严格落实学校主体责任，建立师德建设责任追究机制，对师德违规行为监管不力、拒不处分、拖延处分或推诿隐瞒等失职失责问题，造成不良影响或严重后果的，要按照干部管理权限严肃追究责任。”① 坚决纠正群众反映强烈的突出问题，使每位教师对师

---

① 中华人民共和国教育部．教育部关于印发《新时代高校教师职业行为十项准则》《新时代中小学教师职业行为十项准则》《新时代幼儿园教师职业行为十项准则》的通知［EB/OL］．中华人民共和国教育部官网，2018-11-14.

德规范和教育部《严禁教师违规收受学生及家长礼品礼金等行为的规定》规定的“六个严禁”入脑入心，做到言有所戒、行有所止、模范遵守、自觉践行。畅通师德师风问题反映渠道，进一步提高教师师德失范行为举报电话和举报邮箱的知晓度，严格执行高校教师师德师风失范行为处理办法，规范教师师德失范行为调查处理流程，对师德师风问题做到有诉必查、有查必果、有果必复。切实提高广大教师对师德师风工作重要性的认识，加大反面典型警示教育力度，定期向教师通报违反教师职业行为十项准则典型案例，引导教师以案为鉴、以案明纪，不断加强师德修养，自觉规范教育行为。对教师出现师德师风失范问题的，按照规定严肃处理，德法并举提高警示教育针对性和实效性。

高尚的职业道德和良好的教师形象是每位教师做好教育工作的先决条件，更关系到高校的社会主义办学方向和人才培养目标的实现，特别是在新的历史时期，高校的师德师风建设工作更加深刻地影响着高等教育事业的科学发展和文化安全。广大教师要以德立身、以德立学、以德施教、以德育德，全心全意做学生锤炼品格、学习知识、创新思维、奉献祖国的领航人。

第六章　大学生心理健康教育与高校文化安全

大学时期是一个人从青少年向成人角色转换的时期，也是心理发育和社会化的重要阶段，处在走向成熟又未完全成熟的阶段。大学生能否健康成长，不仅关系着自身的前途命运，也与国家的未来息息相关。在这一过程中，心理健康至为重要。当代大学生多是独生子女，他们自我中心意识浓、依赖性强、心理承受能力弱、自制力差。随着改革开放的不断深入和高等教育大众化的发展，他们一方面赶上了高等教育大发展前所未有的机遇，同时也面临着学业、生活、情感、经济、就业、交往、社会适应等各方面的压力和挑战。这些压力如果不能得到及时有效的解决，就会影响大学生的身心健康，轻则导致情绪低落、抑郁等的发生，重则导致自杀，甚至走上违法犯罪的道路。近年来，大学生心理问题日益凸显，并呈逐年上升趋势，“北京 16 所大学联合调查数据表明，因心理健康问题引发大学生身心疾病和导致休学、退学、离家、离校、出走、死亡、犯罪的比例高达 64%。一项以全国 12.6 万名大学生为对象的调查显示：20.23% 的大学生存在不同程度的心理问题。其中存在严重心理障碍的学生约为 3%。”① 仅以著名 985 高校南京大学为例，2020 年 9 月 19 日、2020 年 12 月 4 日、2021 年 3 月 13 日、2021 年 4 月 8 日、2021 年 5 月 11 日，不到一年的时间先后有 5 位研究生自杀身亡，这其中固然有他们自身性格的原因，但各种外在的环境压力无疑起了推波助澜的作用。关注大学生的心理健康，提高

① 何金科. 大学生心理安全教育刍议［J］. 闽江学院学报，2009（6）：107-111.

他们的心理健康水平，避免心理压力导致的心理障碍，预防精神疾患和身心疾病的发生，既是大学生成长成才的需要，也是维护高校安全、构建平安校园、顺利完成高等学校教育任务和教育目标的内在诉求。

一、大学生心理健康现状

健康是人生的首要财富，健康的心理状态和良好的心理素质是一个人全面发展必须具备的条件和基础，对个体的身心健康和社会的稳定和谐以及公共秩序的形成发展起着举足轻重的作用。对于处在身心成长阶段的大学生而言，心理健康是学业成就、事业成功、生活快乐的前提，心理健康不仅关系到大学生的健康成长，也关系到千千万万家庭的幸福安宁和社会稳定。心理健康是指心理的各个方面及活动过程处于一种良好或正常的状态，在社交、生产、生活上能够与他人保持良好的沟通和配合，能够较好地应对和处理生活中遇到和发生的各种问题。健康的心理状态是性格完好、态度积极、认知正确、情感适当、意志合理、行为恰当、适应良好，乐观地面对生活中遇到的各种问题。近年来，大学生心理健康问题呈迅速增长态势，从校园问题逐渐演化成社会问题，不仅关系着他们的成长成才，也关系着社会主义接班人的培养，关系着高等教育人才培养质量。加强大学生心理健康教育，已经引起社会的高度关注，成为高校的迫切需要。

近年来，随着改革开放的深入和社会进步的加快，大学生的心理和思想都在发生深刻变化，他们会面临学习、生活、情感和就业等许多现实问题，心理压力明显增大，不少学生在社会竞争的冲击面前心理脆弱，在心理上存在诸如孤独、焦虑、自卑、强迫、恐惧、抑郁、逆反等问题，心理健康成为一个引起普遍关注的话题。当生活中遇到困难或者心中所想在现实中无法实现时，心理健康问题就会以各种形式表现出来。表现为自控能力差，学习目的不明确；沉湎于虚拟世界，人际关系适应能力弱；情绪不稳定，易受外界影响；意志不坚定，遇到困难不顺容易抱怨和放弃；价值取向急功近利，总想一步登天。目前，相当多的大学生存在心理健康问题，以广东某高校为例，“我们调查学生共 6667 人，6656 人参加了测试，测试率 99.84%，未测 11 人，未测率 0.16%。实际测试的 6656 人中，其中 1270 人（占 19.08%）心理健康情况很差，为第一类需要特别重点关注的学生；另有 1684 人（占 25.3%）心理健康情况较差，为第二类需要重点关注的学生；其余 3702 人（占 55.62%）心理健康状况良好，为第三类不需要特别重点关注的学生。”① 仔细分析造成大学生心理健康问题的原因，从自身方面看，当代大学生大都是独生子女，从小生活条件优越，经历的磨难较少，生活经历单一，经验缺乏，对新环境的适应能力和挫折的抗压能力较差，情绪管控能力弱，遇到困难挫折容易出现不良情绪。从社会角色看，他们大都对未来生活抱有很高的期望值，当理想与现实产生碰撞出现矛盾时，部分学生难免会有灰心丧气和失落情绪，出现悲观情绪甚至厌世心理。从家庭环境来说，家庭是社会的细胞，父母的为人处世和教育方法直接影响着大学生心理的成长和人格的形成，和谐的家庭、开明的教育、平等的对话对孩子健康心理的形成至关重要。当代大学生常见的家庭结构是“四二一”或“四二二”模式，他们享受着诸多长辈提供的资源，物质生活条件普遍较好，养成了普遍存在的以自我为中心的价值观，重索取而缺乏责任感，重学习而轻其他能力培养，依赖性强独立性差，遇到不顺容易灰心丧气自暴自弃。从社会因素看，随着高校扩招和教育改革的不断深入，社会竞争日趋激烈，大学生不再是天之骄子，考上大学不等于端上了铁饭碗，取而代之的是素质和能力的比拼，一部分大学生面临着毕业即失业的现实，生存的压力和未来的不确定性使得不少在校大学生对未来生活充满迷茫、困惑、担忧和恐慌。神经长期处于紧张状态和精神长期处于压抑状态是大学生出现心理问题的一个重要原因。从教育理念看，不少高校没有认识到心理健康的重要性，心理健康教育缺乏系统规划。有的学校片面强调专业教育，忽视大学生的全面成长，对思想教育活动、第二课堂重视不够。大部分高校把心理健康课列为选修课，普及程度不高。教学

① 潘伟，梁深．新时代高校大学生心理健康教育［J］．高教学刊，2021（15）：165－167，171.

内容以理论讲授为主，针对性不强。心理健康教育仅针对大一学生，以增强新生入学的适应性，或针对心理异常的学生，没有做到全过程全覆盖。教师水平参差不齐，教学质量有待提高。

大学生心理健康直接关系大学生的成长，一些心理问题如果不及时进行预防和疏导，会导致部分学生由心理障碍没有及时排解最后走上违法犯罪的道路。近年来，大学校园安全事件层出不穷，各种安全事件对大学生的心理安全也产生困扰。发生在大学校园里的暴力事件背后都隐藏着大学生的心理健康问题。当大学生在生活中主观觉察到自身境况受到威胁时，如果自身客观上缺乏平衡的能力和足够的安全感，在外界特定环境的刺激下，必然会产生过激、过度的自我保护行为，并通过暴力行为的方式呈现出来。纵观大学校园暴力行为发生的案例，其典型的特质在于内心心理健康出了问题，表现在心理上的特征为：感受到被拒绝，感受到自卑、感受到被歧视、感受到被威胁、焦虑和被迫害等，进而对他人产生不信任、多疑甚至敌视等攻击的态度，容易在外界社会情境不良刺激出现时，把他人解读为恶意的、坏的、危险的，发生一些暴力极端行为，甚至犯罪行为。如云南大学2004年残忍杀死大学室友的马加爵、2013年复旦大学投毒的林森浩，他们实施暴力杀人的诸多动机中都包含对大学校园周围环境的强烈愤怒和不满，进而实施敌视攻击的暴力犯罪行为。近年来，天津对5万名大学生调查发现，16.4%的学生存在不同程度的心理障碍。在对全国17.6万名大学生的抽样调查中，发现心理疾病患者多达20.23%。① 大多数犯罪的大学生情绪不稳定、自控能力差。犯罪行为的突发性、冲动性特征明显，容易感情用事，易于产生挫折感。大学教育只有专注于关心大学生的心理安全，才能从根本上加强大学生的自信、自尊，更好地帮助大学生发现和理解自身的潜力，更好地实现自身的价值和梦想。

二、大学生犯罪问题

大学生犯罪现象在我国的出现、形成及发展也存在阶段性不均衡的过

① 周保强. 大学生犯罪心理分析及预防［J］. 犯罪研究，2008（3）：69-71.

程。以20世纪80年代为分水岭，在20世纪80年代以前，由于我国历史上“文化大革命”的影响，大学停止招生，大学生群体数量在人口比例中很少，在社会结构中属于凤毛麟角，中国大学生群体犯罪问题研究很少，大学生犯罪事件和数量比较少。20世纪80年代之后，随着我国改革开放的实施，国家恢复了大学教育，大学生犯罪问题开始出现，有媒体开始关注大学生犯罪案件的报道，大学生犯罪案件的数量和犯罪类型开始激增，引发社会的广泛关注。据调查，“文化大革命”的1965年，大学生违法犯罪仅仅占整个青少年刑事犯罪的1%，20世纪90年代这一比例达到17%，到了21世纪，这一数字仍然在增长，到2005年达到20%左右，而青少年犯罪又占社会刑事犯罪的80%左右。① 随着社会开放转型和大众传媒的发展，大学生极端犯罪的恶性案件在媒体多有报道，如2004年发生的马加爵案，2010年发生的药家鑫案，2013年发生的林森浩案。这些大学生犯罪的案件数量和性质令人触目惊心，大学生犯罪问题也成为维护社会稳定、构建平安校园研究的重要课题，预防大学生犯罪问题已经引起国家、社会、学校、家庭等的高度关注。

当代大学生群体的综合素质能否担当起国家民族复兴的重任、如何建设高校文化安全成为当下的教育之问。就现实来看，大学生犯罪问题呈现出以下特点。

1. 犯罪类型

随着社会经济与科学技术的迅速发展，大学生犯罪类型呈现出多样性的特征，表现为以盗窃、故意伤害、强奸犯罪为主。以对2010—2014年浙江省某市五所高校查获的595例在校大学生犯罪统计发现，大学生盗窃犯罪约占大学生犯罪总数的78%，是大学生犯罪的主要类型，以侵财类型犯罪为主要类型。同时，也存在部分人身伤害类案件，主要表现为因人际关系矛盾、恋爱纠纷引发的侵犯人身权利等的故意伤害、行凶报复等的暴力犯罪，也包括聚众斗殴、故意伤害等暴力犯罪。此外也存在一些其他类型的犯罪。以武汉市某区大学生犯罪情况为例，2014年以来，大学生犯罪主

① 姜纪元. 当代大学生犯罪现象及预防对策［J］. 大连大学学报，2010（2）：95-98.

要表现为性犯罪、涉毒案件出现，智能犯罪、团伙犯罪增多，恶意犯罪突出，手段智能化等。如某地检察院就曾处理过某高校水卡案件，大学生犯罪人破解了水卡系统，自制了很多水卡，低价销售给学生，从中谋取暴利，致使物业公司蒙受较大损失。某大学生利用网购犯罪，在网上购买单反等数额较大的物品，利用快递签收和网购的漏洞兜圈子，骗取商家财物。可谓高智商犯罪，属于智能化犯罪案件。①

2. 犯罪特点

（1）大学生犯罪数量逐年增加。据调查，大学生犯罪2009年比2008年增加了54.5%，2010年比2009年增加了97.1%。北京市海淀区检察院数据显示，2010年1-8月，该院侦查监督处共受理14件17人在校大学生犯罪案件，同往年比增长了110%。

（2）大学生犯罪手段智能化趋势明显。由于大学生的专业化教育程度比较高，具备了丰富的社会知识和专业化技能，在实施犯罪过程中，往往会进行比较周密的犯罪准备，部分犯罪大学生会利用自己的专业知识优势，在犯罪过程中呈现出自觉或不自觉地运用专业技能，制造出犯罪工具或犯罪方法来实施犯罪。特别是互联网技术的发展，一些大学生利用所掌握的专业知识参与实施一些社会犯罪活动，如扮演黑客设置“钓鱼网站”实施犯罪或参与犯罪团伙的套路贷等违法犯罪活动。

（3）大学生团伙犯罪增多，恶意突出。很多大学生团伙犯罪以同寝室或同乡犯罪为特征。如武汉市某区检察院处理的一起大学生团伙犯罪为同乡或同寝室一起在赌场站场子，发展为九个人一起抢赌场。开始站场子的同学觉得这个活很轻松，而且来钱快，便推荐给同学和同乡，几位同乡忍不住去赌博，最后赌债还不了，就一起抢赌场、分赃，构成共犯。②

（4）大学生犯罪主体的范围逐渐扩大。从犯罪大学生的来源看，过去犯罪的大学生主要来自民办院校，现在却逐步向重点院校蔓延。上海一项

① 徐临临，朱镕，徐萃文. 大学生犯罪及预防——以武汉市某区为研究基地［J］. 法制与社会，2015（5）：74-75.

② 徐临临，朱镕，徐萃文. 大学生犯罪及预防——以武汉市某区为研究基地［J］. 法制与社会，2015（5）：74-75.

关于大学生犯罪的调查资料显示，在犯罪的51名大学生中，有16人来自重点院校，占总人数的31%。从2010年大学生犯罪调查抽样28件34人中，硕士占2件2人。从犯罪大学生的学历来看，大学生犯罪主体的范围逐渐扩大到硕博士等人群。从犯罪大学生的性别来看，男大学生是犯罪的主体，但女大学生的犯罪数量也呈现出增长的趋势。以对2010—2014年浙江省某市五所高校查获的595例在校大学生犯罪统计发现，女大学生犯罪的数量从2010年的17人上升到2014年的75人，所占的百分比从2010年的21%上升到2014年的70%。另外，有研究结果表明，未在正常年份完成学业需要延期毕业的大学生犯罪率高达85%，明显高于一般大学生的犯罪率，更应该引发重点关注。①

（5）犯罪动机从有意识动机到无意识动机的无因性发展的趋势。所谓犯罪动机“无因性”并不是指犯罪没有原因，而是该起因在通常观念中远远不足以成为犯罪的原因，比如劝架、睡觉打呼噜、未及时开门、对助学金不满等。② 从意识层面犯罪动机解释不清楚，从无意识动机来解释往往是大学生犯罪人早期经历坎坷的痛苦感受在此次事件中唤起了过去的相同的痛苦感受，引发了其攻击性行为导致实施暴力行为。

三、大学生犯罪的成因分析

人类行为是人格和情境相互作用的结果，这一观点得到了大多数学者的认同。一方面个体人格的缺陷因素是导致犯罪行为发生的主因，另一方面犯罪行为的情境因素也是重要的诱发因素。在一些学者看来，在许多情况下，犯罪行为的发生不过是因为在错误的时间、出现在错误的地点、碰到了错误的人而导致的。

1. 宏观原因

（1）社会转型期政治社会化目标短期化、功利化易于导致大学生遭受

① 叶卫树. 大学生犯罪问题的实证分析［J］. 浙江纺织服装职业技术学院学报，2015（4）：87-92.

② 莫洪宪，王登辉. 大学生犯罪的现状及对策研究［J］. 青少年犯罪问题，2013（5）：18-21.

挫折引发犯罪反应。政治社会化是指人们在特定的政治关系中，通过社会政治生活和政治实践活动，逐步获得政治知识和能力，形成和认同自己的政治心理和政治思想的能动过程。大学生政治社会化通过参与校园社会实践和文化社团等活动，逐渐掌握一定的政治生活的理念和能力，认同自己承担的社会角色和社会责任使命，从而实现政治社会化的知、情、意的协调统一的过程。总体来看，随着我国国力的不断发展提升，对大学思政教育的投入和重视，大学生政治社会化总体上发展良好。但在大学生犯罪人群中，仍然存在一些政治社会化目标短期化、功利化带来的偏差。如有调查显示，对于一些重大的深层次问题，部分大学生有着错误或模糊的认知。一方面，85.43%的大学生表示在争取加入或已经加入中国共产党，另一方面，在问及其政治信仰时，却只有33.65%的大学生表示信仰共产主义，24.06%的大学生表示“自己也不太清楚”，25.94%的大学生表示“没有明确的政治信仰”。对很多大学生积极要求入党的主要动机进行多项选择，结果选择比例最高的是“直接有利于就业”，达到53.4%。其次是“理想信念追求”，达到36.9%。最后是“谋求仕途发展”，达到33.1%。①这一政治社会化现状也是当前大学生犯罪的宏观原因之一，没有信仰，甚至不参与相关的社团活动，也没有追求的动力，沉湎于生活中的吃喝玩乐中享受至上的颓废的消极行为，导致纠纷引发暴力行为，如赌博、吸毒等违法行为纠纷引发的聚众斗殴或故意伤害等。

（2）金钱至上的工具价值观造成犯罪大学生去人性化的人格缺陷。不少研究发现，依靠道德正当化和对被害者的去人性化，青少年罪犯利用各种各样的方式弱化自己的道德行为准则。青少年罪犯或者将某种反社会行为归咎于习惯所致，或者使用不同的社会行为标准弱化自己的道德行为标准，通过这种方式来使自己的行为正当有理。去人性化则是指行为者有意无视被害者作为人的本质或者肆意将被害者看作是邪恶、无人性的化身。此时，在犯罪行为者的眼中，被害者不过是披着人皮的狼，就像撒旦般没

---

① 段志坚．当代大学生政治社会化的现状思考［J］．人民论坛（中旬刊），2010（5）：264-265．

人性。这是当前社会金钱至上价值观引发的社会情感发育缺陷导致的人格偏差，大学生由于存在人格障碍或精神疾病增多而引发的犯罪行为。

（3）主流文化无力倡导健康生活行为示范。由于大学生处于社会化的重要自我认同时期，需要主流文化给予引导，发展出成熟人格中的利他主义、奉献、责任、正直等品质特征。但是由于市场经济的利益导向影响，容易形成大学生金钱至上的价值观，而高校的主流文化教育又流于教导层次，内容枯燥、形式单一，道德品德教育形式主义化，大学生往往处于听而不闻的盲目状态，大学主流文化教育不能满足大学生的求知需要，学生可能会对现实社会现象理解出现歪曲认知，认为“犯罪没什么，出来又是一条好汉”；受娱乐圈吸毒行为误导，认为“吸毒很有范有派头，大明星谁不吸毒”；学生攀比心理重，“比老子、比票子、比牌子”的攀比文化盛行。据统计，74%的大学生性犯罪是受黄色影碟、书籍、物品及其他淫秽物文化腐蚀①，受这些犯罪亚文化的影响而认知失调。大学生受犯罪亚文化影响的另一个载体是网络，有学生竟然公开上色情网站观看色情片，学习不良生活方式，最后步入歧途，走上犯罪道路。

（4）法律社会化中守法行为信仰认知不足。长期以来，我国大、中、小学针对学生守法行为的维护权利的法律意识的教育课程设置流于形式，在小学、中学阶段，受应试教育影响，重视知识灌输、考试排名，法制课程经常被其他考试课程所取代，忽视学生的权利意识保护能力培养。大学阶段的法制教育课程开设内容跟不上时代，很多法制教育课程延续应试模式，只是作为一门课程的学分进行学习，不能指导大学生生活中法律社会化的实际，忽视法制教育课程的育人功能，导致法律知识传授与守法意识培养相脱节，不能辨别守法行为和非法行为、违法犯罪行为之间的界限，学生在面临权利意识维护和侵害他人合法权利时，冲动维护自己的权利，导致了守法意识的偏差。同时，法律教育课程教育方式单一、内容僵化，大学生接受法制教育的效果不佳。由于法制教育课程教育方式单一、枯燥

① 杨旭垠. 大学生犯罪的社会心理成因及对策［J］. 青少年犯罪问题，2001（1）：34-36.

的灌输模式，教育的内容中理论与大学生的生活实践脱节，大学生处于青春期，比较叛逆，往往会认为该课程对自己没有价值，导致的后果就是守法意识养成没有打好基础，守法观念的信仰欠缺，在生活中遇到冲突使用法律知识实施法律行为的素养严重不足，法律信仰缺失的社会环境影响到大学生守法行为养成，是大学生犯罪的重要原因。

（5）高等教育大众化背景下学生素质的普遍下降。随着我国高等教育扩招政策的实施，导致大学受教育人群的规模扩大，大学生人数空前膨胀。1998 年全国普通高校在校生总人数达到 340 万①，而在 2007 年仅全国高校招生人数就达到 570 万，2019 年全国普通高校毕业生达到 834 万②。2022 年，全国高校毕业生将首次突破千万，达到 1076 万人，相比 2021 年增加 168 万人，再创历史新高。③ 但这种大学教育产业化、扩大化的后果是大学生的文化素质相比于之前大学教育精英化时代下降明显，伴随文化素质下降的另一个方面是大学生道德社会化方面出现明显的缺陷。长期的唯考试论导致德育教育不受重视，大学生的道德认知观念出现明显的偏差，比如论文抄袭、课程考试作弊、就业随意违约、贷款不还等现象屡见不鲜。没有养成守法的道德情感，在大学生生活中出现不道德行为也不会受到来自自身的拷问。社会对大学生出现的不道德问题往往也是轻描淡写地网开一面，长此以往，为大学生违法犯罪埋下隐患。

2. 微观原因

（1）家庭功能失调导致大学生早期人格发展问题增多。就大学生犯罪而言，西方犯罪学的理论如社会学习理论、失范理论、标签理论、文化冲突理论等都对人类犯罪行为的社会外在机制进行了探讨和解释，但是很少从家庭建设功能失调引发人类心理内在人格功能整合失调进行探索分析。

---

① 谢慧. 从高校视角论大学生犯罪的原因与预防措施［J］. 齐齐哈尔大学学报（哲学社会科学版），2009（2）：166-168.

② 李贞，刘山山，刘瑞祺. 为 834 万毕业生就业保驾护航［N］. 人民日报海外版，2019-04-22（02）.

③ 俞菀，郭雨祺. 2022 届高校毕业生就业“冲刺”观察：千万关头迎“难”上［N］. 光明网，2022-05-20.

西方犯罪学中的社会控制理论则超越了“人为什么犯罪”的问题，从相反的思路探讨犯罪的原因：在社会控制理论的学者看来，“人为什么犯罪”只是犯罪问题的一个侧面，真正应该集中探讨的是“大多数人为什么不犯罪的问题”。每个人在社会中都是一个主体，一个积极的问题解决者，不论他们是违法者还是守法者，他们都用各自独特的方式去感知、理解和回应社会。因此大学生犯罪行为是个体一种自觉的应对策略而不是越轨行为。从某种意义上来说，犯罪行为是在某种情境下个人所发现或者认为的唯一有效的应对方式，驱使个人实施犯罪行为的内在动机是个人人性的一部分。每一个人都可能是潜在的犯罪人，如果放纵自己的欲望，任何人都会自然而然地实施犯罪。社会控制理论又称为社会联系理论，认为人之所以不犯罪是由于控制或抑制人们犯罪的力量比较强大，这种控制或抑制人们不犯罪的力量被称为“社会联系”，它的强度决定着人们是不是会实施犯罪行为。社会控制理论所指的社会联系包括四种因素：依恋、奉献、参与、信念，认为从这四个方面增强个人与社会的联系就能很好地达到预防与控制犯罪的目标。家庭功能失调影响到大学生的早期安全依恋形成，是其人格缺陷的内在生成主因。从留日大学生与母亲因为支付学费问题引发争执的弑母案，到2019年北大学子吴某弑母案嫌疑人被抓获，还有湖南、江苏等地12、13岁小学生弑母案发生，反映出大学生成长中青少年时期遭遇的重大心理危机。大学生实施犯罪可以认为是个人在不良的生理、心理和社会条件下所采取的一种应对策略或者生存之道。在每一种情境中，犯罪人总是选择自己认为最合适的方式来应对各种情境，而不是优先考虑别人会用什么方式或者这种方式是否符合社会的准则。解释大学生犯罪行为的个体差异，除了个体的生理遗传因素以外，通常情况下人格的内在动力因素是犯罪行为的个体差异重要因素。

离结婚率高引发家庭功能弱化、失调带来的依恋关系养育困境引发大学生成年后的违法犯罪行为可能性增多。我国民政部2018年相关数据显示，全国结婚登记人数为1010.8万对，离婚登记人数为380.1万对，离结比为38%。黑龙江省的离婚结婚比居于首位，高达63%。这意味着有100

对夫妻结婚，就有63对夫妻离婚！除了黑龙江，天津、吉林、辽宁、重庆的离结比也纷纷超过5成，上海、北京则紧随其后，分别为49%、48%。报告显示，离婚高发期集中在婚后7年内，婚姻存续的时间都在三四年内。① 重组家庭、单亲家庭、留守家庭增多，使未成年人成长中依恋关系发展不良，引发青少年心理健康危机，导致成年后大学生出现违法犯罪行为增多。特别是在心理健康临床研究、精神疾病治疗过程和青少年教育领域，很多研究结果达成了基本共识，认为家庭的功能不良会直接导致青少年儿童心理和行为问题出现。可以说家庭功能失调对大学生犯罪是一个重要的原因。也有研究表明，父母的过分溺爱和过分干涉都可能引发子女患精神疾病的危险。这种家庭功能失调典型表现在：一是家庭结构缺失引发家庭功能失调，父母离婚或打工，孩子委托他人照顾，父母都不在，家庭功能无法发挥作用；二是家庭结构形式存在，但家庭功能实质失调。如高控制的家庭，对待子女的成长以暴力或高控制的方式实施，子女与父母缺少平等交流，以父母都是“为你好”的方式为子女铺设便捷的利益化或物质化的成长道路，很少兼顾孩子的精神成长空间发展，这种窒息的家庭环境影响孩子健康成长。社会整体的功利教育观念在家庭中浸染，青少年成为父母实现社会阶层上升做人上人的学习工具，只是偏重知识灌输和考试排名，忽视人格发展和情感养育。这是导致大学生陷入心理危机的重要因素，对大学生犯罪有着不同程度的负面影响。

（2）学校育人功能忽视心理健康教育，引发大学生违法犯罪问题增多。意大利犯罪学家加罗法洛提出自然犯罪与法定犯罪的概念，他认为犯罪不完全是一种法律概念，认为自然犯罪才是真正的犯罪。他从普遍的道德感出发，分析了利他情感、怜悯感和正直感等道德的组成部分，认为缺乏利他感、伤害怜悯感和正直感是自然犯罪的实质要素，伤害怜悯和正直两种利他情感之一的行为就可称为自然犯罪。② 换句话说，自然犯罪不是

① 民政部：2018年全国结婚登记数为1010.8万对，离婚380.1万对［EB/OL］. 中华网，2019-05-19.

② 加罗法洛. 犯罪学［M］. 耿伟，王新，译. 北京：中国大百科全书出版社，1996：44.

对社会和他人权利的侵害，实质上是犯罪人情感发育缺陷引发的对他人和社会的怜悯感和正直感等利他情感的侵犯。长期应试教育目标的灌输，学校育人功能薄弱，学校排名引发学生的竞争意识提前到小学阶段，与他人合作的意识让位于过度自我中心的认知理念，利他情感中的怜悯感和正直感培育没有受到学校的重视，引发大学生情感心理发展滞后，带来大学生犯罪问题。中小学时期，大多数众多家长信奉不要输在起跑线上的理念，助推学校育人功能削弱，让位于应试教育功能，以考试成绩作为衡量学生的唯一指标，重视考试排名，忽视学生情感发展。进入大学后，高校对大学生的法治教育、心理健康教育和安全教育都流于形式，高校对学生的服务和管理都相对松散，仍然只对学生的智育成绩比较重视，忽视德育等养成，忽视学生的大学生活适应教育，引发大学生人际冲突、失恋导致情感冲突等增多。在长期家庭学校应试教育功利化价值观熏陶下，大学生个性特点出现过度自我中心倾向，很少发展出他人视角看问题，从小就互相攀比、争强好胜、狭隘短视、自私自利，使其一切以自我为中心，贪图享受，企图不劳而获，喜欢走捷径，缺乏合作精神，从而造就了“中国式嫉妒”，使其表现出“普遍敌意”,① 并导致一些大学生出现人格障碍等，难以发展亲密关系，难以适应大学生活，引发违法犯罪案件发生。

（3）人际交往中炫耀、攀比性消费引发的认同焦虑导致心理健康危机。大学生身心发育不成熟，对周围事物的判断标准没有定型，社会常识和社会经验不丰富，情感起伏比较大，行为上比较冲动。同时，由于处于青春期，非常强烈的自我认同的发展需要，希望得到周围人的普遍认同，受到同龄人的高度关注。家庭、学校和社会对大学生的期望值更高，他们会不由自主背负各种生活中的、学习上的、人际交往等的压力，这些压力引发的大学生活不适应导致焦虑惶恐感受强烈，如果没有重视心理健康问题，没有得到及时的解决，这些压力引发的苦闷抑郁进一步加剧心理失衡，甚至引发心理异常发展，成为心理疾病的易感人群，大学生更可能由

① 莫洪宪，王登辉. 大学生犯罪的现状及对策研究 [J]. 青少年犯罪问题，2013 (5)：18-21.

此而陷入犯罪的魔窟不能自拔。因此，困扰大学生的心理隐患已经成为当前家庭、学校、社会亟须关注的一个健康问题。然而，当前现实情况是很多大学教育重视专业发展的知识、能力教育，忽视大学生心理健康教育。高校的大学生的心理健康教育还处于整体教育非常薄弱的一个环节，相对落后的高校心理健康教育环境，对于许多大学生的心理困扰、心理危机不能得到有效预警与预防措施的事前施救，引发为大学生不良心理进而加剧违法犯罪心理的发展。

（4）网络身份淹没与匿名化促发去个体化违法犯罪行为现象。自我控制失控引发低自我观察能力。随着科技发展，网络日益普及，大学生在网络上匿名交往获取信息非常普遍。大学生身心表现出好奇探索的特点也容易被网络上消极、颓废的活动所吸引，如吸笑气的成瘾性行为，对毒品的好奇引发的成瘾行为都易于导致他们跟着感觉走，漠视生命、漠视法律，引发反社会行为，导致犯罪行为发生。去个体化是指在人群中或者某一团体中，许多成员丧失了个人身份、迷失了行为的方向，其所作所为不再受自我控制和法律规范的约束。因此，去个体化就是当个人被群体淹没时所体验到的一种不易被人识别并且不用对自己行为负责的感觉。去个体化发生在一连串的复杂事件之后，个人身份变得模糊不清，就降低了个人的道德行为准则对反社会行为的约束力。

3. 个人原因

大学生心理从不成熟向成熟发展的身心冲突引发不成熟防御机制过度发展导致缺陷人格。精神分析理论中的自我防御机制指个体在面临可能的威胁或伤害时，引起强烈的焦虑和罪恶感，焦虑将在其内部的心理活动中具有自觉不自觉的无意识地激活自我防御机制，以某种歪曲现实的方式保护自我不受伤害，缓和与消除不安和痛苦，以恢复心理平衡与稳定的一种适应性心理倾向。也就是说，自我防御机制是个体调动自我功能把痛苦或消极情绪压抑或排斥到人的意识之外，这些痛苦仍然存在，但个体却感觉不到，保持内心安宁的一种歪曲的方式。在个体成长过程中，由于早年受父母的关系影响，个体学会了某些防御机制，或学不会某些防御机制，也有可能在应该学习高级成熟防御机制时，错失了学习的机会，在成年后仍然处于使用早年婴儿时代的防御机制的状态。成年人的防御机制比婴儿的防御机制发展得更加成熟。如果一个成年人还在使用某些婴儿使用的原始防御机制，就可能导致心理问题的神经症或人格障碍或精神疾病等发生。防御机制是心理学、精神病学对一个人的人格或是整个精神状态做出诊断的标准之一。犯罪大学生在成长过程中更多使用了不成熟的原始自我防卫机制如压抑、否认、分裂、理想化、投射性认同等，很容易在人际交往中产生“被侵害”的感受，对于他的人际交往和内在不安全感产生了不相称和不和谐的感受，就容易陷入病态的行为认知。比如一些人失败了认为是别人造成了自己的不顺利，迁怒他人和社会，这在一定程度上影响自我功能的健康发展。心理学研究表明，大约有5%的与能力有关的事情是与智力有关的，其他的95%与能力有关系的事情都与自我功能被压抑有关系。由于长期以来应试教育的影响，很多大学生在成长过程中形成了不允许自己犯错误的心理倾向，大学生犯错误引发的心理感受不能通过情绪表达的方式表达出来得到家长或学校老师的理解，只能通过让自己的身体出现状况的方式来表达他的情绪。大学生生活中的很多不满不能通过象征化的语言的方式表达，达不到有效的合理途径去宣泄这种本能的攻击性，就只能用行为来表达，这是一种不成熟的自我保护防御机制，也称为退行防御机制，退行到用本能的行为来表达爱恨情仇，比如用暴力打人的方式发泄自己的消极情绪，导致了大学生违法犯罪问题。

自我行为边界模糊、心理不成熟会影响大学生的社会认知。自我行为边界指在人际关系中，个体清楚地知道自己和他人的责任和权力范围，既保护自己的个人空间不受侵犯，也不侵犯他人的个人空间和社会的法律空间。从心理发展来看，个体的自我行为边界是逐渐形成的。从分离个体化开始，经历和母亲的共生阶段，个体感受到与母亲是一体的，母亲就是他自己，他自己就是母亲的一部分，没有母亲，他一天也活不下去。随着个体成长，发展出与母亲的心理距离，也是与母亲心理上分离的过程，认识到母亲不是自己的一部分，母亲是母亲，自己是自己，都具有独特性。分离个体化越良好的个体，分离得越好，成长越好。遗憾的是，很多孩子在分离个体化过程中处于分离不完全的状态，换一种说法，就是这种分离不完全状态导致孩子生理上已经成年了，但心理上还处于与母亲自我行为边界不清楚的状态。与母亲是一种融合状态，总是认为母亲的就是自己的，分不清自己的需要与动机，对行为的责任承担也存在困扰。这种与母亲的自我行为边界不清楚的状态会延伸到他周围的人际关系中，过度依赖他人，本该由自己做出决定的事情让他人代替自己做决定，以便获得与他人融为一体的感觉。他的安全感也建立在与他人融为一体的感觉上，这种心理保持到成年，他会有这样一种感受：只要与另外一个人变成一个人，就会有安全感，就什么都不怕了。自我行为边界就在这种情况下变得模糊不清，影响到个体的行为选择。很多大学生由于成长中分离个体化没有解决好自我行为边界的问题，存在自我行为边界模糊不清的问题，在遇到违法犯罪行为边界问题时，往往混淆法律的界限，在他人实施违法犯罪行为时，顺从他人的违法犯罪行为选择，走上犯罪道路。在大学生团伙犯罪或共同犯罪中表现特别普遍。

犯罪大学生普遍存在人格缺陷。由于社会转型期，离结婚率逐年上升，造成家庭养育未成年人的环境处于动荡不稳定状态，很多大学生生活在家庭功能不健全的重组家庭、单亲家庭、离异家庭或者贫困家庭、留守家庭，性格上表现出自卑、敏感、多疑、自闭、孤僻、偏执、幻想、妄想，严重的出现精神障碍（变态心理、病理心理）、人格障碍（偏执型、分裂样、冲动型、反社会型等）、精神疾病等。大学生进入高等学校后，由于学业竞争加剧、人际关系紧张、情感纠纷增多、就业期待与现实冲突等诸多压力累积导致心理问题频发，如果心理问题不及时解决，往往会向人格障碍或精神疾病转化，这些消极心理问题引发心理健康危机成为违法犯罪的催化隐患，造成人间惨剧。

四、大学生心理安全教育与心理健康干预

开展大学生心理安全教育，不仅仅是为了预防心理性安全事故的出

现，更重要的是促进大学生的全面健康成长。2021 年 7 月 1 日，教育部办公厅发布《教育部办公厅关于加强学生心理健康管理工作的通知》，从加强过程管理、加强结果管理、加强保障管理等方面对提高学生心理健康工作针对性和有效性提出要求，要求加强心理健康课程建设，面向本专科生开设的心理健康公共必修课原则上不少于 2 个学分；要大力培育学生积极心理品质；要及早分类疏导各种压力；要增强学校、家庭和社会教育合力，构建家校协同干预机制；要妥善做好学生突发事件善后工作。这就要求各高校在学生心理工作中一方面要注重预防大学生中各种异常心理和心理障碍的产生，并进行及时的矫正治疗；另一方面更要注重对学生各种优良品质的培养及各种潜力的开发，用社会主义核心价值观加强对大学生的正面引导，帮助他们树立正确的世界观、人生观、价值观。

（一）大学生心理安全教育目标：自我关系的全面和谐

人的心理活动是一个非常复杂的过程，包含非常丰富的内容。大学生的心理健康教育的主要内容应包括：生命教育、心理卫生知识教育、心理疾病防治教育、健康人格教育、人际关系和谐教育、挫折应对教育、突发事件心理应对教育等。现代心理健康的本质是自我关系世界的全面积极和谐。包括四个方面的内容：人自身的和谐，包括身心和谐、自我接纳、知行合一和人格结构平衡完善等内容。人与社会的和谐，包括个体的群体归属感、人际关系和谐、个人地位发展、社会角色适应、环境安全感等内容。人与自然的和谐，包括亲近自然和关怀自然两大内容。人与意义世界的和谐，包括拥有生活价值和拥有生活目标两方面的内容。在人们的心理安全得到保障后，才能很好地实现这些和谐内容，才能从根本上实现人的心理健康的目标。个体或群体所生活的客观情境与心理安全密切相关，情境好坏是构建心理安全的源头和根本。当客观情境为个体或群体的内在积极机制所认同和体验感受时，就会表现出对客观情境的理解所构成的心理安全、心理安全感就会形成和增强。否则，则会表现出心理不安全、心理安全感下降。

心理健康的个体心理表征总体上表现出平衡与和谐，也可以理解为心理和谐的人也存在心理矛盾冲突，心理过程的某些成分或元素也存在某种程度的不和谐、不协调，但心理健康的人的心理弹性较好，自身搭建的精神空间较大，他们能将这样的矛盾和冲突调适在尽可能适宜的短时间内或自身能接受的范围内。纵观很多大学校园里的暴力事件的当事大学生，其早期成长中往往经历很多挫折性事件，情感发育有一定的缺憾或薄弱之处，导致外在社会情境中的不良刺激极容易引发其内在的心理张力，和过去的挫折负面感受进行张力的叠加，造成内心极度的不平衡、不安全与不和谐。他们缺乏有效的解决方法和途径，容易采取极端的暴力行为进行泄愤，寻找满足其内在情感需要的平衡点。

（二）完善大学校园心理健康情境干预体系

1. 加强对大学生思政工作的重视，引导大学生树立积极向上的人生观、世界观和价值观

2004 年，国务院《关于进一步加强和改进大学生思想政治教育的意见》，2005 年教育部等印发《教育部卫生部共青团中央关于进一步加强和改进大学生心理健康教育的意见》，加强和改进大学生心理健康教育是新形势下贯彻落实全国教育工作会议和《国家中长期教育改革和发展规划纲要（2010—2020 年）》精神，促进大学生健康成长、培养造就拔尖创新人才的重要途径，是全面贯彻党的教育方针、建设人力资源强国的重要举措，是推动高等教育改革、加强和改进大学生思想政治教育的重要任务。加强高校思政教学改革，用马列主义、毛泽东思想、邓小平理论和“三个代表”重要思想、科学发展观、习近平新时代中国特色社会主义思想塑造大学生的科学头脑，帮助大学生在新时代规划新角色、确立新目标。有利于应对生活中的困难，提升适应大学生活环境的能力。

2. 加强高校心理安全教育

增设国家安全观视野下的高校心理预防教学体系，培养大学生良好的心理素质，加强平安校园预防犯罪的三级模式。高等院校肩负着对大学生

成长、成才教育的神圣职责，而不只是专业化的教育。当前大学生中有许多人不知法、不懂法，甚至有大学生是法盲，模糊行为的法的边界，造成违法犯罪的后果。2021 年 9 月 23 日，复旦大学 2019 级博士研究生陈某、2019 级硕士研究生李某、2020 级硕士研究生葛某三名学生在校外嫖娼被开除学籍的消息在网络引发关注。《复旦大学学生纪律处分条例》第四十条明确规定：卖淫、嫖娼，或组织、强迫、引诱、容留、介绍他人卖淫的，给予开除学籍处分。按照《普通高等学校学生管理规定》第五十四条第（三）项规定：违反治安管理规定受到处罚，性质恶劣的，学校可以给予开除学籍处分。9 月 24 日，@复旦大学微博发布通报："我们关注到网上关于我校学生因违法违纪被处分的信息，情况属实。日前，根据警方行政处罚决定书，依照《复旦大学学生纪律处分条例》规定，学校给予涉事学生开除学籍处分，并在校内相关单位公告处分决定。"① 并表示，"学校高度重视校风学风建设和学生思想品德教育、法治教育，对学生发生我们不愿意看到的情况，深感痛心，希望通过这些案例能警示师生，维护学校良好育人环境。"因此，在高等院校对大学生培养过程中，强化法治教育，让大学生知晓法律的行为边界，不触犯法律，正确理解生活中权利与义务的关系，在履行义务的前提下，合法行使自己的权利。

（1）重视大学生心理健康机构的体制机制、危机干预及常态化专业服务建设。2011 年教育部办公厅关于印发《普通高等学校学生心理健康教育工作基本建设标准（试行）》的通知要求高校应将大学生心理健康教育纳入学校人才培养体系，健全校、院（系）、学生班级三级心理健康教育工作网络。高校应根据实际情况，研究制订大学生心理健康教育工作的意见或实施办法。应建立考核、奖惩机制，制订年度工作计划。高校应围绕心理健康教育和咨询机构的规范管理、心理危机预防与干预、心理咨询工作流程、心理健康教育课程教学、心理健康教育从业者职业道德规范等内容，建立健全各项规章制度。通过对大学生开展心理健康的测试，根据测

① 胡闲鹤. 复旦三名学生嫖娼被开除，详解三个焦点问题［N］. 新京报，2021-09-26.

试结果进行心理健康筛查服务，对于心理问题进行分类并开展专业辅导服务，帮助大学生理解他们经历的困难，针对他们的具体心理困扰，运用专业的方法和技能帮助大学生增强看待自身的困难的勇气和信心，提升适应社会的能力，从而预防大学生犯罪行为的发生。

（2）重视大学生心理健康教育教学课程体系及活动体系建设。2011 年教育部办公厅关于印发《普通高等学校学生心理健康教育工作基本建设标准（试行）》的通知指出，“高校应充分发挥课堂教学在大学生心理健康教育工作中的主渠道作用，根据心理健康教育的需要建立或完善相应的课程体系。学校应开设必修课或必选课，给予相应学分，保证学生在校期间普遍接受心理健康课程教育。”① 同时，对于高校心理健康教育活动体系建设也提出要求，“高校应面向全体学生开展心理健康教育活动，不断创新心理健康教育活动形式，拓展心理健康教育途径，积极营造良好的心理健康教育氛围。”② 通过大学生心理健康课程建设，把心理健康知识普及到高等学校的每一个大学生身上，帮助大学生形成健康向上的健康心理行为模式。当前尤为重要的是在这几个方面提升大学生心理能力建设：首先是大学生情绪调适能力培养提升。大学生情绪控制能力不足，非常容易引发冲突甚至犯罪，引导大学生学习控制情绪的方法，增强适应社会的能力，多进行理性思考，进行自我心理调适，学会处理现实与愿望之间的冲突。其次是注重大学生认识自我心理和谐、人际和谐与社会和谐的重要性，接纳自己，接纳他人，理解自身心理成长的特点和他人心理成长的差异，以对自己负责的心态调整好自己的心理健康状态。再次是引导大学生正确理解恋爱与性的问题，学会处理生活中的恋爱纠纷，以慎重严肃的态度对待爱情，保持健康的恋爱关系。最后是构建和谐人际环境。

（3）加强对心理困难重点对象的全过程管理服务。大学生教育管理从入校前的报到分配宿舍开始，已经开始了大学生心理健康教育管理的初始

---

① 教育部办公厅. 关于印发《普通高等学校心理健康教育工作基本建设标准（试行）》的通知［EB/OL］. 中华人民共和国教育部官网，2011-02-23.

② 教育部办公厅. 关于印发《普通高等学校心理健康教育工作基本建设标准（试行）》的通知［EB/OL］. 中华人民共和国教育部官网，2011-02-23.

阶段。高等院校学生管理部门应在这个阶段开展普查和重点关注对象的落实，对单亲离异家庭大学生、留守家庭大学生、贫困家庭大学生进行重点关爱管理，构建从宿舍关爱环境、班级关爱环境到校园关爱环境的建设，提升大学生心理困难适应能力，帮助他们融入校园，更好地实现人生价值。

3. 强化法治教育，建设个人心理安全的法律边界

法律是治国之重器，法治是国家治理体系和治理能力的重要依托。1997 年党的十五大不仅开创了中国特色社会主义民主法治的发展道路且确立了我国的基本治国方略为依法治国。大学生犯罪问题警示我们要做好依法治校的法治教育工作，帮助大学生树立法律意识至上的价值观，凡事法为上，敬畏法律。倡导在日常大学生活中处理好各种利益关系，在遇到实际问题时，及时运用法律保护自己。因此，大学生心理安全的法律意识培养不仅是大学生个人社会适应的需要，也是依法治国的社会主义法治国家建设的要求。当前，社会处于转型发展时期，大学生面临前所未有的多重压力，经常会遇到大学生经受不了各种诱惑引发犯罪行为触犯刑律的犯罪案件，这源于大学生尽管专业知识素质较高，但他们依法处理生活中纠纷的理念还非常薄弱，对法治的知识理解很片面，影响到他们用法律的知识提升处理各种利益关系的能力，导致大学生犯罪数量的增加。因此，从法治教育途径预防和打击大学生犯罪成为当务之急。高校要发挥法治教育的课堂主渠道功能，增强大学生法治意识的养成。让大学生通过校园法治教育学习，掌握心理安全的法律边界，同时加强了大学生运用法律知识的能力，运用法律知识维护自身的合法权益，形成法治的行为模式。

（三）强化社会预防体系建设

首先，社会文化要倡导形成公平、自由的竞争氛围，给大学生提供多元、个性的发展空间，减少极端案件的发生。改革开放以后，外来多元文化进入大学生的视野，外来文化与传统文化的冲突、传统文化与现代文化的冲突不断影响冲击他们的生活，影响着他们在生活中的理念及行为。尽

管社会的主流文化形成了健康向上的趋势，对大学生的学习生活起着引导作用，但外来文化中不可避免存在一些色情、暴力、自我中心的享乐主义等负面消极内容，侵蚀大学生的价值观和行为规范，导致有部分心理缺陷的大学生陷入危机甚至犯罪的泥潭。因此，重视校园文化积极健康氛围的营造，引导大学生学会选择高尚的兴趣爱好非常重要。大学生主要生活学习的文化环境就是校园，校园文化建设要依据高等学校发展规律和大学生身心特点进行，不仅要促进大学生身心健康发展，而且应帮助大学生融入高校校园，形成良好的社会适应理念。

其次，重视网络心理安全环境建设，提升网络道德认知。大学生也是我国上网的重要人群，引导大学生加强网络道德认知，重视网络心理安全环境建设非常重要。可以从三个方面进行：一是注重社会网络舆情管理，把握网络舆情管理的主动权。日常生活中，做好舆情管理的分析工作，了解社会舆情动态，确保大学生接触到的信息认知清晰，有助于应对舆情困境。二是规范大学生网络行为，对不良网络信息进行及时的抽查和筛选。保障网络环境的安全，促进大学生心理安全发展，提升大学生的网络文明素养。三是加强社会网络行为制度建设，帮助大学生形成良好的网络社会交往道德认知，预防大学生网络行为不规范陷入网络犯罪的陷阱。

（四）强化家庭心理安全机制建设

家庭对一个人的健康成长有巨大的促进作用。家安天下安，健康的家庭促进孩子的健康成长，避免忽视、虐待、家庭暴力等因素导致个体不安全的潜在因素发生。家庭应从小重视孩子的心理健康教育，提升大学生的社会适应能力。改变以往父母包办一切的家庭教育思维，从小尊重孩子作为社会未来公民角色成长的需要，营造家庭平等尊重的沟通氛围。

（1）营造良好的家庭氛围。习近平总书记提出家庭建设是治国理政的基础地位，家庭好才能国家好，多次强调“家庭是社会的细胞”“无论过去、现在还是将来，绝大多数人都生活在家庭中”“家庭的基础地位不会动摇”“家庭不只是人们身体的住所，更是人们心灵的归属”。习近平总书记把家庭教育放在家庭建设的核心位置，认为只有好的家教才能有好的家风，才能建设一个好家庭，使下一代健康成长，老年人安度晚年。心理学研究表明家庭氛围对青少年健康成长关系重大，它是青少年健康成长的土壤。所谓的家庭氛围也就是在家庭环境中家庭成员间相互影响、相互制约过程所形成的心理情绪和环境气氛。它包括家庭生活环境、家庭生活作风、家庭生活方式等。良好的家庭氛围可以使儿童性格活泼、开朗、大方、好学、诚实、合群等；不良的家庭氛围可使孩子胆怯、嫉妒、孤独、懒惰、不懂礼貌、言语粗俗。因为儿童在适应家庭环境过程中，常以家长为最直接的模仿对象，形成对自我的看法和性格特征，家庭氛围好坏是幼儿心理、行为健康水平的重要相关因素。

（2）重视家庭沟通能力培养，形成暴力“零容忍”态度。根据近期的统计数据，在所有完整家庭中，至少有7%的家庭存在多种伤害行为。某些家庭是以成员间不断的人身攻击和暴力的持续循环为特征的。如同胞兄弟姐妹互相打骂，丈夫打老婆，父母殴打孩子，成年的子女殴打老年的父母。有研究表明，伤害是跨情境、跨对象的人际关系中一种泛化的行为模式。家庭中殴打孩子和妻子的男人，他们攻击家庭以外对象的概率是非家暴家庭的男性的五倍。同时研究表明，存在多种伤害行为的家庭成员在很多场合中的行为表现都是暴力和反社会的，这种行为模式既针对他们自己的家庭成员，也针对社会上的其他人，而且很可能他们生命中的大部分时间一直保持下去。此外，存在多种伤害的家庭中的儿童对家庭以外对象的攻击比率非常高，他们更有可能涉及财产犯罪，在学校有更多的适应困难，更可能与警察打交道。因此，家庭沟通方面要加强文明沟通技能的学习，在沟通中杜绝暴力，形成“零容忍”暴力态度，是孩子健康成长的重要环节。家庭沟通不仅围绕孩子的学习进行，更应当注重与孩子沟通合作、责任和情感等方面的社会性沟通教育，培养良好的品格，完善人格。

（3）家庭亲职教育、学校教育、社会教育协同发展。很多大学生犯罪的案例表明，犯罪人从小经历留守儿童的早期经验，父母亲职教育处于空白，很少体会到父母的关心和照顾，他们成长过程中经历的挫折，没有父母家人指导他们学会怎样正确地应对，造成面对挫折困境的应对能力比较薄弱。当多次挫折导致的负面感受长期积累到一定程度，生活中发生的任何不顺心的小事都会成为其情绪爆发的导火索，以至于情绪失控做出越轨或违法犯罪行为。如马加爵案件、药家鑫案件、林森浩案件等，这并不是单一因素导致的犯罪行为，更多是综合因素导致的社会化失败所致。因此，大学生犯罪问题中社会化失败是一个非常重要的原因。家庭、学校和社会都在其中扮演一定的角色，必须深刻探索家庭、学校和社会管理教育的失察、失当之处。我国长期以来从小学到中学的应试教育模式，加强了其工具人格的发展，使其个性丰富的内涵没有得到充分发展，反而导致缺陷性格助长了其消极心理张力的形成。在个体成长过程中，家庭、学校和社会都扮演着重要的角色。学校应及时了解学生是否存在早期心理创伤、家庭重大变故、亲子关系紧张等情况，积极寻求学生家庭成员及相关人员的有效支持。应加强协同合作，积极营造大学生成长成才的社会环境，共同促进大学生良好的社会适应。

第七章　对外交流与高校文化安全

一、经济全球化与高等教育的国际化

文化的多样性是人类历史的客观现实，不同文化的交流互鉴是人类社会发展进步的重要动力。人类社会的演进史既是生产力不断发展的历史，更是不同文明间交往互动的历史。只有在不断交流、借鉴和比较过程中，文明才会不断注入活力、富有生机。2014 年 9 月，在纪念孔子诞辰 2565 周年国际学术研讨会上的讲话中，习近平总书记指出："推进人类各种文明交流交融、互学互鉴，是让世界变得更加美丽、各国人民生活得更加美好的必由之路……文明因交流而多彩，文明因互鉴而丰富。任何一种文明，不管它产生于哪个国家、哪个民族的社会土壤之中，都是流动的、开放的。这是文明传播和发展的一条重要规律。在长期演化过程中，中华文明从与其他文明的交流中获得了丰富营养，也为人类文明进步作出了重要贡献。丝绸之路的开辟，遣隋遣唐使大批来华，法显、玄奘西行取经，郑和七下远洋，等等，都是中外文明交流互鉴的生动事例。"①。改革开放以后，中国社会的发展开始融入国际社会的主流中。随着世界多极化、经济全球化进程的快速推进和现代科学技术的迅猛发展，民族国家之间的相互联系、相互依赖日益密切，文化全球化亦相伴而生，文化的资本功能日益

---

① 习近平. 在纪念孔子诞辰 2565 周年国际学术研讨会暨国际儒学联合会第五届会员大会开幕会上的讲话［EB/OL］. 人民网，2014-09-25.

得到国际社会的认可和重视，文化产业和文化贸易在国际交往中的地位日趋上升，我国的对外文化交流也呈现出许多新情况、新特点。在此背景下，高等教育国际化成为不可抗拒的潮流，我国高校与国外高校之间的国际交流日益密切，交流的范围之广、项目之多、人员之频均呈现出快速的增长态势，短期内快速缩小了与国外发达国家高等教育的差距，有力地推动了高等教育的发展。

1978 年 6 月 23 日，邓小平在听取教育部工作汇报后指出，要扩大留学生规模，教育部应成立专门的留学生管理机构。7 月，教育部向中央提交了《关于加大选派留学生数量的报告》。同年 8 月，教育部印发了《关于增选出国留学生的通知》，明确将 1978 年出国留学生名额扩大为 3000 人，由此开启了近代以来中国历史上规模最大的出国留学热潮。与此同时，国家出台了一系列政策措施，加强对出国留学工作的调控管理。1979 年出台了《出国留学人员管理教育工作的暂行规定》《出国留学人员守则》，对出国留学人员的管理做出具体要求。1981 年出台的《关于出国留学人员管理工作会议情况报告的通知》提出了“力争多派、突出重点、统筹兼顾、保证质量”的指导方针，在《中华人民共和国国民经济和社会发展第六个五年计划（1981—1985 年）》中提出了争取实现 5 年内派出 1.5 万出国留学人员、5 年内留学回国人员达 1.1 万的目标，并且把基础薄弱和急需开拓的领域作为公派留学重点扶植的对象。同年出台了《国务院关于自费出国留学的暂行规定》，提出“按需派遣、保证质量、学用一致”的指导思想，赋予自费留学和公费留学一视同仁的地位，使我国留学生的人数和国别不断扩大。1985 年出台的《中共中央关于教育体制改革的决定》，提出了“要通过各种可能的途径，加强对外交流，使我们的教育事业建立在当代世界文明成果的基础之上。”① 加快了高等教育对外开放的步伐，公派出国人员数量迅猛增加，公派出国留学人员数量达到 1979-1999 年的峰值。1986 年颁布的《关于改进和加强出国留学人员工作若干问题的

① 何东昌. 中华人民共和国重要教育文献（1976—1990 年）[M]. 海口：海南出版社，1998：2289.

通知》《关于出国留学人员工作的若干暂行规定》，提出应重点派出进修人员、访问学者、攻读博士学位研究生，并以应用学科为主，调整公派人员国家分布比例，同时加强对出国留学人员的教育、管理和服务。

1992 年邓小平南方谈话后，高等教育国际化步伐进一步向纵深发展。1993 年的《中国教育改革和发展纲要》强调要进一步扩大教育对外开放。1993 年《关于自费出国留学有关问题的通知》取消了对自费留学人员的一切限制，使得自费出国留学人数激增，并成为中国出国留学人群的主体。《通知》指出，国家鼓励自费出国留学人员完成学业后回国工作。用人单位对自费留学人员应与公费留学回国人员同样对待，按双向选择的原则录用，并为他们提供必要的工作和生活条件。1994 年 7 月 11 日国务院印发了《关于〈中国教育改革和发展纲要〉的实施意见》，要求建立国家留学基金管理委员会，使得留学生选拔管理迈上了法制化轨道。1995 年出台的《改革国家公费出国留学选派管理办法的方案》确立了“公开选拔、平等竞争、专家评审、择优录取、签约派出、违约赔偿”的选派方针，留学管理进一步科学化和规范化。1998 年颁布的《中华人民共和国高等教育法》对高校的对外交流的重要性、必要性、主体、管理、内容做了更详细的规定，对高等教育对外开放中的文化安全提供了屏障。与此同时，高校层面的对外交流合作在“211 工程”“985 工程”的导向下开始在办学理念、人才培养、科学研究等环节进一步强化。到 20 世纪末，我国已经形成比较完善的出国留学政策体系。

2001 年 12 月，中国正式加入世界贸易组织，随着我国经济发展进一步融入全球化浪潮，高等教育的国际化也迎来新的机遇。2002 年，教育部实施了“西部地区人才培养特别项目”。2003 年，教育部设立了“国家优秀自费留学生奖学金”。2007 年，国家设立《国家建设高水平大学公派研究生项目》，坚持“选派一流的学生，到国外一流的院校（专业），师从一流的导师”的指导方针。2004 年，国务院批转教育部《2003—2007 年教育行动振兴行动计划》，希望教育国际交流与合作向全方位、多领域、高层次方向发展。其后，《国家中长期教育改革和发展规划纲要（2010—

2020年）》对高等教育的对外交流提出了系统的指导意见。2014年，国务院出台了《关于加快发展现代职业教育的决定》对高职院校的国际化发展指明了方向。2015年，国家颁布了《统筹推进世界一流大学和一流学科建设总体方案》，进一步明确了加强与国际一流大学和学术机构合作，提升我国高等教育的国际竞争力和话语权。2016年，中办、国办印发的《关于做好新时期教育对外开放工作的若干意见》，对新时期高等教育国际化进行了系统设计，并强调把教育对外开放与服务国家“一带一路”倡议结合起来，以服务国家的重大战略需求。中外合作办学成为我国高等教育的组成部分，开始从边缘走向中心，从开始的注重项目合作到项目合作与机构合作并重。截至2016年3月，全国共有经审批机关审批设立的中外合作办学机构2403家，涵盖大部分省区，其中90%以上为高等教育中外合作办学，高等教育中外合作办学在校生人数占到高等教育在校生总数的1.26%。这一时期，高等教育“走出去”步伐不断加快。一些高校尝试在境外通过合作或者开办分校的方式进行办学，办学专业以汉语言文学、中医学等优势传统学科为主。同时，让中国文化走向世界的意识日益觉醒，自2004年在韩国设立首家孔子学院后，孔子学院在世界各地遍地开花，截至2017年9月，孔子学院的数量已达516所，遍布世界142个国家和地区。以我为主、全方位对外教育交流的高等教育开放局面已经形成。

从1978年到2018年，中国各类出国留学人员累计达到585.71万人次，其中365.14万人在完成学业后回国发展，占该群体总数的62.34%。2018年各类出国留学人员达66.21万人；同年共有来自196个国家和地区的各类外国留学人员49.22万人在我国31个省（区、市）的1004所高等院校学习，其中中国政府奖学金生占12.81%，自费生占87.19%。多年来，中国一直是世界上最大的留学生生源国，美国、英国、澳大利亚、加拿大、日本为主要留学目的国。据《中国留学发展报告（2017）》，2016年美国仍是中国第一大留学目的国，当年中国留学生占美国国际学生的比例已达32.9%，连续六年成为美国第一大国际生源来源国。从文化学角度看，高等教育国际化属于跨文化交际。它是培养高层次人次、提升国家软实力、服务国家战略的重要途径，也是培养现代化建设急需的高端人才、促进民族复兴、加强文明互鉴的重要选择。但由于不同国家经济、技术文化方面的差异，落后国家在跨文化交际过程中，不可避免会遭遇文化安全问题。中国高等教育在对外交流过程中如何趋利避害，也是迫切需要研究和解决的重大问题。

二、跨文化交际中的文化安全

自从有了人类社会，跨文化交际便应运而生。在人类历史的演进过程中，文化交流始终是不同国家、民族、宗教之间相互联系的基本形式。由于不同文化之间的相对独立性、差异性、排他性，在跨文化交流过程中，文化安全问题就会凸显出来。它既可能形成先进文化对落后文化的同化与征服，也可能导致文化落后国家、民族的消亡。

当今时代，高等教育国际化已经成为一种潮流。作为促进国家间教育与研究相互依存和共同发展的手段，以及保护文化多样性和提升全球竞争力的有效途径，高等教育国际化愈来愈引起国家层面和高等院校的普遍重视。一般认为，高等教育国际化至少包含四个方面的内容：学生流、人员流、机构合作和思想流。改革开放以来，通过融入高等教育的国际化，国内高校普遍把国际化作为核心办学理念之一，高等教育国际交流日趋频繁深入，办学理念日趋与国际接轨，高校教师中具有海外留学经历的比例明显上升，普通高校聘请外籍教师数量呈逐年增长态势，我国高等教育的办学质量和办学实力得到显著增强。在这一过程中，我国积极参与国际教育和学术组织的相关活动，不仅有力推动了全球高等教育的发展，也扩大了我们在国际教育领域的影响力和话语权。

在人类历史上，高等教育的国际化是伴随着资本主义生产关系的产生才出现的。资本主义在海外扩张的过程中，除了坚船利炮之外，也非常重视通过高等教育的路径，把自己的思想意识和价值观推销到世界各地，达到从思想文化上同化和控制殖民地人的目的。英国就是首先把它的高等教育办学模式移植到其美洲的殖民地，哈佛学院和耶鲁学院等 9 所高校是最早仿效牛津大学和剑桥大学建立起的学院，其后又被移植到印度、非洲和东南亚。法国也把自己的教育模式输入殖民地越南和西非。西班牙和葡萄牙把自己的模式带到拉丁美洲。荷兰把自己的模式传入印度尼西亚。中国近代高等教育的发展过程，是在西方列强殖民化扩张的背景下进行的，是西方资本主义殖民化的产物和结果。其间比较有名的学校有：北洋大学（1895）、复旦大学（1905）、京师专门医学堂（1906）、清华学校（1911）、陆军军官学校（1912）。在这个民族危机的屈辱年代，中国高等教育的国际化艰难地被动地开启。这一时期，国内开办了大量仿效西式的新式学校，向西方派遣了大量留学生，以培养民族独立和国家富强急需的人才。"从1882年美国长老会在山东将登州文会馆正式升为学院开始，到20世纪20年代末西方资本——帝国主义各国教会在华创办的教会大学竟占中国高等教育的80%。"① 教会大学的办学宗旨是传播基督教的同时宣传西方的文化和价值观，达到从精神上控制和奴役中华民族的目的。在这一过程中，西方发达国家处在教育和知识的中心位置，再加上其领先的政治经济地位，其思维方式、价值观念、生活方式、行为模式等就会随之传入中国，形成文化殖民主义。北大学生罗章龙回忆20世纪20年代在北大的学习经历时说："留学教员中，从美国回来的，有亲美派。他们推崇美国的'民主制度'，大力奉倡杜威的实证哲学。而从英国留学归来的，则歌颂英国的'议会制度'，羡慕英国的生活。甚至有人公开说：'假如中国有一天亡国了，我希望亡在英国人手里'"。② 北大教员沈尹默讲当年的预科学长徐敬侯"一开口就是'我们西国'如何如何"。③ 在当时一些有留学背景的教员心目中，自觉不自觉地形成凡是外国的都是新的，新的就是好的，由此认为凡是外国的都是好的。蔡元培曾经不无忧虑地指出，此种模仿太过而失去自身特性的行为，只能造成"留德者为国内增加几辈德人，留法

① 匡长福. 浅谈西方对华文化渗透的新路径［J］. 思想理论教育导刊，2011（5）：50-54.

② 罗章龙. 椿园载记［M］. 北京：生活·读书·新知三联书店，1984：23.

③ 陈平原，夏晓虹. 北大旧事［M］. 北京：生活·读书·新知三联书店，1998：167-168.

者、留英者为国内增加几辈英人、法人”的后果。以西方的标准为标准，还美其名曰与国际接轨，只能造成民族文化的摧残和民族自信心的丧失。

高等教育国际化是当今世界高等教育改革和发展的大趋势，是经济全球化在高等教育领域的体现。但是随着中国的崛起和日益走向国际舞台的中心，西方国家的围堵和再平衡战略不断加剧，高等教育领域面临着日益复杂的文化价值冲突和文化贸易壁垒，高等教育领域的文化安全问题日益凸显。高等教育领域的文化安全，其波及和影响的范围绝不简单局限在高等教育领域，往往会牵一发动全局，涉及整个国家的文化安全，危及国家的文化发展和文化创新，引起整个国家文化安全危机，甚至会超出文化领域蔓延到整个社会，出现系统性的社会危机，侵蚀执政党的政权稳定与合法性。目前，我国高等教育规模已居世界第一。面对国内经济的快速发展及国际竞争的日趋激烈，对高等教育质量提升的呼声也愈来愈强烈。在“211 工程”“985 工程”及“双一流”大学建设的推动下，一批研究型大学的综合实力正在迅速提升，但与国外一流大学相比还有较大差距。随着全球化进程的推进和网络技术的日新月异，跨文化交流有了更坚强的技术支持和更开放的社会氛围，但机遇也是挑战，对我国的高等院校而言，文化安全已成为迫在眉睫需要高度关注的社会问题。

（一）高等教育的国际化陷入西方化、美国化的误区

这种认识使我们在国际文化交际过程中注重引进而忽视输出，呈现出文化弱势的卑微心态，把高等教育国际化理解为一个单向度的过程，强调的是如何把国外先进的知识、理念带回来，不重视把本民族优秀的成果输出去。在这种背景下，容易形成西方的文化话语权操控。高校作为各种思想文化交汇的前沿，日益成为应对西方文化挑战的窗口。西方发达国家借助先进的科学技术，拥有众多的文化输出通道，其价值观、思维方式和生活方式会通过各种渠道传播到国内，导致文化殖民主义的出现，对高校文化安全乃至整个国家文化安全构成威胁。一些西方国家依靠自身拥有的教育资源优势，在原版教材引进、外教聘任、国际访学、交流生互派、国际

学术交流等活动中，刻意宣传、美化西方的政治体制和价值观，同时对中国发展过程中出现的一些环保、民生、腐败等问题进行恶意放大炒作，丑化中国的国际形象，误导社会公众特别是青年学生对事实真相的认知，消解他们对中国特色社会主义的认知和认同。西方国家打着“自由”“民主”“人权”的旗号，通过开放教育市场、扩大别国学生到西方学习等方式，达到对非西方国家青年一代进行精神渗透和同化的目的。以台湾问题、西藏问题、新疆问题等为借口和筹码，破坏正常的国际交流。事实上，利用教育文化交流进行文化渗透，是美国历届政府的一贯做法。美国一位负责教育文化事务的官员就把教育文化交流称为美国“对外政策的第四维”。美国参议员富布赖特就曾说：一代人之后，我们与其他人进行社会价值观念交流的好坏要比我们的军事、外交优势对世界格局的影响更大。二战以后，美国即开始邀请世界各地的专家、学者到美国学习交流，且其主要对象是知识分子：大学生、教师、作家、文化精英等，并认为该项目是“对国家长远利益投资的一个典范”，其险恶用心值得我们高度重视。

（二）人才流失现象比较严重

人是历史的主体，人才是社会发展的根本动力和载体，国家的发展离不开时代需要的各种人才，这一点古今中外概莫能外。在知识经济时代，拥有先进发展理念、掌握现代高科技的人才队伍对一个国家的发展振兴至关重要。当今时代，国家间的竞争就是科技竞争，其实质就是人才的竞争。高校作为人才的聚集中心，成为世界各国人才争夺的主战场。美国政府通过对全世界非英语国家设置的“托福”、研究生入学考试（GRE），来收割世界各地的人才。日本、加拿大等国通过放宽技术移民的政策，从全世界吸纳优质人力资源。国际跨国公司通过提供优厚的物质待遇，吸引了世界各地一大批知识精英的加入。由于我国经济和科技水平与西方发达国家还存在较大差距，加之其他条件的限制，改革开放以来我国每年都派遣大量的年轻学者到国外学习深造。然不容否认的是，在全球化背景下的人才竞争中，我们明显处于弱势地位，我国高等教育领域的人才流失现象相当严重，在今后较长时间我们仍然会面临这个问题的挑战。据全球化智库（CCG）发布的《中国留学发展报告（2016）》，从1978年到2015年，中国出国留学人数累计已达404.21万，其中126.43万处在学习阶段，221.86万学成回国，占已完成学业人数的79.87%。截至2019年，在美华人大约550万，54%的成年华人有大学文凭，移民美国的华人中有27%拥有硕士学位，美国科学院、工程院、医学院、文理院四院华人院士共约300多人，八大常春藤高校华人教授超过320人。特别值得关注的是，国家投入巨大人力物力财力建设的一批代表国内最高水平的知名高校，其培养的学生本应成为国家各领域建设的中流砥柱，遗憾的是这些国内顶尖高校的人才流失尤为严重，对我国文化安全造成的危害难以估算，中国985高校毕业校友有20多万在美国高科技企业或高校工作。中国科协2008年5月发布的一份《中国科技人力资源发展研究报告》显示，1985年以来，清华、北大的学生出国比例非常高，尤其是一些理工科专业学生出国比例达到70%~80%。中国科技大学从1978年开始招收少年班，到2006年已毕业的近千人中，大约一半在国外发展。新近出炉的“大国工匠”毕业母校名单，排在第一的不是清华北大，而是西北工业大学，甚至几乎没有清华北大毕业的，有一些人毕业于名不见经传的“双非”院校。虽然近年来国家层面先后实施了“千人计划”等海外高层次人才引进项目，但引进的很多所谓高层次人才只相当于海外中国学者中的中等水平，中国留学人才中最优秀的20%仍留在国外。如果我们不能采取切实可行的措施扭转国内顶尖高校沦为“留学预备班”、高层次人才回国工作意愿不足等问题，高校文化安全在人才源头上就失去了保障。

（三）对西方大学办学模式的路径依赖

在中国高校向世界一流高校冲刺的过程中，高等教育的国际化在不少地方陷入了西方化、美国化的误区。照抄照搬西方模式和经验，在当下许多高校都程度不同地存在，甚至具有一定的普遍性。国内许多高校特别是一些名牌院校，在与国际接轨思想的指导下，从管理体制到评价体系、学术话语，皆大量移植西方国家标准。随着高等教育领域开放程度的深入、中外合作办学机构和项目的扩大、留学生规模的不断增加，这种趋势变得愈来愈突出。国际化本来是提升我国高等教育质量的手段和路径选择，现在在一些人的心目中似乎成了中国高等教育追赶和奋斗的目标，在他们心目中，建设世界一流大学，就是要向国际标准看齐。于是，不仅要求课程国际化、教师国际化，学生也要国际化。一些高校不顾课程内容实际，把双语授课或英语授课所占课程比例作为学校高等教育国际化的重要指标，鼓励教师在大部分学科中尽量用双语或英语上课，并给予双语课双倍的工作量。许多高校在人才引进中明显表现出重海归博士轻本土培养的博士，在高级职称晋升中把海外留学经历作为其中一项必要条件。在业绩考核中对国外期刊《科学引文索引》（SCI）、工程索引（EI）等的盲目媚外跟风，导致每年国内数以亿计的科研经费沦为国外期刊的版面费。为了追求国际化办学的国外留学生比例，不仅政府提供了高于本国学生的奖学金，一些学校还提供了远好于国内学生的住宿和饮食条件，有的学校还让本校女生陪读国外学生学习，在网络上引起了不小风波，造成很坏影响。在高等教育领域追赶双一流的过程中，本土经验、本土视角、本土优势、本土底气似乎正在边缘化。正如有学者所言："如果这种风气得以持续，即使中国的一些大学在国际排名榜上名次大幅提升，也难以摆脱亦步亦趋跟在国外大学脚后的依附状态，成为国外大学在中国的翻版。"① 在这种情况下，很容易让国际化演变为自我殖民的西化，不仅为高校文化安全甚至给社会稳定带来隐患。

（四）文化生态西化取向日趋明显

在当今中国高等教育界，学术理念和范式上的西化现象举目皆是。不仅自然科学类学科、社会科学中的管理类学科充满学术话语体系，就是人文学科领域也同样被西方话语体系和评价标准所淹没，以西方理论和话语

① 罗希明，王仕民．教育安全论——基于国家文化安全的视域［M］．广州：中山大学出版社，2018：105.

体系来剖析评判中国问题的案例比比皆是。这种举目西化的自我文化殖民成为一种集体无意识甚至时尚现象。各种西方社会科学理论和思想在不少大学课堂成为主流理论，成为教科书和教学内容的重要内容。许多大学老师把大学课堂上大量介绍西方理论作为时髦和引领学界潮流，对这些西方学者的理论表现出明显的崇拜心理。一提到西方某理论家，就把其冠以当今世界著名的学者、某领域的权威和旗帜，并不加分析地把他们的理论作为学界的前沿和主流，作为剖析诊断中国问题的良方。西方社会科学理论就这样没有经过认真批判，轻易地在中国高校课堂获得了合法性地位和先进性外衣，使正在成长的接受知识和智慧的大学生不自觉地成为西方流行社会思潮的追随者和信奉者。在此背景下，康德、黑格尔、叔本华、尼采、福柯、拉康、德里达、巴特、杰姆逊、哈贝马斯、列奥塔德、哈耶克的话语在高校流行，后现代主义、后结构主义、晚期资本主义、后工业社会、后殖民地文化等西方理论成为高校社科领域关注的理论。似乎离开了西方的理论，我们就不知道我们要干什么，我们就不知道我们做得对不对，一切的一切只有在别人的理论和框架中得到解释和说明才有意义。一些具有中国特色的传统学科，由于其话语体系和评价标准难以被西方范式所统摄而日益被边缘化，成为西方范式取向的最大受害者。“使用基于西方发达社会经验之上的理论和方法，非常容易出现问题，比如常常见到别人有病痒就认为自己也病了，却看不到自己的真正问题，更找不到解决问题的有效途径。”①

（五）教育主权遭受侵蚀

我国的现代大学制度是学习西方的产物，其理论基础是源自西方的。尽管我们的高等教育体系在许多领域取得了显著成就，但民族特色的显现做得远远不够。加入 WTO 后，标志着我国教育领域进一步向国外开放，同时也意味着要接受国际规则的制约，我国的一些教育法规根据世界贸易

---

① 杨锐. 中国高等教育国际化：走出常识的陷阱［J］. 北京大学教育评论，2021（1）：165-172.

组织的要求必须进行一些修正以便与之接轨。加入世贸组织，对加强国际教育交流、实施跨国教育、促进我国高等教育发展，无疑具有重大积极意义。但同时我们应该清醒地认识到，与西方发达国家相比，我国一方面是高等教育大国，另一方面是高等教育弱国，在开放环境下的高等教育国际交流中，由于西方国家处在知识和技术的领先地位，又是许多规则的制定者，他们在很多方面拥有话语权处在主动地位，这就必然在许多方面给我国高等教育构成冲击甚至带来危害。对此我们必须高度警觉。加入世贸组织后必然带来教育交流合作，加速跨境教育在中国的发展，而在教育合作过程中，双方的出发点和目的存在很大差异，都会以自己的利益最大化为原则，意味着合作过程中一定会面临利益纠纷与冲突问题。外国教育机构来华合作办学的主要目的，当然首先是为了淘金，不排除其中的意识形态渗透动机掺杂其中。我们在教育合作中一方面要关注对方追求的显性经济目标，同时更要关注隐藏在背后的政治文化等隐性目的。“中国作为一个有着独立主权的民族国家，其国家教育主权旁落的可能性是很小的，但却并非绝不可能，也更不能由此断定教育主权不会被部分让渡、转移和干预。因此，在全球化时代，对待这个问题，我们应该保持一种审慎而非盲目乐观的态度。”① 还在 2002 年，时任教育部长的陈至立就在中国教育报撰文指出，中国加入世贸组织后“维护教育主权的任务十分艰巨”，要“依法规范中外合作办学，维护教育主权。”② 教育部在 2006 年 2 月发布的《关于当前中外合作办学若干问题的意见》中强调，“要增强政治敏感性，牢固树立教育主权的意识，维护好国家安全、社会稳定和正常的教育秩序。”应该说，在教育国际化和跨国教育快速发展的背景下，教育主权的危机会长期存在，必须引起我们高度关注。

（六）过分强调英语教学造成的文化认同危机

语言文字作为文化的载体，它不仅是一个民族独特的标识，也是一个

---

① 殷小平．高等教育国际交流中的教育主权与文化安全［J］．现代大学教育，2005（6）：1-5.

② 陈至立．我国加入 WTO 对教育的影响及对策研究［J］．人民教育，2002（3）：4-7.

民族历史文化的重要元素，法国哲学家萨特称之为人们的“触角”和“眼镜”。它传承着一个民族、种族、家族的形成和发展轨迹，传递着一个民族思想、情感、认知的变迁过程。语言本身虽然没有意识形态功能，但它却是表达意识形态不可或缺的工具。历史上许多地域发生的异族人的入侵与征服，军事占领之后接下来往往是对被征服者母语的摧毁，法国作家都德的《最后一课》讲的就是这种痛苦的过程，历史上日本侵略者对我国台湾、东北地区均是如此。“对一个国家和民族而言，语言不仅是一种重要的文化遗产，而且从国家——民族发展史看，语言文学往往是民族统一的潜在来源，人们争取民族统一的目的之一就是拯救民族文化，使之摆脱外来文化的威胁。”① 反思我国的高等教育，对英语课程的重视远远超过了其他任何一门课程。在本科四年的教学课程中，任何专业前两年都有大量课时的英语必修课，对于学生而言，课外还要花费很大精力在英语学习上。因为英语课程的成绩直接关系到一个学生能否顺利毕业甚至拿到学位。对于想在学术上继续深造、考硕士博士的同学来说，英语成绩更是敲门砖，英语都是必考课程，甚至英语成绩成为决定能否考上的关键。对于许多大学生而言，大学四年花的时间最多、最用功用心的课程就是英语，很多学生甚至一半以上时间花在英语学习上。但对任何一个学生而言，大学四年的时间精力都是有限的，在英语学习中的过多投入必然会影响甚至挤压花在其他课程特别是专业课程上的时间精力，进而影响高等教育的教学质量和人才培养水平，同时对高校的母语教学构成巨大冲击。语言不仅仅是传播的工具，它是文化的载体，是传递、传承文化的工具，正如后殖民批判理论先驱法农所言，一个人拥有了语言就拥有了这种语言所承载和表现的世界。对此，有学者早就呼吁：“英语的普及程度，也有可能超过我国国语安全的限度。”② 对过度强调英语教学对我国文化安全可能造成的威胁保持高度的警惕，以防止“外语教育成为新一轮‘文化帝国主义’或‘文化

---

① 潘一禾. 文化安全［M］. 杭州：浙江大学出版社，2007：122.

② 潘一禾. 文化安全［M］. 杭州：浙江大学出版社，2007：122.

殖民主义’的工具”①，对国家文化安全构成威胁。

三、我国高等教育国际化的发展思路

高等教育国际化是经济全球化的产物，对于广大发展中国家特别是后发展国家而言，是一个挑战和机遇并存的过程。而抓住机遇、应对好挑战，则是我国高等教育面对国际化应有的基本立场和价值选择。随着高等教育国际化被上升为国家教育发展战略，我国的高等教育国际化呈现出多维度、全方位展开态势，表现为从早期的留学生、教师互派到各级各类高校课程、教材、校园文化、学生、教师构成的国际化，以及中外合作交流项目及合作办学机构的快速发展。不容忽视的是，在这一过程中，各种文化观念和利益关系也掺杂其中渗透进来。为此，在高等教育国际化过程中，我们必须坚持全球化与本土化相结合、保护与开放相结合、直面挑战与超越发展相结合的原则，在立足本国国情和教育现实的基础上，汲取世界各国高等教育的优长，把世界各国先进的教育理念、一流的教学科研成果、科学的管理和社会服务模式引入我国的高等教育改革进程中，使我国高等教育在跟跑、并跑过程中逐步领跑，从而为科技强国提供科技支持和人力资源保障。

（一）高等教育的模式不能简单复制

高等教育的国际化过程，也是高等教育的现代化过程。任何国家高等教育的现代化，都必须立足于自身的传统。我国目前的教育传统，也是在长期的历史发展过程中多种要素逐渐积累形成的，包括传统教育文化、欧美教育思想、苏联教育模式以及革命根据地经验等等，它们共同形成了中国特色的教育传统，影响着当今中国教育现代化的进程。对于高等教育的

① 曾敏. 反思外语课程观中的文化价值：从文化安全的视角［J］. 郧阳高等师范专科学校学报，2012（2）：114-117.

现代化而言，“制度现代化是关键、人的现代化是核心、文化的现代化是本质”。① 现代化的本质是一场文化变革，大学是文化的产物，高等教育的最终目的是建设现代文化。作为文化产物的高等教育显然不能用简单复制的思路来创办，必须从自身的实际出发走自己的发展道路。就这一点而言，同是高等教育强国的法国、英国、德国、美国以及日本的发展过程皆如此。尽管都发源于传统的欧洲大学，但英国模式、德国模式、美国模式大不相同，特别是美国的高等教育模式本是在英国殖民时期建立的，后来又不断地借鉴德国，最后与自己的传统相结合不断地进行实践创新从而形成自己的特色。二战后的日本大学一度放弃了原来的德国模式而效仿美国，但最后还是走自己的路。我国的高等教育发展过程中，无论是曾经的“仿日”，还是后来的“学俄”，都不可能摆脱自身传统的影响。一个国家的传统对它的高等教育发展具有非常重要的影响，任何国家高等教育的发展都不可能通过简单地移植国外模式而获得成功。因此，在高等教育国际化过程中，我们必须珍视自身的优秀教育传统并发扬光大，同时批判地借鉴国外教育好的做法，形成具有时代特色的现代化中国高等教育模式。

（二）对国外教育输入做出严格限制

在教育领域实行有限开放原则，是世界各国的普遍做法，即使像美国这样的国家，在对其他国家进行教育市场开放时仍有诸多保留和限制，不像其宣传的那么宽松自由。早在2010年，美国就从各个方面对孔子学院的运行进行调查，包括是否宣传共产主义，是否存在价值观问题，对中方使用的教材、教师甚至信件都进行层层审查。2012年，美国政府公然驱逐中国在美孔子学院教师，便充分暴露了美国政府对国外文化和教育在美国本土传播出现的惶恐与防范心态。这也从反面提醒我们，教育主权关涉国家文化安全，切不可无限度地对外开放。2001年我国加入世界贸易组织后，教育服务成为国际贸易的重要内容，高等教育的市场化改革方向加快。根

---

① 王静修. 中国高等教育现代化的构建与反思［M］. 北京：知识产权出版社，2017：107.

据《服务贸易总协定》，教育是服务贸易的一种形式，有四种提供方式：跨境交付、境外消费成员国居民在另一成员国境内享受服务、在服务消费国的商业存在、自然人流动。由于教育属于服务贸易，不是货物贸易，各国有权利根据国情把一些领域从最惠国待遇条款中拿掉，就连美国也在教育领域设置了许多壁垒。就目前现状而言，我国在世界贸易组织协定中高等教育市场方面的开放力度还是很大的，除了对跨境远程服务等第一类跨境支付方式不予承诺外，其他三类教育服务方式我国都允许开放，同时还容许外方在中外合作办学中获得多数拥有权。在高等教育国际交流合作日益频繁的今天，民族的地域的观念日益被打破，人员往来和信息交流成为常态。如果我们的管理措施不能及时跟进，不仅会使我国经济利益受损，甚至会危及高等教育主权和国家安全。

（三）树立中国自己的文化品牌

高等教育国际化是人类文明发展的大势所在，也是高等教育融入世界潮流的必然选择。随着高等教育国际化的发展，跨文化交际愈来愈成为各个国家民族文化进步的重要路径。但高等教育国际化绝不是一个单向度的纯粹输入的过程，它是一个双向互动的交流过程，是一个立足本土、面向世界的开放态度。一个国家高等教育国际化的目标是通过发展本国高等教育，进而促进政治、经济、文化、社会的全面进步。在这个过程中，一方面我们要了解西方、认识西方、学习西方，另一方面我们要认识自己、彰显自身的文化优势，同时让西方了解中国。对于西方的东西，并非不加选择地拿来照搬。在中外合作办学中，必须谨慎选择具有合格教育资质的伙伴；对引进的国外原版教材，必须进行遴选过滤，屏蔽或去除不符合我国国情和意识形态导向的内容；对外籍教师的引进必须进行资质甄别，同时加强对他们课堂讲授内容的管理。高等教育国际化不是全球文化的同质化，不可能消弭各个国家、民族文化的差异与个性，越是民族的，越是世界的，和而不同是人类文明发展的规律。一个国家的文化价值就体现在其文化的特色与个性上，在高等教育国际化过程中，我们要不断挖掘民族优秀文化资源，高校要加强与传统文化传承相关课程的建设，以两创思维增强中华文化竞争力，围绕推动中华文化走向世界做好文章，扩大中华文化的对外影响力，形成以我为主、吸收外来的文化开放新格局。

（四）提高高校师生的思想鉴别力

高等教育承担着科学研究、人才培养、社会服务的神圣职责，人才培养是高等教育的重要目标。目前国际上公认的世界一流大学的三个硬指标：一是培养一批拔尖创新人才；二是形成一批世界一流学科；三是产生一批国际领先的原创性成果。人才培养是高校的核心工作，其他两项都要以人才培养为基础。高等院校作为人才的聚集地，往往也是各种思想文化交流交融交锋交汇的中心。在高等教育国际化背景下，随着各种人员往来的增加，西方思想文化、社会思潮会通过各种途径流入高等教育领域。西方的价值观也会借助学术会议、学术讲座、课堂、课本、参考书乃至网络，以学术前沿、权威知识的面目在高校登场，对师生有很大的迷惑性。在多元文化的冲击下，提高高校师生的意识形态辨别力，特别是一些人文社科教师的价值甄别力显得尤为重要。意识形态是执政党合法性的思想基础，是增强人们政治认同的思想武器。我们必须清楚，在各种流行的社会思潮中，不少思潮所宣扬的价值理念与马克思主义是背道而驰的，有的其实就是西方国家对我国进行西化、分化、和平演变的伎俩。在跨文化交际过程中，我们既要教育青年学生树立开放意识和世界眼光，又要让他们怀有民族意识和爱国情怀。因此，在高校坚持马克思主义在意识形态的领导地位，不仅是学生的事情，也是对全体教师的要求。不仅仅是高校思想政治理论课的任务，其他专业课程包括整个校园文化建设，都应该旗帜鲜明地传播主流意识形态价值观。

（五）坚守中国立场传播好中国声音

在高等教育国际化过程中，必须从我国国情出发，走具有中国特色的国际化合作交流之路。我们办的是社会主义大学，因此无论国内的中外合作办学，还是走出国门的对外合作项目，都必须坚持正确的办学方向，肩负起培养民族复兴接班人的神圣使命。既要引领学生树立国际视野和国际情怀，具有宽阔的胸襟和开放的思维，又要引导学生扎根中国大地，感知大众创新、万众创业的生活场面，在实践中增强中国情怀，培育民族情感和文化认同。在国际交流活动中，要鼓励师生通过各种载体、平台、路径传播中国声音、展示中国风采、讲好中国故事。要通过中外学术会议、学术沙龙、文化交流项目、专题学术合作等途径，根据国外受众的兴趣爱好、关注热点、审美习惯、接受特点等，以多样化的手段和方式展示历史悠久、内涵丰富的中华传统文化，展示勤劳质朴、爱好和平的中国人民，展示改革开放给中国社会各方面带来的巨大变化，把一个朝气蓬勃、欣欣向荣、对国际社会负责的中国形象展示给世界各国，让高等教育中外合作交流成为促进相互了解、展示中国形象、增加中外共识、增进双方感情的重要平台。

第八章　文化创新与高校文化安全

文化是民族的血脉，是人民的精神家园。文化创新既是社会进步的标志，也是人的全面发展的重要路径。“事实证明，每一次文化危机都是因为先进性丧失和创新性的萎缩，而危机中的每一次飞跃都源于文化先进性的追回和创新力的突破。”① 当今时代，文化在综合国力中的地位日益突出，以至被人们称为文化力或文化软实力。“当前，越来越多的人认识到，文化创新的能力是一个国家、一个民族智慧与文明的集中表现，也是一个国家和民族综合实力的重要标志。”② “2017 年 9 月 21 日，教育部、财政部、国家发展改革委印发《关于公布世界一流大学和一流学科建设高校及建设学科名单的通知》，公布世界一流大学和一流学科（简称‘双一流’）建设高校及建设学科名单。‘双一流’的关键是要为中国成为世界一流强国作贡献，而‘世界一流强国’，必须以‘中国特色’为基础，核心或根本在于文化。”③ 繁荣发达的文化对内可以起到价值规范和社会整合的作用，对外可以提升国家的吸引力和影响力。高校不仅是高等教育机构，更是文化研究和传播的中心。大学自从诞生之日起，便是科技、文化精英的聚集地，通过传播知识、创新文化以及与社会的互动而深刻地影响

---

① 张建英. 文化安全战略研究［M］. 北京：国防大学出版社，2011：3.

② 顾伯平. 论文化创新［J］. 求是，2013（12）：45-47.

③ 翟迪，郭会娟. 推进双一流大学建设，加强高校文化安全建构——2017 年“双一流”大学建设与文化安全学术研讨会综述［J］. 北京教育（高教版），2018（1）：32-33.

着人类社会的发展。高校文化作为社会文化的组成部分，始终处在社会文化的前沿，既承担着对内培养人才的职能，也肩负着对外引领社会文化发展的使命。随着全球化进程的加快以及数字化时代的到来，对外文化交流日趋频繁，文化的地域性民族性日益被打破，文化适应、文化认同成为现实问题。面对信息化时代强势文化的冲击，一味地单纯防御并不能解决问题，只有不断推陈出新进行文化创新，占领文化的前沿和高地，才是维护高校文化安全的根本路径。

一、文化创新与社会进步

文化创新既是文化发展的内在动力，也是社会进步的标志。一种文化如果缺乏创新能力，就不可能适应社会发展的需要，满足不了人们的精神诉求，迟早会在历史发展长河中成为陈迹而被其他文化所替代。文化创新包括价值观念创新、文化内容创新、文化形式创新、文化环境创新等。文化创新既是文化的内在品性，也是文化生生不息的内在源泉、先进文化建设的必由之路。马克思恩格斯在谈到共产主义的本质特征和共产主义革命的任务时指出："共产主义革命就是同传统的所有制关系实行最彻底的决裂；毫不奇怪，它在自己的发展进程中要同传统的观念实行最彻底的决裂。"① 文化是人类精神活动的结晶，是人类特有的行为方式和活动成果，而精神活动的根本特征在于创新。一个民族如果缺乏创新能力，轻则可能落后挨打，重则在历史的岁月中烟消云散。马克思主义经典作家都是文化创新的典范。马克思恩格斯在充分吸收前人思想成果的基础上，深刻揭示了人类社会的发展规律，指出生产力和生产关系、经济基础和上层建筑的矛盾运动推动着人类社会不断向前发展，最终走向共产主义，为人类的解放指明了道路。列宁把马克思主义和俄国实际相结合，分析了 19 世纪末 20 世纪初资本主义发展的新变化，提出了他著名的帝国主义理论，认为社会主义革命可以首先在帝国主义的薄弱环节取得成功，领导人民进行十月

① 许庆朴，郑祥福，周庆行，等. 马克思主义原著选读［M］. 北京：高等教育出版社，1999：89.

革命，建立了世界上第一个社会主义国家。毛泽东把马克思主义基本原理与中国革命的具体实践相结合，认为中国应当走不同于俄国十月革命城市武装起义的农村包围城市的武装斗争道路，创立了新民主主义革命理论，领导中国革命取得了胜利，建立起新中国。邓小平以马克思主义和毛泽东思想为指导，在我国改革开放和社会主义现代化建设实践中，在总结我国社会主义成功和挫折的历史经验并借鉴其他社会主义国家兴衰成败历史经验的基础上，提出了建设有中国特色社会主义理论。历史进入21世纪，面对百年未有之大变局，以习近平同志为核心的党中央紧密结合新的时代特点和实践要求，不断深化对共产党执政规律、社会主义建设规律、人类社会发展规律的认识，从理论渊源、历史根据、本质特征、独特优势、强大生命力等多角度回答了新时代坚持和发展什么样的中国特色社会主义，创立了习近平新时代中国特色社会主义思想，开辟了中国特色社会主义新境界，是马克思主义中国化的最新成果，为发展马克思主义做出了中国的原创性贡献。

文化创新首先是文化价值观念的创新。2013年11月26日，习近平同志在山东曲阜孔府和孔子研究院考察时指出："一个国家、一个民族的强盛，总是以文化兴盛为支撑的，中华民族伟大复兴需要以中华文化发展繁荣为条件。"近代以来的世界发展史表明，谁重视文化的发展，谁就拥有了发展的主动权；哪个国家重视文化创新，哪个国家在竞争中就占有了有利先机。如果说经济发展是社会变革的基础，那么文化发展则是社会变革的先导。新民主主义文化之所以优越于旧文化、社会主义文化之所以优越于资本主义文化，核心在于文化价值观的不同。在知识经济和信息时代的今天，文化在经济社会发展中的作用愈加重要，在国家间竞争中的地位愈加突出。我们要充分认识文化发展在现代社会生活中的地位和作用，从战略的高度充分认识文化在国家综合实力中的地位。文化发展既关系着社会的走向，也与个体的成长密切关联。从宏观而言，文化创新能够提升国家的自主创新能力，进而提升国家的综合竞争力。从微观而言，文化创新能够提高人的素质，促进人的全面发展。

文化创新的核心是文化内容的创新。内容是文化的核心元素，是一种文化区别于其他文化的特质所在。我们所要建设的社会主义文化是民族的、科学的、大众的文化，是社会主义意识形态的核心内容，是立足现实、继承传统、面向未来的文化形态。2014 年 2 月 24 日，习近平总书记在中共中央政治局第十三次集体学习时指出："博大精深的中华优秀传统文化是我们在世界文化激荡中站稳脚跟的根基。中华文化源远流长，积淀着中华民族最深层的精神追求，代表着中华民族独特的精神标识，为中华民族生生不息、发展壮大提供了丰厚滋养。中华传统美德是中华文化精髓，蕴含着丰富的思想道德资源。不忘本来才能开辟未来，善于继承才能更好创新。""要认真汲取中华优秀传统文化的思想精华和道德精髓，大力弘扬以爱国主义为核心的民族精神和以改革创新为核心的时代精神，深入挖掘和阐发中华优秀传统文化讲仁爱、重民本、守诚信、崇正义、尚和合、求大同的时代价值，使中华优秀传统文化成为涵养社会主义核心价值观的重要源泉。要处理好继承和创造性发展的关系，重点做好创造性转化和创新性发展。"中华民族在漫长的历史发展过程中，创造了灿烂的古代文明。中国思想史上，儒学思想的每一步发展，无不包含着内容的变革。从先前儒学到汉代经学、从宋明理学到现代新儒学，无不体现着内容的创新。文化创新的关键是立足实践、继承传统、面向世界，正确处理文化发展中的古今中外关系，构建出具有时代特点和民族特色的现代文化体系。

文化形式创新能够为文化发展不断提供新的表现方式。内容决定形式，但形式对内容也有反作用，当形式适合内容时，会促进内容的发展；当形式不适合内容时，就会阻碍内容的发展。不同的文化表现形式，其传播方式、传播特点、传播风格、传播效果各有千秋。作为观念和知识形态的文化，是抽象的、理性的、灰色的，它必须借助感性的、直观的多种形式表现出来，才能为广大人民群众所理解接受，从而达到入耳入心的目的。历史上，每一种文化表现形式的出现，都把人类文明向前推进了一步。从人类最初的文化表现方式宗教、舞蹈、雕刻、祭祀、音乐等，到现代各种数字传媒的广泛应用，展现出文化表现形式进步的日新月异。为此，我们必须充分发挥现代科技和传播手段的作用，广泛运用电子出版、数字影视、网络传输、多媒体应用等现代技术，大力发展文化创意、文化博览、移动文化信息服务、数字远程教育等现代文化业态，使它们成为弘扬民族精神、传播正能量的手段和场所。

文化环境创新是文化创新的重要外部条件。一定文化形态的形成，是一定社会政治经济的反映。不同的时代背景和社会环境，会形成截然不同的文化。培育具有时代特征的社会主义先进文化，需要营造一种良好的社会氛围和环境。2014 年 2 月 24 日，中共中央总书记习近平在中央政治局就培育和弘扬社会主义核心价值观进行第十三次集体学习时指出："要利用各种时机和场合，形成有利于培育和弘扬社会主义核心价值观的生活情景和社会氛围，使核心价值观的影响像空气一样无所不在、无时不有"。今天的时代是全球经济文化一体化的时代，在这样的大背景下，我们必须加快文化体制改革的步伐，激发文化发展的内在活力，既要看到文化的意识形态属性，也要看到文化的产业属性。加大文化产业投入力度，使文化产业早日成为国民经济的支柱产业，从而在与外来文化的竞争中占领制高点。要充分发挥法律的规范、引导、保障和促进作用，注重把社会主义先进文化的相关要求上升为具体法律规定，形成有利于培育和践行社会主义先进文化的良好法治环境。"大学物质环境文化建设，应注入民族文化内涵，融入引人入胜的教育符号，反映人的价值目标和美学思想，找到物质环境文化和精神文化的最佳结合点。"① 创新的根本是人才，文化创新的过程实质是文化创新人才智力拓展和外化的过程。要加大文化创新人才的培育力度，为他们的健康成长发展提供保障。

二、文化创新与民族复兴

1998 年以来，随着国家层面高校扩招政策的实施，高等教育从精英教育向大众教育转向，中国高等教育在数量和规模上出现了质的飞跃，目前

① 李大健. 以文化人：大学生民族精神培育的路向［J］. 教育研究，2011（3）：62-64.

已经成为世界高等教育的大国，为提高全民素质、推动我国从人口大国向人力资源大国的转变作出了重要贡献。但不容忽视的是，高等教育的转型是在我国市场经济转型的大背景下进行的，市场经济本身的特点也会以不同的形式影响到高校的转型发展，使得大学与社会政治特别是经济的关系变得愈来愈密切，曾经的高雅殿堂如今日益世俗化、功利化、庸俗化。大学的人文精神日渐式微，学术腐败层出不穷；办学过程商业色彩浓厚，功利主义盛行；组织机构官僚化气息浓厚，官本位思想严重；办学特色不明显，发展同质化严重。市场经济的利益最大化原则会对传统的大学文化价值观构成巨大冲击，各种腐败现象在高教领域屡见不鲜，校园扩建、招标采购、招生录取、职称晋升、论文发表乃至学生入党、评优……比比皆是。高校的盲目扩张、扩招、升格、合并，背后无不交织着利益的驱动和追逐；开放办学、学术自由使不少高校沦为西方各种学说的竞技场；扩大高校办学自主权使一些人把人民高校变成逐利的工具；学习西方在一些地方沦为照搬照抄别人模式；传统的师道尊严愈来愈带有金钱的铜臭；一些高校变成了职业培训点和文凭批发站。“现代大学教育异化的根源在于大学文化使命的弱化和缺失，在于教育与文化的分离。现代大学要超越异化，走出大学教育的‘功利性’和‘工具化’误区，必须重建大学的文化本质，凸显大学的文化使命。”①

我国的高等院校，是社会主义大学，因此我们的校园文化建设，必须坚持社会主义办学方向，必须坚持以马克思列宁主义、毛泽东思想、邓小平理论、“三个代表”重要思想、科学发展观和习近平新时代中国特色社会主义思想为指导，遵循文化发展规律，用积极进取、健康向上的思想引领高校文化建设。高校作为知识、人才密集的地域，也是意识形态工作的敏感地带和前沿阵地。一方面，随着社会经济的转型、利益关系的调整，使得高校师生的思想观念不可避免地呈现出多元化、差异性、多变性的特点；另一方面，高校作为文化开放的窗口，也是各种不同学术观点交汇、融合、碰撞的阵地，各种思想流派都把争夺这块阵地作为扩大其影响的关

---

① 侯长林. 高校校园文化基本理论研究［M］. 北京：人民出版社，2014：3.

键，西方敌对势力更是把对青年学生的西化、分化渗透作为对我和平演变的工具。当今时代，高校校园已经成了各种社会思潮相互激荡的场所，历史虚无主义、民主社会主义、新自由主义、享乐主义、拜金主义、极端个人主义纷纷粉墨登场，这些非主流意识形态的蔓延扩张，必然会对大学生的健康成长产生严重影响，动摇主流意识形态在高校的主导地位。如果不加以正确引导并进行有力回应，必然使我们的高校偏离社会主义的办学方向。为此，我们必须坚持以社会主义核心价值观为引领，统筹推进高校校园文化创新。而要坚持社会主义核心价值观，对于当代大学生而言，民族精神的培育至关重要。

民族精神是民族文化的灵魂，文化创新是培育民族精神的重要途径。文化创新对于民族精神的培育具有重要意义。民族精神是一种民族精神生活的集中表现，是一种民族核心价值观的集中表现，是一个民族在长期的共同生活和社会实践中所形成的文化结晶。民族的历史愈悠久、文化传统愈深厚，民族的凝聚力则愈强。在一定意义上，文化创新与民族精神的弘扬、成长、培育、传播相辅相成，密不可分。

文化创新是民族振兴和繁荣的基础。一个民族的觉醒，首先源于思想文化上的觉醒；同样，一个民族的沉沦，往往伴随着文化的沉沦。自古以来，文化创新是民族进步的基础。民族的崛起必须首先有文化意识的觉醒，民族的强盛必然伴随有文化的繁荣。文化上的每一次进步，都把人类文明推进到一个新的阶段。世界上的四大文明，除了中华文明外在历史的长河中都烟消云散，其重要原因就在于其他文明缺乏文化创新能力，从而在历史的演进中失去了指引社会的功效而销声匿迹。而中国文化之所以顽强地流传下来，与其“苟日新、日日新、又日新”的创新特征密不可分。西方的文艺复兴和启蒙运动，开辟了资产阶级革命的先河，敲响了欧洲中世纪的丧钟，宣告了西方世界中世纪的结束和资本主义时代的到来。五四新文化运动，打出了“德先生”和“赛先生”的旗帜，把中国文化从近代推进到现代阶段，推进了马克思主义在中国的传播，为中国共产党的成立奠定了思想基础。中国共产党的成立推进了马克思主义在中国的传播，正是在马克思主义指导下，在中国共产党的正确领导下，中国人民取得了新民主主义革命的胜利，建立了新中国，开辟了人类历史的新纪元。

文化创新为民族精神提供源头活水。弘扬和培育民族精神是文化建设的神圣使命。我们强调加强高校文化建设，内在地包含着对中华民族民族精神的重视。民族文化在民族形成和发展过程中起着重要作用，是民族形成的主要标志。一定民族的文化，必然孕育出特定的民族精神，它是民族精神形成的基础和依托，并且为民族精神的发展不断提供新的血液，为民族精神的展现不断提供新的载体。离开了民族文化的不断创新，民族精神就成了无源之水、无本之木。反过来，民族精神是民族的血脉，是一个民族的精神家园，民族精神在民族文化建设中起先导性、引领性、旗帜性、核心性作用，决定着一个国家的文化发展方向和价值取向。《荷马史诗》之所以能够成为希腊文化的经典之作，就是因为它张扬了西方民族所推崇的冒险主义和英雄主义精神；《易经》《论语》《孟子》等能够成为中国文化的不朽之作，是因为它们表达了中华民族自强不息、厚德载物、天人和谐、崇尚和平的价值理念。当今时代，世界各国普遍意识到文化创新在社会发展和国家竞争中的地位和作用。如果说文化是一种软实力，那么民族精神就是文化发展的指针和航标。民族精神能够引领一个民族的民族文化发展。民族精神的高低好坏，决定了民族的文化发展水平。

文化创新推动民族精神与时俱进。民族精神作为民族文化的灵魂，随着历史的发展而不断演进。在大力发展有中国特色社会主义文化、增强国家软实力的背景下，通过文化创新来培育民族精神、发展民族精神，在当下时代有着重要意义。中华民族在5000多年的历史长河中，表现出了卓越的创造力，创造了灿烂的精神文化。我们的历史文化，曾经使历史学家汤因比赞叹中华文明的一脉相承，使哲学家黑格尔惊讶中国国运的长久。远古神话中的女娲补天、夸父逐日、后羿射日、精卫填海、愚公移山，是中华民族精神的最早积淀，体现了中华民族勤劳勇敢、战胜自然的坚强品行和自强不息、乐于奉献的民族精神萌芽。炎黄时代，中华民族就形成了以团结和统一为特征的致思取向，孕育出了爱好和平的民族精神。在长期的历史发展中，华夷之辨的根本是文化，即儒家的价值体系。在中华民族精神形成过程中，作为主流思想的儒家文化发挥了重要作用。民族精神的许多内容，就是通过儒家文化的一些命题和范畴传承下来的。在民族多元一体问题上，文化因素是最根本的，中华民族精神就是在这一漫长过程中逐步形成的。中国文化具有极强的同化力、融合力、延续力和凝聚力，无论哪一个民族入主中原，最终无不被中华文化所同化，多次上演了“征服者被征服”的戏剧。中国文化重群体轻个人的价值取向、海纳百川虚怀若谷的博大胸怀、重人生轻鬼神的现实人生态度、重荣誉尚气节的理想追求、舍生取义杀身成仁的英雄气概、修齐治平天下大同的政治理想，对以爱国主义为核心的团结统一、爱好和平、勤劳勇敢、自强不息中华民族精神的形成起了重要作用。“位卑未敢忘忧国”“先天下之忧而忧，后天下之乐而乐”“天下兴亡匹夫有责”“苟利国家生死以，岂因祸福避趋之”“人生自古谁无死，留取丹心照汗青”，无不体现出中华儿女对祖国、民族命运的关切之情以及居安思危、挫而复起的坚强意志。

如果我们从中国文化史的视野来考察，中国人民在习近平新时代中国特色社会主义思想指引下进行的中国特色社会主义文化建设，本质上就是中华民族历史上的一次重大文化创新。以马克思主义为指导、以改革开放为特征的当代中国文化，孕育出了以爱国、敬业、诚信、友善、勤奋、团结、求实、创新等为特征的当代民族精神。这一民族精神的形成，与新时期以来的文化创新是密不可分的。既顺应了社会历史的发展潮流和方向，又与古代民族精神、近代民族精神、现代民族精神一脉相承而又有所区别。

文化创新是民族进步的标志，是国家兴旺发达的动力所在。19 世纪的德国之所以能够引领世界高等教育的发展，就是因为德国大学敢于打破中世纪大学的保守观念，不断进行观念创新，大胆提出教学与科研并重的原则。并由洪堡等创建了第一所现代意义的大学——柏林大学。新加坡南洋理工学院提出的“人人创新、时时创新、事事创新、处处创新”的办学理念，也是其办学成功的思想基础。中华民族是一个注重创新的民族，早在

《礼记·大学》中就有“苟日新，日日新，又日新”的说法。中华民族之所以能够有辉煌的历史，就是因为一直注重创新理念和创新精神的培育。对一个国家而言，没有创新就没有进步，没有进步就会落后挨打任人宰割，中国近代史某种程度上就是我国被人欺负的历史。对于一所高校而言，没有创新也就没有发展，没有创新也就不配大学的称谓。高校的生命力在于创新，在于立足自身传统优势、不断汲取别人长处、结合时代特点创造出新的研究成果。高等院校作为人才中心，先天具有创新的各种条件：具有宽松的学术氛围，为学术思想提供了创新的空间；具有一大批专家学者，为新理论新观点的出现提供了人才保障；具有丰富的藏书和先进的仪器设备，为科学研究提供了物质基础。因此，在高等院校进行文化创新，既是必要的，也是可能的。对于高校师生而言，都该有不负韶华不负卿的神圣使命感，自觉加入文化创新的行列，把个人价值的实现和文化繁荣、国家振兴的大业统一起来，在实现民族复兴的道路上贡献自己的聪明才智。

三、文化创新与青年责任

文化自觉是文化创新的前提，只有立足文化自觉，文化创新才会有基础和动力，文化创新才会有保障。而批判与创新，则是文化的活的灵魂。诚如马克思主义经典作家所言：“辩证法对每一种既成的形式都是从不断的运动中，因而也是从它的暂时性方面去理解；辩证法不崇拜任何东西，按其本质来说，它是批判的和革命的。”① 文化上的每一次进步，都是一个辩证否定、批判扬弃的过程。党的十五大、十六大、十七大、十八大、十九大都把文化建设列为重要问题，十七大报告第一次提出了“文化软实力”的概念，十七届六中全会专门讨论并提出了推动社会主义文化大发展大繁荣若干问题。标志着中国共产党在文化理论创新与文化建设方面日益走向成熟，也标志着我党的文化自觉、文化自信不断迈向新的阶段。大学

① 中共中央马克思恩格斯列宁斯大林著作编译局. 马克思恩格斯选集：第2卷［M］. 北京：人民出版社，1972：218.

是社会的文化组织，是一个社会的文化中枢，文化性是大学的根本属性。随着社会的发展变化，大学的内涵与功能也会发生变化，但它的文化属性不会变，也不应该变，它应该是贯穿在大学的人才培养、科学研究和社会服务中的主线，也决定了大学具有其他社会组织不可替代的生存空间和生活方式。当代大学生作为祖国的未来，是大学文化建设的主力军，肩负着传承优秀传统文化、振兴中华民族的神圣使命。维护高校文化安全，是当代大学生的神圣使命。高校文化的创新发展，就是要以先进的办学理念引导校园物质文化建设，不断完善校园制度文化，创新校园精神文化，形成特色鲜明的办学特色。

大学生是校园文化建设的重要主体，作为新时期成长起来的一代大学生，他们崇尚自我、有鲜明的个性和强烈的参与意识，注重自我价值的实现。他们的人格和个性日渐成熟，具有自我学习、自我判断、自我管理、自我教育的能力。在全球化背景下，各种文化思潮都会以不同形式影响到高校。对当代大学生而言，加强社会主义核心价值观特别是民族精神的教育至关重要。习近平总书记在十九大报告中提出的创造性转化、创新性发展，为传统文化的综合创新指明了方向。传播创新，是中国文化发展史上的常态，中国历史上每一个文化高峰的出现，都离不开对传统文化传承传播的创新。一方面，这是对传统文化内在价值和意义重新发现和认识的过程；另一方面，也是传播渠道、形式、方法不断创新的过程。民族精神是民族的根与魂，是增强民族自信、维护高校文化安全的基石，是文化自信的核心。民族精神培育必须立足于中华优秀传统文化。任何一个民族的民族精神，必有其来历和形成过程。历史悠久的民族，其民族精神必有其牢固的基础。抛弃传统，放弃根本，就是自毁自己的精神家园，是历史虚无主义的典型表现。中华文化博大精深、源远流长，凝结着中华民族独特的精神标识，体现了中华民族独特的思维方式和价值追求，为中华民族的生存发展提供了丰厚的精神滋养。习近平同志在中央党校 2011 年秋季学期开学典礼上的讲话中指出："从一代一代众多仁人志士的人生实践中，从中华民族传颂千古的诗文里，我们可以清楚地看到伟大的民族精神、高尚的社会风尚以及那些治国理政的思想精华。” 正是优秀的中国传统文化，孕育出了独特的民族精神，支撑着中华民族不怕困难、不畏艰险、不惧强敌、不惜流血，经历了一次又一次磨难，克服了一个又一个困难，战胜了一个又一个强敌，创造了一个又一个奇迹。民族精神是民族文化的核心，具有非常丰富的内涵和无与伦比的精神力量。青年学生作为民族文化的传承者，必须明确自己的文化立场，坚守自身的文化担当。当代大学生只有继承传统才能更好创新，记住历史才能更好走向未来。今天我们弘扬民族精神，就必须从中华优秀传统文化和传统价值观中汲取丰富营养，因为中华优秀传统文化已经成为中华民族的文化基因，积淀在中国人灵魂深处，并潜移默化地影响着中国人的世界观、人生观。为此，当代大学生要加强中华传统文化的学习，用批判继承、综合创新的态度汲取中华传统文化的精华，不断提升自己的文化修养和精神境界，让中华优秀传统文化成为涵养中华民族精神的不竭之源。

良好的文化环境是文化创新的必要条件，也是文化安全的保障。校园是育人的空间，环境是无声的课堂，大学以“崇尚人文、讲求理性、尊重自由和倡导担当”① 为文化道德追求，良好的环境对大学的发展至关重要。它既包括良好的社会法律、制度、政策保障，也包括文化发展必需的物质基础，更离不开宽松、自由、包容、和谐的文化氛围。习近平总书记指出：“要利用各种时机和场合，形成有利于培育和弘扬社会主义核心价值观的生活情景和社会氛围，使核心价值观的影响像空气一样无所不在、无时不有”②。总书记的这句话同样适合大学校园文化建设。高校文化安全教育是一个复杂的系统工程，又是一个漫长的精细工程，为此必须有针对性地设计载体、搭建平台，从而提高工作的吸引力和实效性。这就要求我们要充分运用现代技术手段，充分运用微博、微信、微视、微电影等现代传播方式，根据“微时代”媒体传播的新特点在“微”字上做足做好功夫，

---

① 张玉龙. 大学文化建设的伦理维度 [M]. 南昌：江西人民出版社，2015：4.

② 中共中央文献研究室. 习近平关于社会主义文化建设论述摘编 [M]. 北京：中央文献出版社，2017：111.

通过多种路径引导青年学生对主流文化的认同。

高校文化安全教育必须注重方法创新。大学生文化安全教育必须结合国内外形势、社会现实、高校特色不断创新。一要注重宣传培育法。充分发挥高校思想政治理论课的主渠道作用，使其成为高校文化安全培育的主阵地。同时要把高校文化安全教育与校园文化建设结合起来，把文化安全教育贯穿到学校的日常形势宣传、主题宣传、典型宣传之中，作为校园文化建设的重要内容。二要注重活动培育法。引导大学生开展丰富多彩的文化安全教育主题活动，如开展有神圣感庄严感的升国旗仪式、入党入团入学仪式，组织学生到历史博物馆、爱国主义教育基地、改革开放示范区参观等，增强大学生的民族意识和爱国情怀。传统节日和革命纪念日是民族精神教育的重要依托，能够丰富民族精神教育的内涵。要利用各种重大纪念日、祭奠日、民族传统节日开展有教育意义的纪念活动，增强大学生的使命意识、担当意识，弘扬主旋律，传递社会正能量。要使大学的校徽、校歌、校训、校标体现办学特色、具有文化品位，增强学生的主流意识形态认同感和使命感。三要注重榜样培育法。通过挖掘、传播先进典型、道德模范、最美人物、身边好人等，发挥榜样的示范引领作用，在校园形成热爱祖国、勤奋学习、崇尚科学、追求真理、服务社会、乐于奉献的良好氛围。

从党的十八大报告指出“建设社会主义文化强国，必须走中国特色社会主义文化发展道路”，到党的十九大报告强调“要坚持中国特色社会主义文化发展道路，激发全民族文化创新创造活力，建设社会主义文化强国”，文化建设的重要性愈加凸显、迫切性更加强烈。党的十九届五中全会明确指出到2035年建成文化强国，为今后文化建设工作的推进提供了重要遵循，也为推进文化强国建设提供了行动指南。实现中华民族伟大复兴的中国梦，既包括发展物质文明这样的“硬实力”，也包括维护文化安全这样的“软实力”。文化建设在一个国家发展过程中发挥着极为重要的作用，之所以如此，是因为文化具有影响人们思想和情感、引导人们行为和习惯、塑造人们理想和信念、指引人们前进方向的重要功能。按照英国历史学家汤因比的观点，文明是在不断地挑战应战模式中发展的，能否有效地应对挑战，关系着文明的生产与发展。因此，如何处理好文化发展中的古今中外关系，仍然是今天文化发展的重要课题，也是维护好文化安全的关键所在。“伟大的时代都会创造出灿烂的先进文化。而任何一种先进文化又都是积极面向现实、面向未来，敢于突破陈规陋习，敢于用新的观念来代替旧的观念，反映着社会进步的目标和方向的文化。它既是时代精神的精华，又是对前人思想认识的升华；既是一个批判继承前人文化的过程，又是一个不断超越创新的过程”①。在经济全球化带来的文化多元化、社会思潮此起彼伏的今天，高校师生不仅是先进文化的生产者，也是先进文化的传播者，必须自觉担负起弘扬和培育民族精神的历史重任，正确处理好传统与现代、走出去和引进来的关系。一方面守望好本民族的精神家园，继承民族精神的优良传统，不断从民族文化的优良传统中挖掘新的资源；另一方面要放眼世界，向世界讲好中国故事，同时关注世界文化发展的前沿，汲取各民族文化的优秀成果来丰富完善我们的文化。同时，要立足中国现实，时刻倾听时代的呼唤，密切联系广大青年学生的生活实际，增强抵御各种腐朽文化和错误思潮的能力。要把弘扬和培育社会主义核心价值观纳入高等教育全过程，贯穿在高等教育的各个环节，从而增强大学生的民族自尊心、自信心和自豪感，成长为社会主义现代化建设的合格接班人。

---

① 张远新. 江泽民文化思想研究［M］. 北京：人民出版社，2006：292-293.

后 记

本书是我主持的2018年度教育部人文社科一般项目（高校思想政治工作专项）“新时代高校文化安全教育研究”（18JDSZ1013）最终成果。承蒙光明日报出版社大力支持，本书得以顺利出版。本书由我拟定具体的研究计划和全书框架，并负责最后的统稿工作。其中前言、第一章、第二章、第七章、第八章由我撰写，第三章由南京工程学院徐芜撰写，第四、五章由江苏警官学院顾德警撰写，第六章由江苏警官学院王燕撰写。在本书写作过程中，我们充分吸取了近年来国内外学术界在相关领域取得的最新研究成果，但受到理论水平的限制，本书的缺点和错误在所难免，敬请同行学者和读者们批评指正。

史炳军

2021.12.28 于江苏警官学院